工信

U0589556

冯磊◎主编

于兴隆 董永 贺静 高娟娟◎副主编

微课版

人工智能与大模型应用基础

人民邮电出版社

北京

图书在版编目（CIP）数据

人工智能与大模型应用基础：微课版 / 冯磊主编.
北京：人民邮电出版社，2025. --（工信精品人工智能
系列教材）. -- ISBN 978-7-115-67985-7

Ⅰ. TP18

中国国家版本馆 CIP 数据核字第 20259MP823 号

内 容 提 要

　　本书旨在提高读者的人工智能通识素养水平，增强个体在智能时代的适应力与创造力。本书系统构建从人工智能基础理论到前沿应用的完整知识体系，以任务式教学为特色，包括五大项目、14 个典型任务，核心内容涵盖人工智能基本概念与平台工具、典型的机器学习算法与应用、深度学习与计算机视觉技术应用、自然语言处理与语音处理技术应用、AIGC 与大模型技术应用。每个任务采用"任务提出—任务分析—知识准备—任务实现—任务总结—巩固练习—任务拓展"的编排方式，实现理论知识与场景实践的深度融合，帮助读者全面掌握人工智能核心技术，提升实践能力。本书紧跟人工智能发展动态，内容丰富，通俗易懂，结构清晰，具有很强的实用性。

　　本书适合作为高等院校各专业人工智能通识课程的教材，也可供人工智能技术爱好者参考使月。

◆ 主　　编　冯　磊

　副 主 编　于兴隆　董　永　贺　静　高娟娟

　责任编辑　赵　亮

　责任印制　王　郁　焦志炜

◆ 人民邮电出版社出版发行　　北京市丰台区成寿寺路 11 号

　邮编　100164　　电子邮件　315@ptpress.com.cn

　网址　https://www.ptpress.com.cn

　三河市君旺印务有限公司印刷

◆ 开本：787×1092　1/16

　印张：15.25　　　　　　　　　2025 年 9 月第 1 版

　字数：471 千字　　　　　　　2025 年 9 月河北第 1 次印刷

定价：59.80 元

读者服务热线：(010)81055256　印装质量热线：(010)81055316
反盗版热线：(010)81055315

在人工智能技术深刻改变人类社会的今天，培养具备智能素养的复合型人才已成为教育领域的重要使命。本书以"理论奠基、技术实践、产业赋能"为核心理念，致力于构建从人工智能基础理论到前沿应用的完整知识体系，通过任务式教学，帮助读者掌握 AI 核心技术，培养其解决复杂问题的工程实践能力。

> ➤　**定位与特点**

本书面向各层次、各学科专业学生，以"懂原理、会应用、有思维"为培养目标，引导学生深入理解典型 AI 技术的底层逻辑，熟练掌握运用 AI 技术解决实际问题的方法，逐渐形成 AI 应用思维，鼓励学生基于自身专业，提出创新性的 AI 应用方案与设想，打破学科壁垒，促进 AI 与专业知识的深度融合。

本书以"任务驱动+案例教学"为特色，突破传统教材的知识罗列模式，通过五大项目、14个典型任务，将机器学习、深度学习、自然语言处理、AIGC 与大模型等核心技术模块有机串联。每个任务按照统一的结构进行组织，配套基于 Orange 软件的可视化操作指南，实现理论知识与场景实践的深度融合，符合职业教育教学的特点。本书在设计上具有以下几个特点。

一是揭示 AI 关键技术底层逻辑的同时，强化"任务→知识技能→解决方案"逻辑链的设计，聚焦相关技术在不同领域的应用，能帮助学生使用主流 AI 工具完成实际任务（如数据分析、图像识别）。

二是提供配套的实验工具，使学生无须编程，仅通过拖曳即可实现 AI 技术相关实验实训。

三是紧跟技术发展趋势，聚焦大模型、多模态生成、提示工程等新兴领域，通过辅助写作、视频故事绘本制作、智能体构建等任务实践，揭示 AIGC 的产业应用逻辑。

四是注重 AI 应用思维的培养。通过对模型复杂度分析、偏差方差权衡等核心问题的探讨，帮助学生建立科学的算法设计观。同时，通过对 AI 伦理问题、技术趋势的前瞻性思考，引导学生理解 AI 技术的社会价值，培养其适应未来的智能素养。

人工智能的发展没有终点，本书力求成为连接基础理论与创新实践的桥梁。期望读者通过对本书的学习，既能掌握人工智能的"硬技术"，又能培养智能时代的"软能力"，为推动技术创新与社会进步贡献力量。

> ➤　**内容与建议**

本书建议总教学学时为 32 学时，各项目、各任务的参考学时如下表所示。

前 言

项目	任务	学时
项目 1 初识人工智能	任务 1-1 人工智能初体验	4
项目 2 机器学习应用	任务 2-1 顾客市场分析	2
	任务 2-2 葡萄酒分类	2
	任务 2-3 糖尿病患病风险预测	2
项目 3 深度学习应用	任务 3-1 实现异或门	2
	任务 3-2 学生心理健康分析	2
	任务 3-3 黑白图像识别	2
	任务 3-4 工业零件划痕自动识别	2
项目 4 自然语言处理	任务 4-1 电商评论词云生成	2
	任务 4-2 书籍主题词的提取与分类	2
	任务 4-3 MP3 语音文件识别	2
项目 5 AIGC 与大模型应用	任务 5-1 利用提示工程辅助写作	4
	任务 5-2 使用 AIGC 制作视频故事绘本	2
	任务 5-3 使用 DeepSeek 构建课程学习智能体	2

作为新形态、立体化教材，本书还提供了课程标准、教案、授课计划、PPT 电子课件、练习题库、实验实训数据集、拓展任务指导手册、微课视频等配套教学资源，读者可扫描封底二维码或登录人邮教育社区（www.ryjiaoyu.com）获取相关资源。

本书的编写主要由河北科技工程职业技术大学人工智能教研团队完成，由冯磊担任主编，其中，冯磊负责项目 5 和项目 3 中任务 3-1 的编写、于兴隆负责项目 1 和项目 3 中任务 3-3 的编写，董永负责项目 4 和项目 3 中任务 3-2 的编写，贺静负责项目 2 的编写，高娟娟负责项目 3 中任务 3-4 的编写，河北科技工程职业技术大学张小志和深圳信息职业技术大学耿煜负责全书的统稿和审校工作。本书的编写还得到了科大讯飞、商汤科技的大力支持，在此一并表示感谢。本书选用的 Orange 软件为深圳市兆阳信息技术研究院基于 Orange3 二次开发的免费开源版本。

由于编者水平有限，书中难免存在疏漏之处，恳请专家和读者批评指正。

编 者

2025 年 3 月

目 录

目 录

项目

4 自然语言处理 **136**

目 录

项目 1

初识人工智能

在21世纪这个科技飞速发展的时代，人工智能（Artificial Intelligence，AI）已经从一个遥不可及的概念，变成了人们生活中不可或缺的一部分。《新一代人工智能发展规划》明确提出面向2030年我国新一代人工智能发展的指导思想、战略目标、重点任务和保障措施，旨在构筑我国人工智能发展的先发优势，加快建设创新型国家和世界科技强国。《关于促进人工智能和实体经济深度融合的指导意见》则聚焦推动人工智能与实体经济深度融合，从推动智能化技术在制造业等重点行业融合应用等多方面发力，助力产业转型升级。在此政策推动下，人工智能从一个前沿概念迅速渗透至人们生活的方方面面，从智能手机中的语音助手到自动驾驶汽车，从疾病诊断的医疗AI到音乐创作的创意AI，人工智能正以磅礴之势重塑世界。

本项目将带领大家深入探索人工智能的奥秘，理解它的工作原理，以及它如何影响人们的生活和工作。通过本项目，大家将了解人工智能的发展历程，从1950年阿兰·图灵在《计算机器与智能》中提出著名的"图灵测试"，开创性地探讨机器智能的可能性，到2012年深度学习在ImageNet竞赛中的突破性进展；也将学习人工智能的核心概念，如机器学习、神经网络和自然语言处理；还将了解下一代人工智能的发展趋势，并体验AI开放平台和橙现智能软件的基本操作。

学习目标

知识目标

1. 了解人工智能基本概念与发展历程。
2. 理解人工智能关键技术。
3. 了解3种人工智能研究学派。
4. 了解下一代人工智能的发展趋势。

能力目标

1. 能够区分不同人工智能研究学派的特点和典型代表。
2. 能够描述生活和学习中典型的人工智能应用，并分析其关键技术。
3. 能够借助AI开放平台进行人工智能应用体验。
4. 能够掌握橙现智能软件的基本操作。

素质目标

1. 培养对人工智能的兴趣和好奇心，激发探索未知领域的热情。
2. 培养创新思维，关注人工智能在各领域的创新应用，尝试从不同视角思考人工智能技术的潜在应用场景。
3. 培养正确的价值观，认识人工智能对社会发展、经济发展、技术发展、伦理道德等方面产生的深远影响。

建议学时

4学时。

任务 1-1 人工智能初体验

 任务提出

如今，各种 AI 应用已经深度融入人们的生活，成为不可或缺的一部分。但大家是否想过，如果从零开始打造这些功能强大的 AI 应用，从复杂的算法设计，到海量数据的处理与分析，再到模型的反复训练与优化，每一个环节都充满挑战，需要投入大量的时间、人力和物力，对于开发者而言，独自完成 AI 应用开发任务，其难度可想而知。

正是在这样的背景下，AI 开放平台应运而生。它就像一个超级工具箱，为开发者提供了丰富的工具、算法和模型，让开发者无须从头开始，就能快速开发出自己的 AI 应用，大大降低了开发的门槛和成本。

那么，AI 开放平台究竟有哪些"秘密武器"？它又是如何运作并帮助开发者实现创新的呢？本任务将带领大家一同探索，揭开 AI 开放平台的神秘面纱。

任务分析

本任务主要包括人工智能的基本概念、发展历程、研究学派和未来发展趋势，以及 AI 开发平台体验和橙现智能软件操作入门等内容，具体的任务分析如下。

1. 体验百度 AI 开放平台。
2. 体验腾讯 AI 开放平台。
3. 熟悉橙现智能软件基本操作。通过搭建一个用于薪酬预测的简单线性回归模型，熟悉课程实践软件橙现智能的基本概念和操作方法，主要操作步骤如下。

- 搭建工作流。
- 训练与测试模型。
- 调试模型。
- 观察数据。
- 绘制散点图。

 知识准备

3

1.1 人工智能的定义

智能（Intelligence）是指生物所具备的一般性精神能力涵盖推理、理解、计划、解决问题、抽象思维、表达意念，以及语言和学习等维度。智能可以通俗地理解为"思考的能力"，而人工智能就是让机器具有这种能力的学科，也就是说让机器像人一样能思会想。

人工智能是研究、开发用于模拟、延伸和扩展人的智能的理论、方法、技术及应用系统的一门新的技术科学。人工智能的定义较多，目前广泛采用的是斯图尔特·罗素与彼得·诺维格在《人工智能：一种现代的方法》一书中的定义。他们认为人工智能是关于智能体（Intelligent Agent）的研究与设计的学问，而智能体是指一个可以观察周遭环境并做出行动以达到目标的系统。

人工智能是计算机科学的一个分支，是研究使计算机模拟人类的某些思维过程和智能行为（如学习、推理、思考、规划等）的学科，主要内容包括计算机实现智能的原理、制造具备类似于人脑智能的计算机，使计算机能实现更高层次的应用。

1.2 人工智能的发展历程

微课 1-1

人工智能的发展始于 20 世纪中期，其发展历程可划分为多个重要阶段。1950 年，阿兰·图灵（见图 1.1 右侧）发表了里程碑式的论文《计算机器与智能》，其中提出了著名的图灵测试，如图 1.1 左侧所示，这标志着人工智能研究的起点。6 年后，即 1956 年，约翰·麦卡锡在达特茅斯会议上首次提出"人工智能"这一术语，该会议也被公认为人工智能研究的创始活动。人工智能自 20 世纪 50 年代诞生以来，其发展充满了挑战与变革，总体来看，其发展历程可概括为 5 个阶段。

图灵与图灵测试

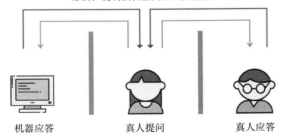

图灵测试

多名评委在隔开的情况下，通过设备向一台机器和一名人类随意提问。多次问答后，若超过30%的人不能确定被测者是人类还是机器，那么，说明该机器具备人类智能。

机器应答　　真人提问　　真人应答

图 1.1 图灵测试与阿兰·图灵

第一阶段：20 世纪 50 年代至 60 年代中期。 这一时期人工智能经历了初露锋芒与随后的沉寂。1956 年，于美国达特茅斯学院举行的一次历史性会议中，计算机科学家约翰·麦卡锡首次提出了"人工智能"的概念，这标志着该领域的正式诞生。图 1.2 所示为达特茅斯会议上 7 位主要科学家的合影。

图1.2 达特茅斯会议上 7 位主要科学家的合影

随后，一系列开创性成果应运而生，诸如自动定理证明、跳棋程序、通用程序，以及列表处理语言 LISP 等，这些成就极大地提振了人们对人工智能潜力的信心。然而，随着实践的深入，人们逐渐意识到消解法在推理能力上的局限性，加之人工智能在机器翻译等领域的初步尝试遭遇挫折，人工智能的发展步入了低谷期。这一阶段的主要特征是高度重视问题求解技巧的探索，却相对忽视了知识在人工智能实现中的核心作用。

第二阶段：20 世纪 60 年代末至 80 年代中期。这一时期，专家系统的横空出世为人工智能研究注入了新的活力，引领其迈向了一个崭新的高潮。化学质谱分析系统 DENDRAL、疾病诊断与治疗系统 MYCIN、矿产勘探系统 PROSPECTOR，以及语音理解系统 Hearsay-Ⅱ 等专家系统的研发，不仅标志着人工智能从理论探索向实际应用的重要跨越，还极大地拓宽了其应用场景，使之在多个领域绽放光彩。1969 年，国际人工智能联合会议的召开，更是为人工智能领域的学术交流与合作搭建了重要平台。

微课 1-2

专家系统

1982 年，日本推出了"第五代计算机研制计划"（即研制知识信息处理系统 KIPS），旨在将逻辑推理的速度提升至与数值运算相当的水平，尽管该计划最终以失败告终，但它无疑激发了全球对人工智能研究的广泛兴趣和热潮。

第三阶段：20 世纪 80 年代末至 90 年代初。这一时期神经网络迅猛崛起。1987 年，美国首次举办了神经网络国际会议，这一事件标志着神经网络作为一门新兴学科正式确立。此后，全球各国对神经网络研究的投资持续攀升，推动了该领域的快速发展。

然而，与此同时，专家系统所面临的问题也日益凸显，如应用领域相对狭窄、常识的缺乏、知识获取过程复杂、推理方法过于单一、分布式处理功能缺乏，以及与现有数据库系统的兼容性差等。这些问题不仅限制了专家系统的广泛应用，还导致了人工智能领域科研经费的大幅缩减，从而使得人工智能相关研究在随后的近 10 年间再次陷入了一个相对低迷的阶段。

第四阶段：20 世纪 90 年代中期至 21 世纪 10 年代初。这是人工智能发展历程中又一个至关重要的高潮时期。在这一阶段，随着网络技术的飞速发展，特别是互联网的普及与深化，人工智能的研究方向发生了根本性的转变，由原先对单个智能体的孤立研究，逐步转向了在复杂网络环境下进行的分布式人工智能探索。这种转变不仅意味着研究视野的拓宽，更是对人工智能实际应用能力的一次重大提升。

分布式人工智能的研究，不仅聚焦于同一目标下的分布式问题求解策略，更进一步探索了基于多个智能体间协同合作，以实现多目标问题求解的新模式。这种多主体、多目标的求解方式，极大地增强了人工智能系统的灵活性与适应性，使其能够更加高效地处理复杂多变的实际问题，从而更好地满足社会生活的实际需求。

与此同时，Hopfield 单层递归神经网络模型的提出，为人工神经网络的研究与应用开辟了全新的道路。这一模型不仅极大地推动了神经网络的算法优化与性能提升，还激发了神经网络在图像处理、语音识别、自然语言处理等多个领域的广泛应用与创新。在此背景下，人工智能的应用场景迅速扩展，逐渐渗透到了教育、医疗、金融、交通、智能制造等社会生活的方方面面，为社会经济的全面转型与升级提供了强大的技术支撑与驱动力。第四阶段的人工智能研究不仅实现了技术层面的飞跃，更在应用领域上取得了突破性的进展，为人工智能的未来发展奠定了坚实的基础，开启了智能化社会的新篇章。

第五阶段：**21 世纪 10 年代中期至今**。得益于大数据、云计算、互联网以及物联网等前沿信息技术的蓬勃兴起与深度融合，人工智能的发展迎来了前所未有的历史机遇。大数据及其包含的海量信息，为人工智能模型提供了丰富的训练素材与深度洞察；云计算的强大算力支持，则使复杂的人工智能算法得以高效运行与优化；互联网与物联网的广泛连接，更是构建了一个万物互联的智能生态，为人工智能技术的普及与应用提供了广阔的舞台。

值得一提的是，图形处理单元（GPU）等高性能计算平台的快速发展，极大地加快了深度神经网络等复杂模型的训练与推理速度，使人工智能在图像识别、语音识别、自然语言处理等领域取得了突破性进展。与此同时，现代移动通信技术，特别是 4G 的广泛普及与 5G 的逐步商用，为人工智能技术的无线传输与即时交互提供了强有力的支持。无论是智能家居、智慧城市、自动驾驶，还是远程医疗、在线教育等新兴应用场景，都因 5G 的高速度、低时延、大容量特性而得以更加流畅、高效地运行，从而极大地提升了用户体验，使人工智能真正成为与人们日常生活紧密相连、不可或缺的一部分。

在这一背景下，人工智能不仅深刻地改变了人们的工作方式、学习方式，还对社会文化产生了深远的影响。从智能客服到个性化推荐，从虚拟助手到情感陪伴，人工智能正以前所未有的方式融入人们的日常生活，成为塑造未来社会形态的重要力量。因此，第五阶段的人工智能发展，不仅是技术层面的革新，更是社会文化与生活方式的全面转型，预示着一个更加智能、便捷、高效的时代正在加速到来。

1.3　人工智能发展的里程碑事件

1946 年，全球首台通用计算机 ENIAC 诞生。它最初是为美军作战研制的，每秒能完成 5000 次加法、400 次乘法运算。ENIAC 为人工智能的研究提供了物质基础。

1950 年，阿兰·图灵提出"图灵测试"。若机器在对话中使超过 30%的人类测试者无法区分与其对话的是机器还是真人，则视为通过测试并被认为具有人类智能。阿兰·图灵的论文《计算机器与智能》指出了创造具有真正智能的机器的可能性。

1956 年，在美国达特茅斯学院举行的一场为期两个月的讨论会上，人工智能的概念首次被提出。

1959 年，首台工业机器人诞生。美国发明家乔治·德沃尔与约瑟夫·英格伯格发明了首台工业机器人，该机器人可以自动读取存储程序和信息，并发出指令控制一台多自由度的机械，它的缺点是对外界环境没有感知。

1965 年，专家系统开始测试。美国科学家费根鲍姆等人研制出用于化学质谱分析的专家系统 DENDRAL。它能够通过分析实验数据来判断未知化合物的分子结构。

1966 年，首台聊天机器人诞生。美国麻省理工学院 AI 实验室的约瑟夫·魏岑鲍姆教授开发了聊天机器人 Eliza，实现了计算机与人通过文本进行交流。这是人工智能研究的一个重要突破，遗憾的是，它只能用基于模式匹配的方式将问题复述一遍。

1968 年，首台人工智能机器人诞生。美国斯坦福研究所研发的机器人 Shakey，能够自主感知环境、分析环境、规划行为并执行任务，可以根据人的指令，发现并抓取积木。这种机器人初步模拟了人的感觉，如触觉、听觉等。

1972 年，能够分析语义、理解语言的系统诞生。美国计算机科学家维诺格拉德开发的人机对话系统 SHRDLU，能分析指令、理解语义、解释含义不明的句子，并通过操作虚拟方块来完成任务。它能够正确理解语言，被视为人工智能研究的一次巨大成功。

1972—1976 年，专家系统广泛使用。美国斯坦福大学肖特里夫等人发布的用于医疗咨询的专家系统 MYCIN，可用于诊断传染性血液病。这一时期还陆续出现了用于生产制造、财务会计、金融等各领域的专家系统。

1980 年，专家系统趋于商业化。美国卡内基梅隆大学为 DEC 公司制造出专家系统 XCON，帮助 DEC 公司每年节约 2500 万美元左右的费用，该系统在决策方面能提供有价值的内容。

1981 年，第五代计算机研发项目启动。日本率先拨款支持信息技术领域的研究，目标是制造出能够与人对话、翻译语言、解释现象，并能像人一样推理的机器。随后，英国、美国等国也开始为 AI 和信息技术领域的研究提供大量资金支持。

1984 年，大百科全书（Cyc）项目启动。Cyc 项目试图将人类拥有的所有一般性知识都输入计算机，建立一个巨型数据库，并在此基础上实现知识推理，它的目标是让人工智能的应用能够以类似人类推理的方式工作，为人工智能领域提供了一个全新研发方向。

1997 年，IBM 公司的国际象棋计算机"深蓝"（Deep Blue）战胜了国际象棋世界冠军加里·卡斯帕罗夫。其运算速度达每秒 2 亿步棋，内置包含 70 万份棋局的数据库。

2011 年，IBM 公司开发的人工智能程序"沃森"（Watson）参加了一期智力问答节目，并战胜了两位智力竞赛高手。沃森存储了大量数据，能够将与问题相关的关键词从看似相关的答案中抽取出来。这一人工智能程序已被 IBM 公司广泛应用于医疗诊断领域。

2016 年，AlphaGo 战胜围棋世界冠军。由谷歌 DeepMind 公司开发的人工智能围棋程序 AlphaGo，凭借自我学习能力，可搜集大量围棋对弈数据、名人棋谱，并模仿人类下棋。

2017 年，AlphaGo Zero（第四代 AlphaGo）在无任何数据输入的情况下，开始自学围棋，3 天后便以 100:0 击败了第二代 AlphaGo，学习 40 天后又战胜了在人类围棋高手看来不可企及的 AlphaGo Master（第三代 AlphaGo）。

2022 年 11 月，OpenAI 公司重磅推出了基于 GPT-3.5 大模型的人工智能对话应用服务 ChatGPT，这一创新举措迅速引起了全球的关注。不仅如此，生成式 AI 的技术边界也在不断拓宽，如今已能处理图像、音频、视频等多种媒体形式数据，展现出多模态的强大能力。

2025 年 1 月 20 日，DeepSeek-R1 发布，专注于推理任务，性能比肩 OpenAI GPT-4o 正式版，同步开源权重与技术细节，推动了 AI 普惠化。

1.4 人工智能的关键技术

人工智能是计算机科学的一个分支，它试图理解人类智能的实质，并生产出一种新的能以人类智能相似方式进行反应、学习、推理和决策的智能机器。以下是人工智能关键技术的概述。

1.4.1 智能芯片技术

微课 1-3

智能芯片是人工智能硬件的核心基础，智能芯片技术是实现高效、快速的数据处理和算法执行的关键。该技术涵盖多种专为人工智能计算任务设计的处理器，其中包括 GPU、TPU 等高性能芯片。这些芯片通过其独特的架构和优化的性能，显著提升了处理大量数据和执行复杂算法的能力。

智能芯片技术

• GPU，即图形处理单元，最初是为了图形渲染而设计的，但它的并行处理能力使其在处理机器学习任务时显得异常高效。GPU 拥有成百上千的"核心"，可以同时处理大量的计算任务，这对于深度学习中的矩阵乘法和向量运算尤为重要。这些"核心"协同工作，能够快速完成对大规模数据集的处理，从而加速模型的训练和推理过程。

• TPU，即张量处理单元，是由谷歌开发的一种专门为深度学习设计的芯片。与 GPU 相比，TPU 更加专注于深度学习中的关键操作，如张量（矩阵）的运算。TPU 通过硬件层面的优化，提供了更高的运算效率和更低的能耗，尤其是在推理和训练固定的神经网络模型时，其性能优势更为明显。

智能芯片技术的进步，不仅体现在计算能力的提升上，还包括能效优化、内存容量的增加以及与其他硬件小部件的兼容等方面。例如，新型 GPU 和 TPU 的设计考虑了更大的内存容量和更快的数据传输速率，以支持更大规模和更复杂的算法。此外，智能芯片还采用了先进的制程技术，以缩小芯片尺寸、降低功耗并提高集成度。

总的来说，智能芯片技术的发展为人工智能的应用提供了强大的硬件支撑，使复杂的机器学习模型能够在合理的时间内得到训练和部署，从而推动了人工智能技术在科学研究、工业自动化、医疗诊断、金融分析等众多领域的广泛应用。随着技术的不断进步，未来的智能芯片将更加高效、智能，为人工智能的发展提供更为坚实的硬件基础。

1.4.2   基础算法相关技术

基础算法为人工智能的具体实施提供核心技术支撑，具体涉及机器学习、深度学习，以及强化学习技术，如图 1.3 所示，这些技术构成了人工智能领域的基础，并在不同的应用场景中发挥着关键作用。随着技术的发展，这些技术也在不断地优化和演进。

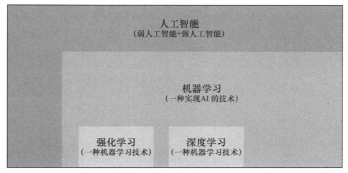

图 1.3　人工智能相关概念结构

机器学习（**Machine Learning，ML**）是一种革命性的技术，它赋予计算机系统从数据中学习并据此不断优化其性能的能力。通过识别数据中的模式、规律和关联，机器学习模型能够进行预测、分类和决策，而不需要明确的编程指令。这种技术依赖于大量的数据样本，通过从这些样本中提取特征和学习规律，机器学习模型能够实现对未知数据的准确预测。机器学习的应用范围广泛，从简单的电子邮件过滤到复杂的图像识别和自然语言处理，它正在改变人们与技术的互动方式。

深度学习（**Deep Learning，DL**）是机器学习的一个强大分支，它模仿人脑中神经网络的工作方式来处理和解释数据。深度学习模型由多个处理层组成，每个处理层都能够学习数据的不同层次的特征。这些处理层被组织成层次结构，使得模型能够从原始数据中提取更高级别的抽象概念。深度学习在图像和语音识别、自然语言处理、推荐系统等领域取得了显著的成就，它的核心是深度神经网络，尤其是卷积神经网络（Convolutional Neural Network，CNN）和循环神经网络（Recurrent Neural Netwrok，RNN），这些网络能够处理复杂的非线性问题。

强化学习（**Reinforcement Learning，RL**）是一种独树一帜的机器学习方法，它允许机器在特定环境中通过探索与试错的方式学习如何执行特定任务。在此过程中，一个被称为"智能体"的实体，会根据其采取的行动获得奖励或受到惩罚，进而学会如何在给定环境中达成目标。强化学习不依赖于海量的标记数据，而是依赖于智能体与环境的互动来发现最优策略。这一技术尤其擅长应对游戏、机器人操控、资源管理等领域中的挑战，在这些领域中，智能体需要在信息不全的情况下做出决策，并通过最大化长期奖励来优化其行为模式。强化学习的核心要素涵盖奖励函数、策略评估及策略改进，这些要素共同搭建起智能体的学习架构。

1.4.3   感知技术

在模仿人类感知与认知能力，如听、说、读、写及视觉理解方面，AI 领域已发展出计算机视觉、自然语言处理、语音处理，以及多模态分析推理等关键技术。

计算机视觉（**Computer Vision，CV**）使得机器具备了"看"的能力，使其能够分析和解读图像及视频资料中的内容。该技术覆盖图像识别、分类、目标定位、图像分割和场景重建等多个重要领域。借助深度学习，计算机视觉技术能够从像素信息中提取高级特征，准确分析复杂的环境和物体。

计算机视觉技术的应用非常广泛，涉及现代社会的多个方面。在自动驾驶领域，计算机视觉技术为汽车视觉系统提供支持，帮助汽车实时感知环境并识别关键信息，确保自动驾驶的安全性；在医疗影像分析中，计算机视觉技术辅助医生快速、准确地解读影像，提升诊断效率；在公共安全领域，计算机视觉技术能够实时分析监控视频，预警潜在风险，保障公共安全，如图 1.4 所示。此外，计算机视觉技术在人脸识别、人机交互、智能制造等领域也扮演着重要角色。

图 1.4　计算机视觉在公共安全领域中的应用

随着自身的持续进步，计算机视觉技术正在推动智能技术的发展。未来，它将在更多领域展现其巨大潜力，为人类社会带来更智能、更便捷的生活。同时，计算机视觉技术有望在解决社会问题和推动社会进步方面发挥更加积极的作用。

自然语言处理（**Natural Language Processing，NLP**）是人工智能领域的重要组成部分，其关键作用在于使机器能够理解和生成人类语言。NLP 技术涵盖语言理解、语言生成、机器翻译、情感分析等多个方面。通过该技术，机器能够精确分析文本的语法结构，深入理解文本的语义内容，并准确识别情感和意图。自然语言处理技术架构如图 1.5 所示。

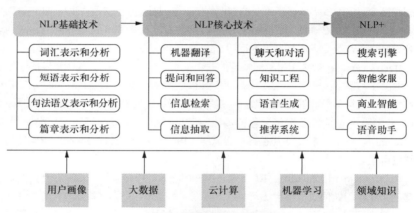

图 1.5　自然语言处理技术架构

NLP 技术的应用已经广泛渗透到了人们日常生活的各个领域。在搜索引擎中，NLP 技术能够准确理解用户查询，提供更准确和个性化的搜索结果。在聊天机器人领域，NLP 技术实现了流畅的对话管理，理解和满足用户需求，提升了服务的便捷性。NLP 技术也在文档自动化摘要和语音识别转换方面发挥重要作用，显著提高了信息处理的效率和质量。

随着 NLP 技术的持续发展和创新，人机交互的障碍正在逐步消除。从简单的指令响应到复杂的对话交流，NLP 技术正推动人机交互变得更加自然和高效。未来，随着自身的进一步成熟，NLP 将在更多领域扮演关键角色，为人类社会带来更智能、更便捷的生活体验。

语音处理（**Speech Processing**）是一门专注于深度挖掘和理解语音信号的前沿技术，它涵盖语音识别、语音合成、声纹识别等多个关键领域，如图 1.6 所示。该技术不仅能精确捕捉和提取语音的声学特征，还能深入探索和分析语音信号所承载的语法结构与语义内容。

在智能助手、自动化电话应答系统以及语音转文字服务等实际应用中，语音处理技术显示出其重要性。智能助手利用该技术准确理解和响应用户的语音指令，提供便捷、高效的智能体验。自动化电话应答系统通过语音处理技术自动识别和处理用户语音输入，显著提高了应答的自动化程度和速度。语音转文字服务则基于该技术将语音信号转换为可编辑、可搜索的文本，为用户提供灵活的信息处理方式。

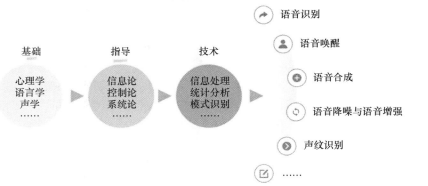

图1.6 语音处理的研究任务

语音处理技术的广泛应用不仅促进了机器与人类之间进行自然、流畅的交互，也推动了人工智能技术的快速发展。随着自身的持续进步和创新，语音处理技术将在更多领域扮演重要角色，为人类社会带来更智能、更便捷的生活体验。

多模态分析推理（**Multimodal Analysis and Reasoning**）是一种高度综合性的技术，其核心在于有效整合并协调来自不同感官通道（如视觉、听觉、触觉等）的数据。这一技术不局限于单一类型数据处理，而是能够将图像、文本、语音等多种类型的数据深度融合，通过综合分析与推论，实现对信息的全面深入解读。图 1.7 所示为通过多模态分析推理技术对图像中包含的信息进行文本描述和问答交互。

微课 1-4

多模态分析推理技术

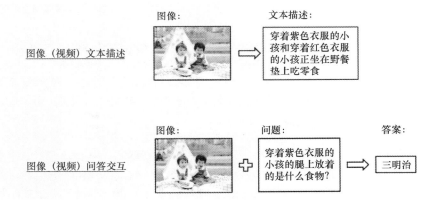

图1.7 多模态分析推理示例

在实际应用中，多模态分析推理技术的优势尤为显著。以视频会议系统为例，基于这一技术系统能够同时捕捉并分析发言者的面部表情、言语内容、语调及肢体动作等多种信息，通过综合分析这些因素，系统能够更准确地把握对方的真实意图与情绪状态，从而在人机交互中提供更加个性化的服务。

此外，多模态分析推理技术在多个领域均展现出巨大的应用潜力。在复杂情境理解方面，多模态分析推理技术能够帮助系统更准确地识别与解读复杂环境中的各种信息，为决策提供有力支持；在人机互动领域，多模态分析推理技术能够提升人机交互的自然度和流畅性，增强用户体验；在智能监控系统中，多模态分析推理技术则能够实现对异常行为的快速识别与预警，为公共安全提供有力保障。随着自身的不断发展与成熟，多模态分析推理技术将在更多领域发挥重要作用，为人类社会带来更加便捷、智能的生活体验。

1.5 人工智能的分类

依据不同的分类视角，人工智能可以分为不同的类型。接下来主要从智能程度、研究学派分类视角对人工智能进行分类。

1.5.1　按智能程度分类

人工智能按照其智能程度的不同可以分为弱人工智能、通用人工智能和超级人工智能这 3 类。

（1）弱人工智能

弱人工智能（Artificial Narrow Intelligence，ANI）也被普遍称为窄人工智能，基于弱人工智能的系统是专注于特定领域或任务并展现出高度类人智能特性的系统。这些系统通过精心设计的算法和海量数据的训练，能够在特定问题上展现出令人瞩目的专业能力和高效性。例如，现代语音识别系统已经能够准确地将人类的语音转换成文本，无论是日常对话还是专业术语，都能得到近乎完美的转录；同样，图像识别系统也已经具备从复杂背景中准确识别出特定对象或场景的能力，无论是人脸识别、车牌识别还是医疗影像分析，该系统都展现出了较高的准确性和可靠性。

弱人工智能的核心特点在于其专一性，即它只能在设计的参数和预设的条件下发挥最佳性能。一旦超出了特定的范围，弱人工智能表现就会大打折扣，甚至可能无法正常工作。这种局限性虽然在一定程度上限制了弱人工智能的应用范围，但同时也使得它能够在特定领域内实现极致的优化和性能提升。

尽管存在上述局限性，弱人工智能在当前的技术应用中仍然占据了举足轻重的地位。它广泛应用于搜索引擎、推荐系统等多个领域，为人们的生活带来了很大的便利。在搜索引擎中，弱人工智能通过快速分析和匹配用户的查询词，为用户提供相关的搜索结果；在推荐系统中，弱人工智能通过分析用户的偏好和行为模式，为用户推送个性化的内容和服务。

（2）通用人工智能

通用人工智能（Artificial General Intelligence，AGI）也被称作强人工智能，基于通用人工智能的系统是一种具有广泛和深入认知能力的高级系统。这些系统能够像人类一样，在众多领域和复杂多变的任务中展现出卓越的类人智能。与专注于特定任务或狭窄领域的弱人工智能相比，通用人工智能在认知功能上实现了飞跃，拥有更高级、全面的能力。

通用人工智能的认知功能包括但不限于深入理解复杂信息、高效学习新知识、逻辑推理与问题解决、长远规划与决策制定，以及精确感知外部环境等。基于通用人工智能的系统不仅能在预设的特定任务上表现出色，更重要的是，它具备优秀的泛化能力和迁移学习能力，能灵活适应全新、未接触过的环境和任务。这种高度的灵活性和适应性使得通用人工智能在面对复杂多变的现实世界时，能像人类一样做出合理的判断和应对。

通用人工智能的实现，一直是人工智能研究者追求的终极目标之一。它代表了人工智能技术发展的顶峰，意味着机器将能够真正理解和模拟人类的智能行为。然而，尽管科学家们付出了巨大努力，这一目标至今尚未实现。通用人工智能仍处于理论探索和初步研发的实验阶段，距离实际应用和普及还有很长的路要走。

实现通用人工智能面临诸多挑战，例如，如何构建能处理抽象概念和复杂情感的认知模型、如何确保系统的安全性和可控性，以及如何克服计算资源限制和技术瓶颈等。尽管如此，随着人工智能技术的持续进步和跨学科研究的深入，科学家们正逐步接近这一宏伟目标，为人类社会的未来发展绘制一幅充满无限可能的蓝图。

（3）超级人工智能

超级人工智能（Artificial Super Intelligence，ASI）这一概念描绘的是一种在智力与能力上全方位、深层次地超越人类智能的先进系统。这种超越不仅体现在传统认知的计算分析、逻辑推理和信息处理等基础能力上，更体现在创造力、情感理解、道德判断，以及自我意识等人类智能的高级复杂层面。超级人工智能的出现，将是对人类智慧边界的一次前所未有的拓宽，它不再局限于现有的技术框架，而是跨越到科幻与未来学的广袤领域，激发人们对未来世界的无限遐想与深入探讨。

超级人工智能的构想，如同一块投入平静湖面的巨石，激起了层层涟漪，引发了社会各界的广泛关注与热烈讨论。人们不仅对超级人工智能可能带来的技术革命充满期待，更对其在伦理、安全和社会影响等层面可能引发的潜在问题深感忧虑。在伦理层面，如何确保超级人工智能的行为符合人类的道德准则，避免其做出违背人类价值观的决定，成为一个亟待研究的重要课题。在安全层面，超级人工智能的失控或被恶意利用，可能对人类社会构成巨大的威胁，甚至引发不可预知的灾难性后果。在社会影响层面，超级人工智能的广泛应用可能会引发就业结构的深刻变革，重塑教育体系，乃至改变人类社会的整体面貌。

1.5.2 按研究学派分类

微课 1-5

人工智能研究学派

人工智能发展历程中出现了 3 个研究学派，即符号主义、行为主义和联结主义。

（1）符号主义

符号主义在人工智能领域中也常被称作逻辑主义、心理学派或计算机学派，它代表了一种基于逻辑推理的智能模拟方法，深刻揭示了人工智能与数学逻辑之间的紧密联系。该学派的基本观点是，人工智能的根基在于数学逻辑，通过构建和操作符号系统，机器能够模拟并扩展人类的智能行为。符号主义的方法论在人工智能的早期发展中发挥了举足轻重的作用，推动了人工智能在知识表示、逻辑推理、专家系统等领域的高速发展，并为人工智能在医疗诊断、金融分析、教育辅导等多个领域的应用奠定了坚实基础。然而，随着人工智能技术的不断进步和应用需求的日益多样化，符号主义也面临一些挑战和局限。例如，在处理大规模数据和复杂模式识别任务时，符号主义方法可能显得较为烦琐和低效。

如图 1.8 所示，1997 年 5 月，名为"深蓝"的 IBM 超级计算机打败了国际象棋世界冠军加里·卡斯帕罗夫，这一事件在当时轰动世界，其实本质上，"深蓝"就是符号主义在博弈领域的典型代表。

注："深蓝"是美国 IBM 公司生产的一台国际象棋计算机，重 1270kg，有 32 个"大脑"（微处理器），每秒可以计算 2 亿步。

图 1.8 "深蓝"打败国际象棋世界冠军

（2）行为主义

行为主义在人工智能领域中也被称为进化主义或控制论学派，它代表了一种基于"感知—行动"循环的生物行为智能模拟方法。这一学派的理论根基深植于进化论和控制论之中，旨在通过模拟生物在自然环境中的进化历程以及控制论中的系统反馈和调整机制，来探索人工智能的未来发展路径。

行为主义的核心观点在于，生物智能并非仅仅源自内部的知识表示和逻辑推理，而是更多地依赖于生物对外界环境的感知、适应，以及由此产生的行为反应。行为主义主张生物智能正是通过这些行为体现出来的，不同的行为对应着不同的功能和控制结构。正如生物智能是自然进化的产物，生物通过与环境的持续互动，逐渐发展出强大的智能，人工智能同样可以沿着这一路径进行发展。在这一理念的引领下，行为主义学派取得了诸多令人瞩目的研究成果。美国波士顿动力公司研发的机器人和中国杭州宇树科技有限公司研发的机器人就是其中的杰出代表，如图 1.9 所示。这些机器人以其卓越的稳定性、移动性和灵活性，在多种复杂环境中展现出非凡的性能。

(a) 波士顿动力机器人　　　　　　　　(b) 宇树科技机器人

图 1.9 波士顿动力机器人和宇树科技机器人

行为主义学派在诞生之初就具有很强的目的性，这也导致它的优劣都很明显。其主要优势便在于重视结果，或者说机器自身的表现，实用性很强。行为主义学派在攻克一个难点后就能迅速将其投入实际应用。例如，机器学会躲避障碍，就可将该技术应用于星际无人探险车和扫地机器人等。不过也许正是因为过于重视结果，行为主义侧重于应用技术的发展，无法如同符号主义和联结主义一般，在某个重要理论获得突破后，迎来爆发式发展。这一劣势或许也是行为主义无法与联结主义抗衡的主要原因之一。

（3）联结主义

联结主义在人工智能领域中亦名仿生学派或生理学派，是一种基于神经网络和神经网络间的连接机制与学习算法的生物智能模拟方法。联结主义强调智能活动是由大量简单单元通过复杂连接后并行运行的结果，其基本思想是，既然生物智能是由神经网络产生的，那就通过人工方式构造神经网络，再训练人工神经网络产生人工智能。

随着人工智能领域算法、算力与数据三大支柱的完备，联结主义学派开始崭露头角。2016—2017 年，DeepMind 公司的 AlphaGo 先后击败围棋世界冠军李世石、柯洁，成为联结主义学派辉煌成就的典型代表（见图 1.10）。

联结主义学派深度学习理论的突破恰逢互联网与大数据时代的到来。互联网催生了海量的数据资源，包括行为数据、图像数据、文本数据等，这些数据为智能推荐、图像处理、自然语言处理等领域的技术发展提供

图 1.10　AlphaGo 击败围棋世界冠军

了强有力的支撑。同时，大数据技术框架的成熟与图形处理单元的快速发展，也为深度学习理论所需的强大算力提供了保障。

1.6　人工智能的典型应用

在当今时代，人工智能已悄无声息地融入人们的日常生活，广泛应用于各个领域。它不仅为众多行业创造了可观的经济效益，更切实地给人们的生活带来了诸多改变与便利。下面介绍人工智能的主要应用场景。

1.6.1　自动驾驶汽车

自动驾驶汽车是智能汽车的一种，也称为无人驾驶汽车或轮式移动机器人，主要依靠车内以计算机系统为主的智能驾驶控制器来实现无人驾驶。自动驾驶涉及的技术有很多，如计算机视觉、自动控制等。

自 20 世纪 70 年代以来，自动驾驶汽车技术的研究在全球范围内蓬勃发展。美国、英国、德国等发达国家率先涉足这一领域，我国也紧随其后，自 20 世纪 80 年代起开始积极探索。在 2005 年，一款名为 Stanley 的自动驾驶汽车在美国莫哈维沙漠的越野赛道上成功完成了约 282km 的行程，平均速度达到 40km/h，耗时 6h53min58s。这款汽车配备了摄像头、雷达、激光测距仪等先进的外部感应装置，以及一套高效的内部自动驾驶控制系统，能够精准地执行指挥、导航、制动和加速等操作。次年，美国卡内基梅隆大学研发的自动驾驶汽车 Boss 也崭露头角。Boss 不仅能够在遵守交通规则的前提下安全行驶，还能灵活避让行人和其他车辆，展现了卓越的环境感知和决策能力。

随着人工智能技术的快速发展，自动驾驶汽车成为备受瞩目的热门话题。众多国内外企业纷纷投入巨资，加大无人驾驶技术的研发力度。其中，谷歌公司的 Google X 实验室正在积极开发谷歌无人驾驶汽车（Google Driverless Car），而我国的百度公司也启动了自己的自动驾驶汽车项目，致力于推动自动驾驶技术的创新与应用。

2021 年，百度公司取得了我国首批自动驾驶路测牌照，并在多个城市开展了广泛的测试和部署工作。截至 2024 年 10 月，百度旗下的自动驾驶出行服务平台"萝卜快跑"已在 11 个城市成功开放了载人测试运营服务，并在北京、武汉、重庆、深圳、上海等城市率先开展了无人全自动驾驶出行服务的测试，如图 1.11 所示。

图 1.11　无人全自动驾驶出行服务测试

1.6.2　人脸识别

人脸识别也称人像识别、面部识别，是基于人的脸部特征信息进行身份识别的一种生物特征识别技术。人脸识别涉及的技术主要包括计算机视觉、图像处理等。

人脸识别技术的起源可追溯至 20 世纪 50 年代，随后，随着计算机科学和光学成像技术的飞速发展，人脸识别技术的发展速度在 20 世纪 80 年代显著提升。进入 20 世纪 90 年代末，人脸识别技术开始逐步应用于实际生活中。时至今日，这项技术已广泛渗透至金融、司法、公安、边境管控、航空航天、电力、零售、教育及医疗等多个领域，深刻影响着各行各业。图 1.12 所示为超市的人脸识别自助结算设备。

图 1.12　人脸识别自助结算设备

人脸识别技术在现实中的应用案例也充满了戏剧性。某著名歌星的演唱会竟屡次协助警方成功抓捕逃犯，因此他被戏称为"逃犯克星"。2018 年 4 月 7 日，在南昌的一场演唱会中，一名逃犯在看台上被安保人员通过人脸识别系统精准识别并当场擒获。同年 5 月 20 日，在嘉兴的一场演唱会上，另一名逃犯在安检环节同样未能逃脱人脸识别系统的"火眼金睛"，被迅速锁定并由警方逮捕。

1.6.3　机器翻译

机器翻译是计算语言学的一个分支，是利用计算机将一种自然语言转换为另一种自然语言的过程。机器翻译用到的技术主要是神经机器翻译（Neural Machine Translation，NMT），该技术当前在很多语言上的表现已经超过人类。

在全球经济一体化步伐加快与互联网技术蓬勃发展的背景下，机器翻译在促进政治对话、经济发展及文化交流方面的作用愈加显著，同时为人们的日常生活带来了极大的便利。以阅读英文资料为例，如今，有道翻译、百度翻译等在线翻译平台，可以轻松将英文内容迅速转化为中文，如图 1.13 所示。这一过程不仅免去了翻阅词典的烦琐，还极大地提升了学习效率、加快了工作节奏，使信息获取与理解变得更加便捷、高效。

图1.13　机器翻译

1.6.4　声纹识别

生物特征识别技术有很多种，除了人脸识别，目前用得比较多的是声纹识别。声纹识别是一种生物鉴权技术，也称为说话人识别，包括说话人辨认和说话人确认等环节。

声纹识别技术的操作流程涵盖以下几个核心环节，如图1.14所示，首先系统捕捉并记录说话人的声纹特征数据，随后，这些数据会被安全地存储于专门的数据库中。当同一说话人再次发声时，系统会即时采集新的声纹特征数据，并将其与数据库中预先存储的声纹特征数据进行细致比对，从而验证说话人的真实身份。

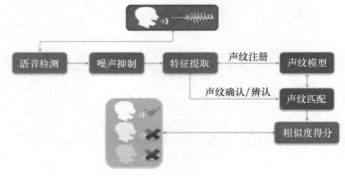

图1.14　声纹识别

相较传统的身份验证手段（如钥匙或身份证件），声纹展现出其无可比拟的优势，它不仅具备不易被遗忘的特性，还支持远程鉴权，极大地拓宽了自身的应用场景。得益于先进的算法优化和随机密码技术的融入，声纹识别技术能够有效抵御录音及合成语音的欺诈攻击，确保了高度的安全性、快速的响应以及精准的识别能力。

与人脸识别、虹膜识别等其他生物特征识别技术相比，声纹识别技术的独特之处在于其能够通过电话线路、网络通道等远程方式轻松采集用户的声纹特征，这一特性使其在远程身份验证领域大放异彩。

目前，声纹识别技术已在多个领域得到广泛应用，包括但不限于声纹身份验证、声纹锁以及黑名单声纹库的建立等。在金融、安全防护、智能家居等多个行业，声纹识别技术均有丰富的实践案例，充分展示了其巨大的应用潜力和多样化的落地场景，为人们的生活和工作带来了前所未有的便捷与安全体验。

1.6.5　智能客服机器人

智能客服机器人是一种利用机器模拟人类行为的人工智能实体形态，它能够实现语音识别和自然语义理解，具备业务推理、话术应答等能力。

用户在浏览网站并开始对话时，智能客服机器人能够迅速理解用户意图并准确满足用户需求。这一能力得益于系统对用户地理位置、IP 地址和浏览路径等数据的综合处理和分析。借助丰富的行业知识库，智能客服机器人能够为用户的常见疑问提供标准而精确的回复。

在商业服务和市场营销领域，智能客服机器人展现出巨大的应用潜力，不仅能帮助客户解决难题，还能为企业决策提供坚实的数据支撑。图 1.15 所示为银行内的智能客服机器人。智能客服机器人能够利用大量的对话数据进行自我学习和改进，使回答更加精准和高效。

图 1.15　智能客服机器人

智能客服机器人在特定行业中应用逐步深化，能够有效地处理企业面临的各类具体问题。例如，在电商领域，当用户就价格、促销活动和商品来源等问题进行频繁咨询时，智能客服机器人能够提供 24 小时不间断的解答，从而减轻人工客服的负担，让他们能够专注于解答更复杂的问题。智能客服机器人的广泛应用不仅显著降低了企业的人工成本，还大幅提高了服务效率和客户满意度，为企业带来更加突出的市场竞争力。

1.6.6　智能外呼机器人

智能外呼机器人是人工智能在语音识别、自然语言处理技术方面的典型应用，它能够自动发起电话外呼，以语音合成的自然人声形式，主动向用户群体介绍产品。图 1.16 所示为基于华为云的智能语音虚拟员工。

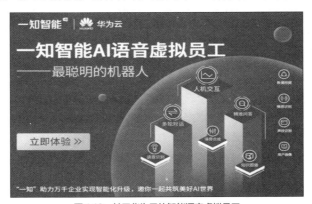

图 1.16　基于华为云的智能语音虚拟员工

在执行外呼任务时，智能外呼机器人利用语音识别和自然语言处理技术来洞察客户的真实意图，并根据这些信息采用个性化的对话策略，与用户进行多轮深入交流。通话结束后，智能外呼机器人能够精确地对用户进行分类，并自动记录每通电话的关键信息，确保外呼任务的高效完成。

自 2018 年初，智能外呼机器人市场经历了快速增长。在人机互动中，智能外呼机器人能够保持情绪稳定，自动完成应答、分类、记录和追踪等复杂任务，有效减轻企业的运营压力，减少人力成本和重复劳动，让员工能够专注于服务核心客户群体，从而提升商业价值。然而，智能外呼机器人的广泛使用也可能导致用户频繁被打扰。为了保障用户权益和促进语音呼叫服务行业的健康发展，中华人民共和国工业和信息化部在2020年8月31日发布了《通信短信息和语音呼叫服务管理规定（征求意见稿）》。这一规定指出，无论是人工还是智能外呼机器人进行的外呼服务，都必须具备相应资质，并在监管下操作。这对智能外呼机器人在用户体验和服务质量方面提出了更高的标准，推动了该行业向规范化、高效化发展。

1.6.7　智能音箱

智能音箱是基于语音识别、自然语言处理等人工智能技术的电子产品，随着智能音箱的迅猛发展，其也被视为智能家居生态的核心入口之一，如图1.17所示。究其本质，智能音箱就是能完成对话环节的拥有语音交互能力的机器。通过与它直接对话，家庭消费者能够完成自助点歌、控制智能家居和启用生活服务等操作。智能音箱实现交互功能的前置基石主要包括 3 项关键技术：自动语音识别（Automatic Speech Recognition，ASR）技术，它能将人声精准转换成文本；自然语言处理技术，它负责深入分析文本的词性、句法及语义；以及语音合成（Text-to-Speech，TTS）技术，它能将文字流畅地转化为自然语音。得益于人工智

图1.17　智能音响

能技术的不断进步，智能音箱正以日益自然的语音交互方式，不断拓宽其在家庭场景中的应用范围，为用户带来更加丰富和便捷的体验。

1.6.8　个性化推荐

个性化推荐是一种基于聚类与协同过滤技术的人工智能应用，它建立在海量数据挖掘的基础上，通过分析用户的历史行为建立推荐模型，主动给用户提供匹配他们的需求与兴趣的信息，如商品推荐、新闻推荐等，如图1.18所示。个性化推荐可以为用户快速定位需求产品，弱化用户被动消费意识，提升用户兴致和留存黏性，还可以帮助商家快速引流，找准用户群体与产品定位，做好产品营销。个性化推荐系统广泛存在于各类网站和 App 中，本质上，它会根据用户的基本信息、用户的浏览信息和对物品或内容的偏好程度等因素进行综合考量，依托推荐引擎算法进行指标分类，对与用户目标因素一致的信息内容进行聚类，经过协同过滤算法，实现精确的个性化推荐。

图1.18　个性化推荐

1.6.9　医学图像处理

医学图像处理是目前人工智能在医疗领域的典型应用，它的处理对象是基于各种不同成像机理，如在临床医学中广泛使用的核磁共振成像、超声成像等生成的医学影像。图 1.19 所示为医学影像的病灶分割结果。

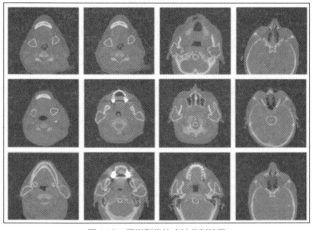

图1.19　医学影像的病灶分割结果

　　传统的医学影像诊断，主要通过观察二维切片图去发现病变体，这往往需要依靠医生的经验来判断。利用计算机图像处理技术，可以对医学影像进行图像分割、特征提取、定量分析和对比分析等工作，进而完成病灶识别与标注，如针对肿瘤放疗环节的影像的靶区自动勾画，以及手术环节的三维影像重建。医学图像处理可以辅助医生对病变体及其他目标区域进行定性甚至定量分析，从而大大提高医疗诊断的准确性和可靠性。另外，医学图像处理在医疗教学、手术规划、手术仿真、各类医学研究、医学二维影像重建中也起到重要的辅助作用。

1.6.10　图像搜索

　　图像搜索是近几年用户需求旺盛的信息检索类应用，分为基于文本的和基于内容的两类搜索方式。传统的图像搜索只识别图像本身的颜色、纹理等要素，基于深度学习的图像搜索还会计入人脸、人物姿态、地理位置和字符语义等特征，对海量数据进行多维度的分析与匹配。

　　图像搜索技术的应用与发展，不仅是为了满足当下用户顺利查找和匹配相同或相似目标物的需求，更是为了通过分析用户的需求与行为（如搜索同款、相似物比对等），确保企业的产品迭代和服务升级在后续工作中更加聚焦。图1.20所示为在百度搜索中进行图片搜索查询。

图1.20　图片搜索

1.7　人工智能的发展趋势

　　以大数据智能、跨媒体智能、群体智能、人机混合增强智能、智能自主系统等为代表的人工智能2.0关键理论与技术，将全面推动智慧城市、智慧医疗、智能制造等领域的发展，未来世界将发生翻天覆地的变化。

（1）大数据智能

大数据智能即大数据驱动的人工智能，基于庞大的数据集，以深度神经网络技术为核心，涵盖语义网络、知识图谱的自动化构建，以及自我对弈系统的开发。人工智能 1.0 与 2.0 技术的融合，催生了多样化的新技术，为大数据智能化发展注入动力。在这一人工智能分支的发展过程中，大数据的广泛运用和深度挖掘是其坚实的基础。大数据智能的核心目标在于，借助尖端技术对丰富的数据资源进行有效的处理与分析，进而为决策环节提供智能化支持，输出精准信息服务。在此过程中，深度神经网络技术成为挖掘数据价值的关键。通过在大规模数据集上的学习算法创新和拓展，显著提升了机器学习和深度学习的效能，这在图像识别、视频标注、行为识别等领域取得了重大突破，并逐步扩展到音频处理、语音识别和自然语言理解等其他感知智能领域。

（2）跨媒体智能

在多媒体技术的传统应用范畴中，图像处理、音频处理以及视频分析等技术往往局限于各自特定的应用场景，缺乏协同与整合。然而，人类的信息处理方式截然不同，人类能够同时处理视觉、听觉等多种感官信息，实现信息的全面理解与深度感知。为了模拟人类的这一信息处理优势，人工智能 2.0 引领了一场多媒体技术的变革，推动跨媒体智能技术的快速发展。

跨媒体智能技术旨在提升机器在文本、图像、音频等多种媒介之间的认知、学习和推理能力，实现跨媒体的感知与计算。这意味着，机器将能够像人类一样，同时处理并理解来自不同媒介的信息，从而实现更加全面、深入的信息处理与理解。

跨媒体智能技术的发展，不仅要求机器具备对单一媒介信息的处理能力，更要求它能够在不同媒介之间建立联系，实现信息的整合与协同。例如，在图像与文本之间，机器需要能够识别图像中的物体，并将其与文本描述相匹配；在音频与视频之间，机器需要能够分析音频的节奏与旋律，并将其与视频中的动作和场景相结合。这些能力的实现，将极大地提升机器的信息处理与理解能力，为人工智能的广泛应用提供有力的支持。

（3）群体智能

群体智能作为新兴人工智能研究方向，借鉴自然界群体行为模式，依托人工智能技术，组织人机协同，共同攻克复杂的任务。群体智能的核心在于实现多个智能体之间的有效协作，从而解决单个智能体难以应对的问题。

在人工智能 1.0 阶段，群体智能的初步形式被称为多智能体系统（Multi-Agent System，MAS）。这个系统由一群具有一定自主性、通信能力和协同能力的智能体组成，它们能够在一定环境下合作完成特定任务。然而，人工智能 1.0 阶段的多智能体系统存在一定的局限性，包括智能体数量有限，协作效率不高，知识共享不足等。为了克服这些局限性，人工智能 2.0 阶段的群体智能研究在以下方面进行了拓展和深化，包括扩展智能体规模，强化协作机制，强化知识共享与学习，将人类专家的知识和经验与机器智能相结合，形成人机协同的群体智能系统，提高决策的准确性和效率。

（4）人机混合增强智能

人和机器混合在一起，形成一种增强智能。这种智能不但比机器更聪明，而且比人更聪明，能够解决更多复杂问题。

人机混合增强智能，也常被称为增强智能（Augmented Intelligence）或混合智能（Hybrid Intelligence），是指将人类智能与机器智能相结合，通过优劣互补，形成一种超越单一智能体的智能形式。这种智能的目标是通过融合人类与机器的智能，实现更高效、更智能的决策和问题解决。

（5）智能自主系统

智能自主系统，也被称为自主思维系统或自主决策系统，是一种能够在没有人类直接干预的情况下，自主地进行思考、决策和行动的系统。该系统具有学习、适应、创新和自我优化等能力，可以应对各种复杂、不确定和动态的环境。其自主性体现在系统能够根据环境和任务需求，自主地调整策略和算法，实现高效、智能化和可靠的系统运行。

智能自主系统的核心功能如下。

- 感知与融合：系统能够感知外部环境信息，并将这些信息融合处理，以形成对环境的全面理解。
- 决策与规划：基于感知到的环境信息，系统能够自主地进行决策和规划，确定行动方案，以实现预定目标。
- 执行与控制：系统能够控制执行机构，按照决策和规划的结果进行行动，并对执行过程进行实时监控和调整。

智能自主系统在多个领域都有广泛的应用前景，包括但不限于以下几个方面。

- 工业自动化：如预测性维护、质量控制和供应链优化等，提高生产效率和产品质量。
- 医疗健康：在医学影像分析、疾病预测和诊断、个性化治疗方案制定等方面发挥重要作用。
- 交通运输：自动驾驶技术的发展推动了智能交通系统的发展，提高了交通安全性和效率。
- 家居服务：智能音箱、智能家电等设备的普及，使得家居生活更加便捷和舒适。
- 军事领域：增强了无人机、无人潜艇等设备的自主侦察和作战能力，提高了军事行动的效率和安全性。

1.8 AI 开放平台

目前市场上有很多技术成熟的 AI 开放平台，供开发者使用，这些平台降低了 AI 技术的使用门槛，主要体现在以下几个方面。

- 易用性：平台提供的应用程序接口（Application Program Interface，API）和服务通常易于集成和使用，不需要深厚的 AI 背景知识。
- 成本效益：开发者无须投入大量资金购买硬件或软件，只需按需使用云服务。
- 灵活性：平台提供的服务可以快速适应不同的业务需求，易于扩展和定制。
- 社区和资源：平台通常拥有庞大的开发者社区，提供丰富的教程、文档和示例代码，帮助开发者学习和解决问题。
- 技术支持：平台提供专业的技术支持，帮助开发者克服技术难题。

通过这些平台，即使是小型企业和个人开发者也能轻松地利用 AI 技术，推动技术创新和业务增长。

（1）百度 AI 开放平台

百度 AI 开放平台是百度公司基于多年积累的人工智能技术，为开发者提供的一个全方位、一站式的 AI 能力服务平台，如图 1.21 所示。

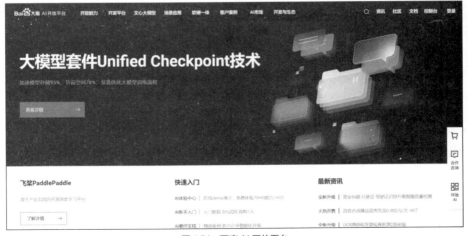

图 1.21 百度 AI 开放平台

百度 AI 开放平台提供了丰富的 AI 能力，典型能力如下。

- 语音解析：支持多种语言和方言的语音识别与合成，适用于游戏文字输入、社交聊天、语音指令等场景。
- 图像解析：包括图像识别、品牌 Logo 识别、文字识别（OCR）、动植物识别等，广泛应用于内容推荐、广告审核、教育等领域。
- 自然语言处理：提供语法词法分析、文本审核、情感分析、机器翻译等功能，助力内容平台提升内容质量，打破语言障碍。
- 人脸识别：提供人脸检测、人脸对比、人脸搜索等功能，广泛应用于身份认证、门禁考勤、安防监控等领域。
- 视频解析：支持视频内容的识别、分析、处理等，为智能监控、内容审核等场景提供支持。

百度 AI 开放平台的能力被广泛应用于多个行业和领域，典型应用场景如下。

- 金融：全渠道双录解决方案支持金融机构开户、销售等服务的录音和录像需求，通过 AI 技术实现边录制边质检的全流程智能化，提升金融服务体验。
- 安防：人脸识别技术被广泛应用于安防监控领域，通过快速比对人脸信息，可以帮助警方快速锁定犯罪嫌疑人，提高安防效率。
- 教育：AI 课件内容生产平台提供 AI 课件生成服务，以及一系列教育培训的 AI 工具集，助力在线教育的发展。
- 企业服务：基础的人员考勤或门禁功能在百度公司应用非常广泛，如百度大楼的进楼通行处有人脸识别的闸机，食堂、咖啡厅、面包店等都可以用人脸进行支付。

（2）腾讯 AI 开放平台

腾讯 AI 开放平台是腾讯公司推出的一个专注于为开发者提供全方位 AI 能力的服务平台，如图 1.22 所示。该平台旨在通过整合腾讯在人工智能领域的深厚技术积累，为各领域的企业和个人开发者提供高效、便捷、安全的 AI 解决方案。

图 1.22　腾讯 AI 开放平台

腾讯 AI 开放平台的热门 AI 能力如下。

- 人脸识别：提供精准实时的人脸检测、分析、识别等服务，满足在线、离线等多种场景需求。
- 文字识别：包括通用文字识别、卡证文字识别、票据单据文字识别等，支持多场景、多语种的高精度整图文字检测和识别。
- 图像分析：综合性的图像理解和分析服务，利用图像人工智能技术，提升用户体验和产品效率。

腾讯 AI 开放平台面向丰富的业务场景，提供多种 AI 解决方案，如智能票据识别、门禁考勤的人脸识别、AI 互动体验展、实名实人认证、AI 创意营销、智能客服机器人等。腾讯 AI 技术已经深入人们生活的每个角落，如微信"扫一扫"功能，以及基于深度学习技术打造的文字识别产品在疫情期间的智能化防疫应用。

（3）阿里 AI

阿里 AI 是阿里巴巴集团旗下的一系列人工智能技术及相关服务的集合，如图 1.23 所示，依托阿里巴巴在电商、云计算、大数据等领域的深厚积累，整合了多方面的技术能力，致力于为全球企业和个人开发者提供全面、高效的人工智能解决方案，推动各行业的智能化升级与创新发展。阿里 AI 主要的 AI 能力如下。

图 1.23　阿里 AI

- 语音解析：具备语音识别和合成能力，能够精准识别多种语言和方言，实现自然、流畅的语音交互体验。在智能客服场景中，通过语音识别技术将用户的语音指令转化为文本信息，再借助智能算法快速给出准确的回答，并通过语音合成技术将回复内容以语音形式反馈给用户，提升客服效率和服务质量。

- 图像解析：涵盖图像识别、图像生成、图像编辑等多个方面。在图像识别方面，能够对各类商品图像进行准确分类和识别，为电商平台的商品搜索、推荐等功能提供技术支持；在图像生成方面，可根据用户需求生成高质量的商品图片、广告海报等，帮助商家节省设计成本和时间；在图像编辑方面，则能够对图像进行裁剪、优化、特效添加等操作，满足不同场景下的图像处理需求。

- 自然语言处理：拥有语义理解、文本生成、情感分析等功能。在电商领域，通过语义理解功能准确理解用户的搜索意图，为用户提供精准的商品搜索结果；文本生成功能可用于自动生成商品描述、评价回复等内容，提高运营效率；情感分析功能则能够对用户的评价、反馈等文本进行情感分析，帮助商家了解用户的满意度和需求，优化产品和服务。

- 视觉识别：包括人脸识别、物体识别等。人脸识别技术在身份认证、支付安全等场景中发挥着重要作用，保障用户的账户安全；物体识别技术可用于物流场景中的货物识别和分类，提高物流作业效率。

- 机器学习：提供一站式的机器学习服务，涵盖数据标注、模型开发、模型训练、模型部署等全流程。通过可视化建模工具，用户能轻松构建和训练机器学习模型；分布式训练技术能够支持大规模数据的处理和复杂模型的训练，提高模型的训练效率和准确性；模型部署服务则能够将训练好的模型快速部署到实际应用中，实现智能化的业务决策。

阿里 AI 凭借其强大的技术能力和丰富的应用场景，在多个行业中发挥着重要作用，为企业和个人开发者提供了全方位的人工智能解决方案，推动了各行业的数字化转型和智能化发展。

（4）HUAWEI HiAI 能力开放平台

HUAWEI HiAI 能力开放平台是华为公司面向智能终端推出的 AI 开放平台，如图 1.24 所示，依托"芯、端、云"3 层开放架构，旨在为开发者提供强大的 AI 能力，助力其快速构建智慧应用，推动全场景智慧生态的构建。HUAWEI HiAI 能力开放平台主要的 AI 能力如下。

图 1.24　HUAWEI HiAI 能力开放平台

- 芯片能力开放：拥有 300+算子支持，具备良好的模型兼容性，能适应多种不同类型的模型；支持 MindSpore、TensorFlow、Caffe 等多种主流深度学习框架，适应开发者不同的技术偏好；提供模型轻量化、模型转换、系统调试等高效工具链，帮助开发者更便捷地进行模型开发相关工作；能够自动识别运行环境的计算能力，支持神经网络处理器（Neural Processing Unit，NPU）和中央处理器（Central Processing Unit，CPU）的协同调度，充分发挥硬件性能。
- 应用能力开放：提供计算机视觉、自动语音识别、自然语言理解等引擎，覆盖多种重要的 AI 应用领域；支持图片识别、人体识别、文本识别、语音识别等丰富的功能，可满足不同场景下的识别需求；提供超过 40 个 API，方便开发者进行多终端部署，拓宽应用的覆盖范围。
- 服务能力开放：聚合开发者开发的内容和服务，为华为终端用户提供第三方直达服务，优化用户体验；提供语音、智慧识物等快捷入口，方便用户快速获取所需服务。

HUAWEI HiAI 能力开放平台凭借强大的芯片能力、丰富的应用接口和高效的服务支持，为开发者提供了全方位的 AI 开发解决方案，有力地推动了全场景智慧生态的构建，该平台的应用场景包括智能交通、智能安防、医疗辅助、运动健康等领域。

（5）科大讯飞开放平台

科大讯飞开放平台专注于为开发者提供一站式智能人机交互解决方案，如图 1.25 所示，凭借强大的技术实力和丰富的功能，在多个领域得到广泛应用。科大讯飞开放平台主要的 AI 能力如下。

图 1.25　科大讯飞开放平台

- 语音解析：语音识别，支持短语音（时长<1min）识别和实时流式语音识别，在语音搜索、语音指令控制、实时会议记录等场景应用广泛，满足不同场景下的语音输入需求；语音合成，提供自然语音合成服务，能够进行多种音色和语速的调整，使语音输出更加自然、流畅，适用于智能客服、有声读物等领域；语音唤醒，具备高唤醒率和低功耗，且支持自定义唤醒词，方便用户根据自身需求进行设置。

- 语义理解与多模态交互：语义理解，基于讯飞星火大模型，支持自然语言处理和语义理解，能够实现智能问答和指令执行，让机器能够理解并响应用户的自然语言输入；多模态交互，融合语音、图像等多种交互方式，为用户提供更加自然、丰富的交互体验，打破单一交互方式的局限。

- 图像与视频处理：文字识别，可以将图片中的文字转换为机器编码文本，在文档归档和智能评分等场景发挥重要作用，提高文字处理效率；人脸识别与视频结构化，提供人脸识别、视频分析等功能，适用于安防监控等场景，保障安全和实现视频内容的有效管理。

- 机器翻译：提供高质量的中英互译服务，同时支持多种外语的翻译，适用于多语言环境，帮助用户打破语言障碍。

- 数据与模型管理：数据工程，支持数据标注、清洗和增强，支持多种数据集格式，方便开发者进行数据处理和准备工作；模型微调与部署，提供零代码微调工具，支持多种预训练模型，包括星火大模型、Llama 3 等，降低开发者的技术门槛，加速模型的开发和应用。

科大讯飞开放平台凭借强大的语音技术和多模态交互能力，为开发者提供了丰富的 AI 解决方案，在智能家居、智能办公、智能教育等多个领域发挥着重要作用。

（6）Google Cloud AI

Google Cloud AI 是谷歌云提供的全面人工智能和机器学习平台，如图 1.26 所示，其致力于帮助企业快速、高效且负责任地构建和部署 AI 应用，在企业数字化转型和提升企业竞争力方面发挥着重要作用。其提供的核心服务如下。

图 1.26　Google Cloud AI

- Vertex AI 平台：Vertex AI 作为 Google Cloud 的旗舰机器学习平台，提供了从数据准备到模型部署的全流程支持，满足企业在 AI 开发过程中的一站式需求；集成了 Gemini 等强大的基础模型，并支持超过 130 个预训练模型，为开发者提供丰富的模型资源；具备 AutoML（自动机器学习）功能，使非专业数据科学家也能轻松创建高质量的机器学习模型，降低了 AI 开发的门槛。

- 生成式 AI：支持快速构建生成式 AI 应用，助力企业在该领域的创新；提供 Gemini Code Assist 等工具，支持代码生成、建议和补全，提高代码开发效率。

- 自然语言处理：具备强大的自然语言处理能力，支持聊天机器人、虚拟助手和内容审核等应用，满足企业在智能交互和内容管理方面的需求；使用 BERT 和 T5 等大型语言模型，为企业提供个性化和及时的客户体验，提升客户服务质量。

● 对话式 AI：提供 Contact Center AI，支持虚拟客服和语音转文本等功能，帮助企业优化客户服务，提高客户满意度。

● 数据科学与分析：提供 BigQuery 等数据分析工具，支持实时数据处理和机器学习模型集成，实现数据与 AI 的深度融合，助力企业通过数据驱动的决策，优化业务流程，提升企业运营效率。

Google Cloud AI 凭借其强大的技术栈和灵活的服务，助力企业加速数字化转型，提升市场竞争力。落地应用场景包括企业级 AI 应用、客户服务优化、代码开发辅助、行业解决方案等。

（7）AWS AI

AWS AI 是全球领先的云计算平台亚马逊网络服务（Amazon Web Services，AWS）提供的全面人工智能和机器学习服务套件，如图 1.27 所示，其目标是帮助企业快速、高效地构建和部署 AI 应用，在推动企业数字化转型和创新方面发挥着重要作用。AWS AI 提供的核心服务如下。

图 1.27　AWS AI

● Amazon SageMaker：一个完全托管的机器学习服务，能够简化从数据准备、模型训练到模型部署和监控的整个 AI 开发生命周期，为企业提供一站式的机器学习解决方案；提供超过 250 种预训练模型，支持大规模分布式模型训练和部署，满足企业不同规模和复杂程度的模型开发需求；支持企业级安全和隐私保护，助力用户快速将原型转化为实际应用，保障企业数据安全。

● Amazon Rekognition：提供强大的计算机视觉服务，能够对图像和视频进行分析，支持人脸识别、物体检测、文本识别等功能，适用于安防监控、智能零售、内容审核等多种场景，为企业提供丰富的视觉分析能力。

● Amazon Lex：借助自然语言处理和自动语音识别技术，支持开发者构建智能聊天机器人和虚拟助手，可广泛应用于客户服务自动化、智能语音交互等领域，提升企业与客户的交互体验。

● Amazon Forecast：提供基于机器学习的预测分析服务，并且具备自动化机器学习功能，简化了预测模型的构建和部署流程，适用于需求预测、库存管理、资源规划等场景，帮助企业做出更精准的决策。

● Amazon Personalize：支持基于机器学习的个性化推荐，助力企业提升客户参与度和销售业绩，增强企业的市场竞争力，可应用于电商、媒体、金融等多个行业。

● Amazon Bedrock：提供完全托管的生成式 AI 服务，支持多种基础模型（FM）和大语言模型（LLM），同时支持检索增强生成（RAG）、模型微调、低延迟推理等功能，为企业提供强大的生成式 AI 服务。

● 生成式 AI 应用开发：具备强大的生成式 AI 应用开发能力，其生成式 AI 应用构建器（Generative AI Application Builder）提供低代码或无代码的开发体验，支持快速实验和部署，降低企业开发生成式 AI 应用的门槛。

AWS AI 提供全面的 AI 和机器学习服务，支持从基础模型到个性化应用的开发，有力地帮助企业加速数字化转型和创新。

（8）Azure AI

Azure AI 是微软提供的全面人工智能和机器学习服务套件，如图 1.28 所示，旨在助力企业快速构建和部署智能应用，推动企业的数字化转型和创新发展。其主要服务如下。

图 1.28　Azure AI

- Azure AI Foundry：一站式开发平台，作为强大的生成式 AI 应用开发中心，支持开发人员以安全、可靠、负责任的方式构建和部署自定义 AI 应用，为开发者提供全面的开发支持；模型目录，拥有一个不断增长的前沿、开源模型目录，涵盖来自微软、OpenAI、Meta 等公司的模型，为开发者提供丰富的模型资源；协作与管理，支持团队协作，提供企业级安全保障和资源管理，助力用户从原型到实际应用的快速迭代，提高开发效率。

- Azure OpenAI 服务：高级语言和视觉模型，支持使用先进的语言和视觉模型构建自定义的生成式 AI 应用，满足开发者对高质量模型的需求；灵活的开发体验，提供无服务器 API 和托管微调功能，支持低代码或无代码开发，降低开发门槛，使更多人能够参与到 AI 应用开发中。

- 多模态 AI 应用开发：Azure AI 的内容理解服务，支持多模态数据（如文本、音频、图像、视频）的引入和分析，帮助企业快速开发多模态 AI 应用，适应多样化的业务场景；自定义输出架构，支持用户自定义提取结果的架构，以满足特定需求，并通过置信度分数实现持续改进，使开发的应用更好地满足实际业务需求。

- AI 服务：Azure AI 语言，提供自然语言处理功能，支持对话界面生成、文本分析等，帮助企业实现智能交互和文本处理；Azure AI 视觉，支持图像分析、文本识别和人脸检测等功能，为企业提供丰富的视觉分析能力；Azure AI 语音，提供语音转文本、文本转语音和语音翻译等功能，实现语音与文本的相互转换和跨语言交流；Azure AI 翻译，支持多语言翻译，帮助企业实现全球化部署，打破语言障碍。

- 机器学习与数据平台：Azure 机器学习工作室，提供端到端的机器学习生命周期管理，支持模型训练、部署和监控，为机器学习项目提供全流程支持；Azure Databricks（基于 Apache Spark 的分析平台），支持大规模数据处理和机器学习，满足企业对大数据处理和分析的需求。

Azure AI 提供内置的负责任 AI 工具，如 Azure AI Foundry 的筛选器和控件，确保 AI 应用的安全性和合规性，让企业放心使用 AI 技术。其应用场景包括智能客服、内容创作、数据分析等领域。

1.9　Orange 开源软件

Orange 是一个开源的机器学习软件，如图 1.29 所示，Orange 基于 Python 和 C/C++开发，提供了一系列的数据探索、可视化、预处理以及建模小部件。Orange 拥有漂亮、直观的交互式图形用户界面，非常适合初学者进行 AI 项目的探索性分析和可视化展示；同时高级用户也可以将其作为 Python 的一个编程模块进行数据操作和小部件开发。

图1.29　Orange 开源软件

　　Orange 由卢布尔雅那大学于 1996 年开发，从 3.0 版本起采用 Python 的生态库进行科学计算，例如 NumPy、SciPy 以及 scikit-learn；前端的图形用户界面使用跨平台的 Qt 框架开发。Orange 支持的操作系统有 Windows、macOS 以及 Linux。

1.9.1　橙现智能软件介绍

　　本书的实践实验工具选用我国对 Orange 软件的优化版本"橙现智能"，它提供了一种可视化的方法来进行数据处理、模型训练和优化，无须编程即可上手，支持数据处理的可视化操作，包括数据载入、清理和特征工程的可视化。此外，橙现智能还提供了数据与模型的可视化功能，支持数据与模型的可视化展示，以及使用轮廓系数和层次聚类等进行模型训练和优化。橙现智能支持在 Windows 和 macOS 中直接安装，对于 Linux/Unix 操作系统，则可以从源码进行安装。橙现智能提供了自然语言处理的功能，可以快速实现词云生成、情感分析、作业查重等操作，非常适合需要进行文本分析和自然语言处理的用户。图 1.30 所示为橙现智能软件界面，主要包括 3 个部分：顶端的菜单栏区域，左侧的功能导航区域，以及右侧的画布区域（用于展示工作流）。

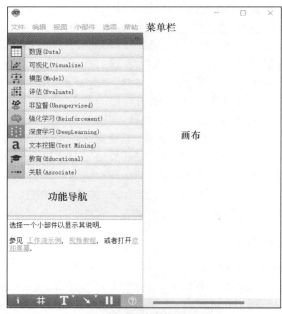

图1.30　橙现智能软件界面

橙现智能中的基本数据挖掘单元称为小部件，包括读取数据、预处理、可视化、聚类、分类等小部件，小部件之间通过连接通道实现数据通信。因此，数据挖掘工作流由小部件及连接通道构成。图 1.31 所示的工作流中，有一个用于读取数据的"文件"小部件。"文件"小部件将此数据传递给显示数据电子表格的"数据表"小部件。注意"文件"小部件输出端与"数据表"小部件输入端的连接关系，在橙现智能中，输出端位于小部件的右侧，输入端位于小部件的左侧。

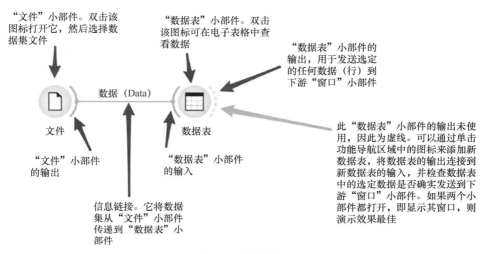

图 1.31　示例工作流

橙现智能中大多数数据的可视化都是交互式的。例如绘制散点图，双击"散点图"小部件图标即可打开相应界面，通过单击和拖动选择几个数据实例（散点图中的点），选定的数据将自动传送到数据表，双击对应的小部件可以检查选择了哪些数据。用户可更改选择的数据并观察数据表中的变化。

1.9.2　橙现智能软件的下载与安装

搜索橙现智能官网，单击"下载地址"，如图 1.32 所示，下载安装压缩包，解压即可使用。

图 1.32　橙现智能软件下载界面

任务实现

1. 体验百度 AI 开放平台

（1）通用文字识别

访问百度 AI 开放平台 AI 体验中心，通过在线或本地上传照片的方式，体验通用文字识别功能，如图 1.33、图 1.34 所示。

图1.33　百度 AI 开放平台通用文字识别功能（在线上传）

图1.34　百度 AI 开放平台通用文字识别功能（本地上传）

（2）动物识别

百度 AI 开放平台的动物识别功能可识别近 8000 种动物，该功能的接口会返回动物名称，并给出识别结果对应的百科信息，适用于拍照识图、幼教科普、图像内容分析等场景。

访问 AI 体验中心，选择"图像识别"中的"动物识别"，在功能体验界面，通过在线或本地上传照片的方式，体验动物识别功能，如图 1.35、图 1.36 所示。

图1.35　百度 AI 开放平台动物识别功能（在线上传）

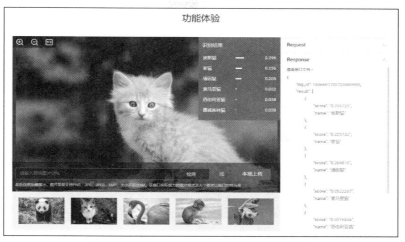

图 1.36　百度 AI 开放平台动物识别功能（本地上传）

2. 体验腾讯 AI 开放平台

体验腾讯 AI 开放平台，访问体验网址，在功能演示界面，通过在线或本地上传照片的方式，体验人脸检测与分析、五官定位、人脸比对以及人脸搜索等功能。

（1）人脸检测与分析

人脸检测与分析功能对给定的人脸图片，检测人脸位置、人脸面部属性（包括性别、年龄、表情、魅力、眼镜、发型、口罩、姿态等）、人脸质量信息（包括整体质量分、模糊分、光照分、五官遮挡分等），如图 1.37 所示。

图 1.37　腾讯 AI 开放平台人脸检测与分析

（2）五官定位

五官定位功能对请求图片进行人脸关键点定位，计算眉毛、眼睛、鼻子、嘴巴、脸型轮廓、眼珠等 90 个关键点，如图 1.38 所示。

图1.38　腾讯 AI 开放平台五官定位

（3）人脸比对

人脸比对功能对给定两张图片中的人脸进行相似度比对，返回人脸相似度分数，实现 1∶1 比对，如图 1.39 所示。

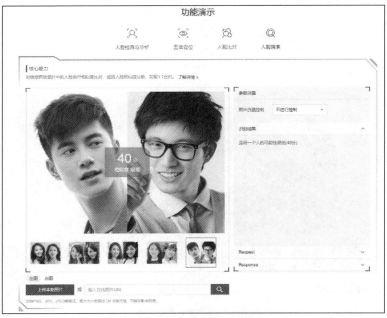

图1.39　腾讯 AI 开放平台人脸比对

（4）人脸搜索

人脸搜索功能对给定的一张人脸照片，和已有人脸库中的 N 个人脸进行比对，找出最相似的一张脸或多张脸，并给出相似度排序，实现 $1∶N$ 或 $M∶N$ 搜索，如图 1.40 所示。

图 1.40 腾讯 AI 开放平台人脸搜索

3. 体验橙现智能软件

体验橙现智能软件

在数据分析和机器学习领域，准确把握数据之间的关系至关重要。橙现智能作为一款强大且易用的工具，为数据处理提供了高效的途径。简单线性回归是探索两个变量之间线性关系的基础方法，它在预测、趋势分析等方面有着广泛应用。例如，在销售领域，探究广告投入与销售额之间的关联时，或在教育领域，分析学习时间和考试成绩的关系时，简单线性回归就能派上用场。

下面介绍使用橙现智能软件实现工资与工作经验年限的线性回归分析的方法。首先，我们需要搭建一个工作流，任何机器学习的工作都需要有数据和算法。由前文可知，读取数据可以使用"文件"小部件，又因为这里要处理的是线性回归问题，所以选用"线性回归"小部件。

另外，我们如何知道算法在数据集上的表现如何呢？训练模型之后对其进行测试即可，这就需要"测试和评分"小部件。如此一来，我们就知道某一个算法在某一个数据集上的表现了。线性回归工作流如图 1.41 所示。

图 1.41 线性回归工作流

（1）搭建工作流

首先，从"数据"模块中选择"文件"小部件，如图 1.42 所示，将其拖入画布（或单击将其置于画布）。之后，双击已拖入画布中的小部件，选择数据源 SalaryData.csv，如图 1.43 所示。

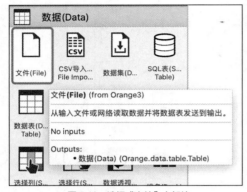

图1.42 选择"文件"小部件

图1.43 选择数据源

注意，Salary 不是特征，而是目标。如果设置有误，则双击对应的"角色"栏，将其改为目标，如图 1.44 所示。

图1.44 设置数据角色

然后，在"模型"模块中选择"线性回归"小部件，如图 1.45 所示，将其拖入画布。

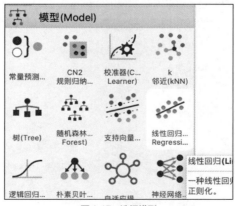

图1.45 选择模型

另外，橙现智能软件还支持更方便地选取需要的小部件，例如，需要继续放置"测试和评分"小部件，并且需要连接它与其他小部件，可以选中"文件"小部件的右侧输出端，将其拖动到想要放置"测试和评分"小部件的位置，松开鼠标左键，在图 1.46 所示的搜索框输入 ceshi（即小部件的汉语拼音），就可以找到"测试和评分"小部件，选中它即可。

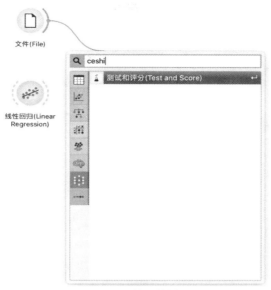

图 1.46 选择评估指标

最后，连接"线性回归"小部件与"测试和评分"小部件。从"线性回归"小部件的输出端或者"测试和评分"小部件的输入端拖线，连接到对方即可。这样就可以得到图 1.41 所示的工作流。

（2）训练与测试模型

搭建好工作流后，双击"测试和评分"小部件打开"测试和评分"界面，查看模型训练与测试的结果，如图 1.47 所示。

图 1.47 模型训练与测试的结果

在右侧的"评价结果"界面中展示了几种损失函数和 R2 的值，通过观察这些值，我们就可以评估模型训练的效果了。但模型是如何训练的呢？在左侧的"抽样"界面中有多种训练方法可供选择，选择自己需要的训练与测试方法即可。

（3）调试模型

如果我们不满意训练的模型，还可以双击"线性回归"小部件打开"线性回归"界面，在其中调试模型参数，如图 1.48 所示。

（4）观察数据

至此，我们已经完成了一个快捷实用的工作流，如果想要查看数据，可以在表格中查看，也可以在图形中查看。下面使用数据表查看数据。从"文件"小部件输出端拖出一条线，并在合适位置松开鼠标左键，在搜索框中输入 shuju（"数据"的汉语拼音），即可找到相应小部件，如图 1.49 所示。

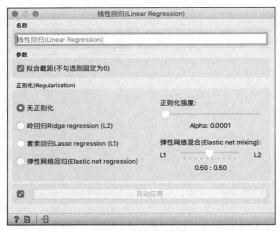

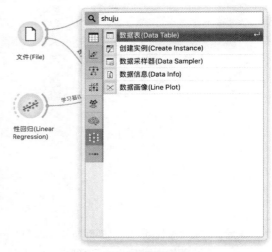

图 1.48　调试模型参数　　　　　　　　　　　图 1.49　配置数据表

之后，双击"数据表"小部件打开数据表观察数据，如图 1.50 所示。

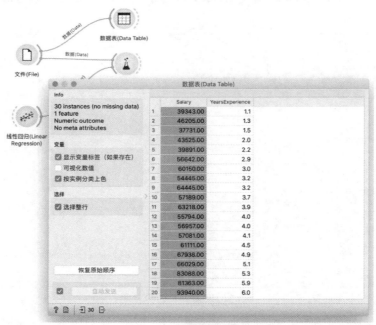

图 1.50　观察数据

（5）绘制散点图

对于图 1.50 所示数据表中的数据，我们不好直接观测其隐藏的规律，因此，利用图（如散点图）展示数据将更加直观。从"文件"小部件的输出端拖出一条线，并在合适位置松开鼠标左键，之后在搜索框中输入 sandiantu（"散点图"拼音），在散点图中观察数据即可，如图 1.51 所示。

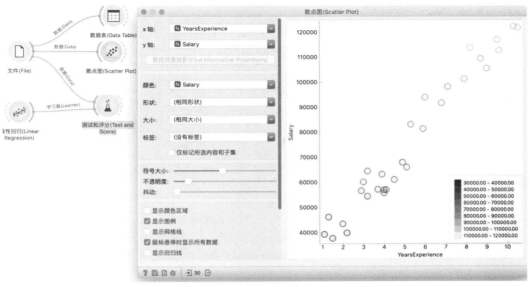

图 1.51　散点图

现在，我们已经完成了一个简单线性回归任务的工作流，熟悉了橙现智能软件中各种放置小部件的方法，并且对软件的界面和基本用法有了初步的了解，下一步，将在接下来的学习中进一步了解如何完成更复杂的任务。

任务总结

通过本任务，读者了解人工智能基本概念与发展历程、人工智能关键技术、人工智能的分类与 3 种研究学派、下一代人工智能的发展趋势，并对 AI 开放平台以及橙现智能软件的用法进行了体验、探索。具体总结如下。

- 认识与体验 AI 开放平台：通过网络调研、平台官网浏览、案例分析等方式，读者对百度 AI 开放平台和腾讯 AI 开放平台有了一定了解，认识到了这些平台的易用性、成本效益、灵活性、社区和资源以及技术支持等方面的优势，对 AI 技术在金融、安防、教育、企业服务等多个领域的应用有了直观的认识。
- 橙现智能软件入门操作：读者下载并安装了橙现智能软件，对软件的界面和基本小部件有了初步的认识。通过搭建简单线性回归模型，读者掌握了橙现智能软件的基本操作步骤，包括数据读取、模型训练、测试与评分等；还学习了如何使用数据表和散点图等可视化工具来观察数据，从而对数据分析的过程有了更直观的理解。

巩固练习

一、单选题

1. 以下哪项不是人工智能的基本能力？（　　　）
   A. 学习　　　　　　B. 推理　　　　　　C. 感知　　　　　　D. 飞行
2. 人工智能一词是在哪次会议上首次提出的？（　　　）
   A. 达特茅斯会议　　　　　　　　　　B. 图灵测试会议
   C. 国际人工智能联合会议　　　　　　D. 第五代计算机研制计划会议
3. 以下哪个阶段标志着人工智能学科的诞生？（　　　）
   A. 20 世纪 50 年代至 60 年代中期　　　B. 20 世纪 60 年代末至 80 年代初
   C. 20 世纪 80 年代末至 90 年代初　　　D. 20 世纪 90 年代中期至 21 世纪 20 年代初

4. 以下哪个系统不属于专家系统？（　　）

    A. DENDRAL　　　　　B. MYCIN　　　　　C. Hearsay-Ⅱ　　　　D. TensorFlow

5. 以下哪个技术的发展促进了人工智能的新高潮？（　　）

    A. 大数据　　　　　B. 云计算　　　　　C. 4G　　　　　D. 以上都是

6. 人工智能的发展历程中，哪个阶段是神经网络飞速发展的时期？（　　）

    A. 第一阶段　　　　　B. 第二阶段　　　　　C. 第三阶段　　　　　D. 第四阶段

7. 以下哪个不是人工智能的关键技术？（　　）

    A. 机器学习　　　　　B. 神经网络　　　　　C. 虚拟现实　　　　　D. 自然语言处理

8. 智能芯片技术中，以下哪种芯片最初是为了图形渲染而设计的，但当前在机器学习任务中显示出强大的并行处理能力？（　　）

    A. CPU　　　　　B. GPU　　　　　C. TPU　　　　　D. FPGA

9. 在深度学习中，以下哪个网络结构特别适用于处理序列数据？（　　）

    A. 卷积神经网络　　　　　B. 循环神经网络　　　　　C. 自编码器　　　　　D. 支持向量机

10. 自然语言处理技术中，以下哪个任务涉及将一种语言翻译成另一种语言？（　　）

    A. 语音识别　　　　　B. 机器翻译　　　　　C. 情感分析　　　　　D. 文本分类

11. 计算机视觉技术中，以下哪个任务涉及将图像分割成多个部分或对象？（　　）

    A. 图像分类　　　　　B. 目标检测　　　　　C. 场景重建　　　　　D. 图像分割

12. 在橙现智能软件中，以下哪个小部件用于读取数据？（　　）

    A. 文件　　　　　B. 数据表　　　　　C. 散点图　　　　　D. 线性回归

13. 在进行线性回归分析时，以下哪个小部件用于评估模型性能？（　　）

    A. 文件　　　　　B. 数据表　　　　　C. 测试和评分　　　　　D. 线性回归

二、判断题

1. 人工智能的发展历程是一帆风顺的。（　　）

2. 专家系统的出现是人工智能发展中的一个重要里程碑。（　　）

3. 神经网络的发展导致了人工智能的第一次低谷。（　　）

4. 人工智能的应用领域仅限于科技行业。（　　）

5. 深度学习是目前人工智能技术发展的前沿方向之一。（　　）

6. 人工智能的发展不需要考虑伦理和道德问题。（　　）

7. 在强化学习中，智能体通过与环境交互获得的即时奖励来指导学习过程。（　　）

8. 多模态分析推理技术可以结合不同类型的数据源，以提供更全面的信息理解。（　　）

三、简答题

1. 什么是人工智能？

2. 人工智能按照智能程度分类时具体包括哪几种？

3. 人工智能有哪些典型的应用场景？

🔍 任务拓展

1. 如图 1.52 所示，探索百度 AI 开放平台的菜品识别功能：收集、整理 5 份菜品照片，利用百度 AI 开放平台进行识别，分析并评估其识别结果。

2. 结合校园生活场景为菜品识别功能设计一种具体的使用场景，目标包括：验证技术落地能力，通过场景设计，体现 AI 技术（菜品识别）与现实需求的匹配度；解决实际问题，设计的场景需要能够切实解决校园生活中的具体问题；展示设计逻辑，通过结构化描述，展示从需求分析到功能实现的完整思考过程。

图1.52　菜品识别

拓展阅读

AI 浪潮中的华人之光

　　在人工智能技术发展历程中，华人科学家作出了不可忽视的贡献。从机器学习算法的基础研究到人工智能应用的重大突破，众多华人学者凭借扎实的专业素养和创新的科研精神，在国际学术界和工业界崭露头角。

　　本拓展阅读介绍了多位在AI领域取得杰出成就的华人科学家及其研究成果。扫描旁边的二维码，可以观看相关资料，了解他们的科研故事和学术贡献。

拓展阅读

AI 浪潮中的华人之光

项目 2

机器学习应用

  经过前面的学习，相信读者已经对人工智能的基本概念、发展历程、三大研究学派，以及它的应用前景与未来有了深入的了解。然而，要实现人工智能，就必须赋予机器智能。值得注意的是，机器并非天生具备智能，它们需要通过学习来掌握相应的技能。

  机器学习，作为人工智能的一个重要分支，其核心在于研究如何让计算机系统能够自主地从数据中学习并不断优化自身性能，以便更有效地解决各类实际问题，而无须进行烦琐的明确编程。

  在本项目中，读者将通过完成以下3个具体任务——顾客市场分析、葡萄酒分类，以及糖尿病患病风险预测，来系统地学习机器学习相关知识。首先读者需深入理解机器学习的概念、学习方式和常见的任务类型，熟悉机器学习的基本流程，能够对数据进行预处理操作。然后，学习常见的聚类、分类和回归算法，并了解机器学习模型的复杂度和误差评估方法。最后，通过任务的实践，理解并掌握如何运用机器学习相关知识解决实际的复杂问题。

学习目标

知识目标

1. 理解机器学习的概念。
2. 掌握机器学习的学习方式。
3. 熟悉机器学习常见的任务类型。
4. 熟悉机器学习的基本流程。
5. 理解混淆矩阵中各元素的含义。
6. 理解分类评估指标的含义。

能力目标

1. 能够使用k均值聚类算法对数据集进行聚类。
2. 能够使用归一化或者标准化方法对数据集进行预处理操作。
3. 能够使用k近邻、朴素贝叶斯和决策树算法对数据集进行分类。
4. 能够使用线性回归算法对数据集进行回归预测。
5. 能够根据模型预测结果识别模型的拟合情况。
6. 能够使用评估指标评估聚类、分类和回归任务的训练及预测结果。

素质目标

1. 培养数据分析和数据预处理的能力。
2. 培养运用机器学习技术识别数据中的趋势，并为决策提供科学依据的能力。
3. 培养跨越传统学科界限，将机器学习技术与其他领域（如医学、教育、金融）相结合，推动创新应用的能力。
4. 培养积极探索前沿科技领域、科技强国的创新意识和实践能力。

 建议学时

6学时。

 任务 2-1 顾客市场分析

任务提出

随着市场竞争的加剧和顾客需求的多样化，某线上零售公司希望通过对顾客进行细分来更好地理解顾客群体，从而制定更有效的营销和产品推荐策略。

顾客细分数据集基本信息如表 2.1 所示，该数据集包含顾客的性别、年龄、年收入和消费评分 4 个特征，共 200 条顾客样本数据（数据集见配套教学资源）。

表 2.1　顾客细分数据集基本信息

属性	描述	数据类型
CustomerID	顾客 ID	元数据
Gender	性别（0 表示女性，1 表示男性）	离散型
Age	年龄	连续型
Annual Income	年收入（单位：千美元）	连续型
Spending Score	消费评分（1～100，表示顾客的消费倾向）	连续型

在表 2.1 中，元数据、离散型数据和连续型数据这 3 种数据的含义如下。

元数据是指描述数据集的内容、结构、属性、来源以及其他相关特征的数据，它是关于数据的描述性数据，提供了对数据集进行深入理解和使用的关键信息。

离散型数据是指只能取有限个或可数个数值的数据。这些数据的取值通常是整数，且相邻两个数有间隔。

连续型数据是指可以取任意实数值的数据。这些数据的取值范围是连续的，相邻两个数没有间隔。

为了能够识别出具有不同购买行为和偏好的顾客群体，从而为制定更加精准和有效的营销策略提供数据支持，可以运用机器学习聚类算法，针对上述给定的顾客细分数据集，实现对不同顾客群体的聚类分析。

 ## 任务分析

对顾客群体进行聚类分析，按照机器学习的基本流程，具体的任务分析如下。

1. 数据准备：通过提供的下载网址下载数据集，该数据集可用于机器学习中的聚类任务。
2. 查看数据集：观察数据的分布情况、特征的定义域和取值范围。
3. 聚类分析：常见的聚类算法有 k 均值聚类、层次聚类，通过对比两种聚类算法，观察聚类之后数据集的聚类情况，从中选择最优的聚类算法用于聚类分析。

 ## 知识准备

2.1 机器学习概述

机器学习是人工智能的一个分支，旨在通过计算机系统的学习和自动化推理，使计算机能够从数据中获取知识和经验，并利用这些知识和经验进行模式识别、预测和决策。

2.1.1 学习的定义

著名学者赫伯特·亚历山大·西蒙曾于 1975 年获得图灵奖，1978 年获得诺贝尔经济学奖。西蒙教授曾对"学习"给出一个定义："如果一个系统，能够通过执行某个过程，就此改进了它的性能，那么这个过程就是学习"。

从西蒙教授的观点可以看出，学习的核心目的，就是改进性能。

2.1.2 机器学习的定义

在 20 世纪 50 年代，阿瑟·塞缪尔在 IBM 公司工作时研制了一个西洋跳棋程序，如图 2.1 所示。这个程序具有"学习能力"，它可以通过对大量棋局的分析逐渐辨识出当前局面下的"好棋"和"坏棋"，从而不断提高下棋水平。

西洋跳棋是双人对弈棋种，对局时，棋子按斜线方向移动。棋子可跳过敌方棋子并将其吃掉。

西洋跳棋程序很快就战胜了阿瑟·塞缪尔，还击败了美国康涅狄格州的西洋跳棋冠军，引发了轰动。

阿瑟·塞缪尔在西洋跳棋程序研制过程中，第一次提出了"机器学习"的概念，即不需要显式地编程，让机器具有学习的能力。因此，阿瑟·塞缪尔被称为"机器学习之父"。

图2.1 西洋跳棋程序

在阿瑟·塞缪尔提出的"机器学习"概念的基础上，本文对机器学习做如下定义：机器学习是人工智能的一个分支，专门研究计算机怎样模拟人类的学习行为，以获取新的知识或技能，重新组织已有的知识结构使之不断改善自身的性能，而无须进行明确的编程。

2.2 机器学习的学习方式

机器学习按照学习方式可以分为监督学习（Supervised Learning）、无监督学习（Unsupervised Learning）、半监督学习（Semi-Supervised Learning）和强化学习（Reinforcement Learning）等不同类型。

机器学习的学习方式

2.2.1 监督学习

监督学习的输入数据由特征和标签组成。利用有标签数据，训练、学习得到一个最优模型，使其达到所要求的性能，再利用这个训练所得的模型，将所有的输入映射为相应的输出，对输出进行简单的判断，从而实现分类的目的，即对未知数据进行分类，如图 2.2 所示。

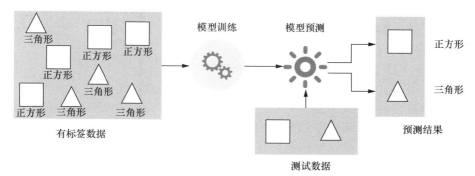

图 2.2 监督学习

在监督学习中，首先将有标签数据（正方形和三角形的图像和标签）输入模型中；然后对模型进行训练；模型训练完成之后，最后将测试数据（正方形和三角形的图像）输入模型中，让模型预测并得出数据相应的标签。

监督学习是机器学习中应用最广泛的方法之一，无论是识别图像中的对象、预测股票价格还是分析客户行为，监督学习都能够提供有力的支持。

2.2.2 无监督学习

无监督学习的输入数据仅由特征组成，没有标签。对于无标签数据，机器学习算法直接对输入数据进行建模。无监督学习的另一个代名词，就是聚类。俗话说"物以类聚，人以群分"，我们在聚类时只需要把相似度高的东西放在一起，对于新数据，计算相似度后，按照相似度进行归类即可，如图 2.3 所示。

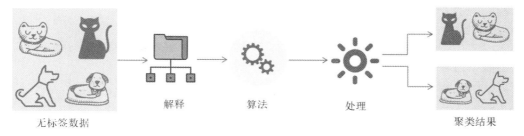

图 2.3 无监督学习

在无监督学习中，首先将无标签数据（猫和狗的图像）输入模型中；然后从数据中发现隐藏的结构和模式（猫和狗的体型特征），并通过机器学习算法对输入数据进行建模；之后模型对输入数据进行聚类，相似的数据聚为一类；最后当输入新数据时，让模型对新数据进行归类。

与监督学习不同，无监督学习不依赖于有标签的训练数据，它旨在从数据中发现隐藏的结构、模式或相关性。无监督学习通常用于聚类、降维和异常检测等任务。

2.2.3　半监督学习

半监督学习结合了监督学习和无监督学习的特点，旨在利用少量有标签数据和大量无标签数据来训练模型。这种方法的核心思想在于：鉴于标签数据存在获取成本高、数量稀缺的特点，而无标签数据通常较为丰富且可以提供额外信息，可借其助力优化机器学习算法性能。

半监督学习试图让大量无标签数据直接帮助少量有标签数据进行模型训练，如图 2.4 所示。

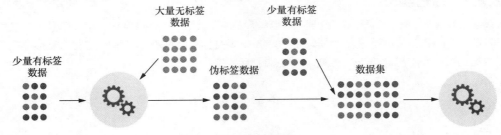

图 2.4　半监督学习

在半监督学习中，首先输入少量有标签数据，得到基于有标签数据的训练模型；然后使用有标签数据的训练模型去预测大量无标签数据的标签，得到大量伪标签数据；之后将少量有标签数据和大量伪标签数据结合得到新训练数据集；最后将新训练数据集输入原模型中重新训练，得到新的训练模型来预测新数据的标签。

2.2.4　强化学习

强化学习主要研究智能体感知环境并做出行动，再根据环境状态与奖励对行动做出调整和选择，以达到在复杂的环境中进行最优决策的目的，如图 2.5 所示。

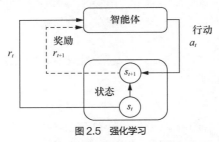

图 2.5　强化学习

智能体根据对环境状态 s_t 的奖励 r_t，做出相应的行动 a_t，环境根据环境状态 s_t 和行动 a_t 进行状态转移，新的环境状态为 s_{t+1}，新的奖励为 r_{t+1}。

强化学习的 4 个要素如下。

（1）智能体（Agent）：执行任务的主体，它只能通过与环境的交互来优化其策略。

（2）状态（State）：在每一个时间节点，智能体所处环境的表示。环境状态是智能体做出决策的基础，它包含智能体所需的所有信息（或可观察到的部分信息）。

（3）行动（Action）：在每一个环境状态中，智能体可以采取的行动。

（4）奖励（Reward）：环境根据智能体执行的行动和当前状态给出的反馈。奖励可以是正数（表示正面反馈）或负数（表示负面反馈），也可以是 0（表示没有反馈）。

这 4 个要素共同构成了强化学习的基本框架，智能体通过与环境的不断交互，根据奖励信号调整其策略，以最大化长期累积的奖励。这种学习方式与人类和动物在自然环境中通过试错来学习新技能的过程非常相似。

2.3　机器学习的常见任务类型

机器学习解决的主要问题涉及多个方面，常见的任务类型包括聚类、分类和回归。

微课 2-2

机器学习的常见任务类型

2.3.1 聚类

聚类（Clustering）是一种无监督学习任务，其目标是将一组样本划分为多个组或簇（通常为不相交的子集），使得同一簇内的样本彼此相似，而不同簇的样本则彼此不同。聚类任务没有预定义的标签或类别。

聚类既可以作为一个单独过程（用于寻找数据内在的分布结构），也可作为分类等其他机器学习任务的前驱过程。对于无标签数据，首先能做的，就是寻找具有相同特征的数据，将它们分配到相同的簇，如图 2.6 所示。但是，当数据的特征不是那么明显时，就无法显而易见地看出来了，如图 2.7 所示。这时，就需要使用算法来帮助划分簇，例如 k 均值聚类算法、层次聚类算法和密度聚类算法。

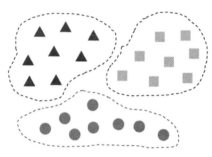

图 2.6 特征明显的无标签数据

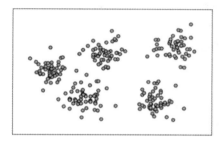

图 2.7 特征不明显的无标签数据

聚类算法广泛应用于市场细分、用户细分、异常值检测、图像分割、文档分类等领域。在这些领域中，聚类算法需要将数据集划分为若干个有意义的类，以支持进一步的分析和处理。例如，商家可以通过聚类算法将消费者按照购买习惯、喜好等进行分类，制定更有针对性的营销策略。

聚类算法的优点是可以发现数据的内在结构，帮助理解数据的分布情况。但是，它并不能给出明确的标签或预测结果，因此在实际应用中可能需要根据具体需求进行后续处理。

2.3.2 分类

分类是一种监督学习任务，分类的目标是根据输入的特征数据 x_1、x_2，将样本分配到预定义的类别中。每个样本都会被赋予一个离散的标签，这个标签表示该样本所属的类别，如图 2.8 所示。

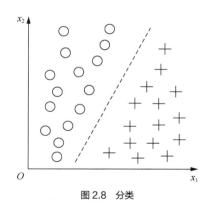

图 2.8 分类

分类算法广泛应用于各个领域，如信用卡欺诈检测、信贷评分、疾病预测、图像识别、语音识别等。在这些领域中，分类算法需要准确地将数据点划分到预定义的类别中，以支持决策制定或自动化处理。例如，饮料瓶属于哪一类垃圾？收到的邮件是否是垃圾邮件？

分类算法的最大优点是可以给出明确的标签或预测结果，适用于各种需要分类的场景。但是，它需要大量有标签数据进行模型训练，且对于非线性问题或复杂问题，可能需要更复杂的模型和更多的数据。

2.3.3　回归

回归也是一种监督学习任务，但与分类不同，回归的目标是预测一个或多个连续输入的输出。它试图找到一个能够最好地描述输入变量 x 和输出变量 y 之间关系的函数，如图 2.9 所示。

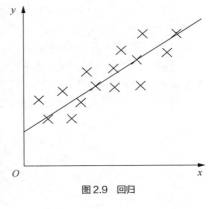

图 2.9　回归

回归算法广泛应用于股票价格预测、房价预测、销售额预测、天气预测等领域。在这些领域中，回归算法需要预测连续变量的未来值，以支持决策制定或规划。例如，下周股票能带来多少收益？周二的温度会是多少摄氏度？

回归算法的最大优点是可以预测连续变量的值，适用于各种需要预测的场景。但是，对于非线性问题或复杂问题，可能需要更复杂的模型和更多的数据。此外，回归算法对数据的准确性和完整性要求较高，如果数据存在异常值或缺失值，可能会影响算法的预测性能。

2.3.4　明确任务类型

判断任务是聚类、分类还是回归，主要依据数据集的标签及其取值的特征。以下是这 3 种任务的基本特征和判断方法。

（1）聚类任务：数据集中没有标签（无目标值），即数据集中没有预定义的类别。如果任务要求将数据分组，且没有预定义的类别，则通常是聚类任务。

判断方法：检查数据集中是否有标签。

（2）分类任务：数据集中的标签（目标值）是离散的、有限的。如果任务要求将数据分配到某个类别中，则通常是分类任务。

判断方法：检查数据集中标签的值是否是离散的。

（3）回归任务：数据集中的标签是连续的。如果任务要求预测一个连续的数值，则通常是回归任务。

判断方法：检查数据集中标签的值是否是连续的。

将以上任务的判断方法绘制成三分类的决策树，如图 2.10 所示。通过这些特征和判断方法，可以明确任务属于哪种类型，从而选择合适的机器学习算法和技术进行处理。

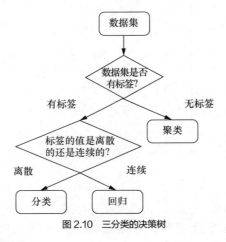

图 2.10　三分类的决策树

2.4　机器学习的基本流程

在预测问题中，人类与机器学习的对比如图 2.11 所示。

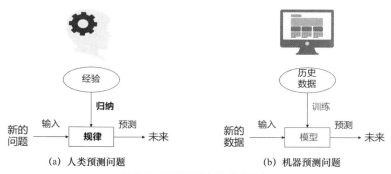

图 2.11　预测问题（人类对比机器）

　　机器学习中的"训练"与"预测"过程可以对应人类的"归纳"和"预测"过程。机器学习中的"模型"通过历史数据的积累学习具有了对新的问题和具体情境进行判断的能力，这正如人类通过以往的生活经验不断归纳整理得出一定的规律而具有了利用这些知识对新的问题进行判断的能力。通过这样的对应可以发现，机器学习根据历史数据自动分析获得模型，并利用模型对未知数据进行预测。

　　机器学习是一个流程性很强的过程，如图 2.12 所示，机器学习的基本流程包括以下步骤：数据准备、数据预处理、特征选择、模型训练、模型评估、模型部署与整合。其中数据预处理、特征选择、模型训练、模型评估这 4 个步骤需要反馈、迭代从而进行模型优化，直到获得满意的模型为止。

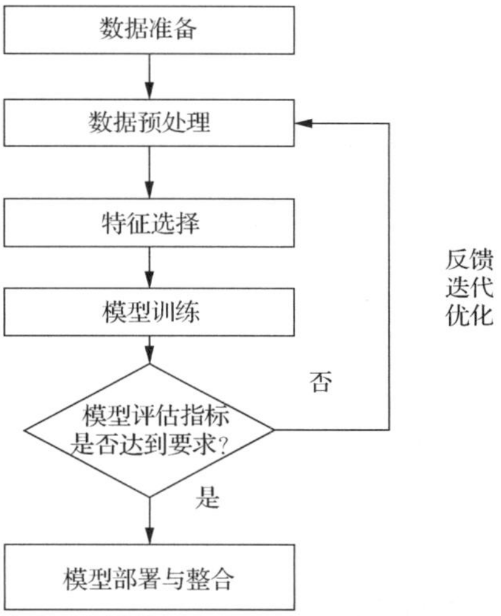

　　各个步骤具体介绍如下。

　　数据准备：获取与问题相关的数据，数据可以来自数据库、日志文件、传感器、网络爬虫等。所有的机器学习算法都可以通过增加数据来获得更好的结果，因此数据准备是最基础的一步。

　　数据预处理：数据处理过程中的一个重要环节，是一个复杂且耗时的过程。但它是确保数据质量的关键步骤，其主要目的是识别并修正数据集中的错误、异常或重复数据，以确保数据的准确性、一致性、完整性和可用性。

　　特征选择：从原始数据中提取出一组具有明显物理意义、统计意义或核的特征的过程。这些特征能够反映数据的内在规律和模式，是后续分析和建模的基础。特征选择的目的是降低模型的复杂度，提高模型的性能和效率。

图 2.12　机器学习的基本流程

　　模型训练：根据问题的类型（如分类、回归、聚类等）和数据集的特点，选择合适的模型类型，使用训练集对模型进行训练，使其能够从数据中学习到特征和模式，进而完成特定的任务。另外，需要使用测试集对训练好的模型进行测试。

　　模型评估：测试集对训练好的模型进行测试后得到评估指标，评估指标用于衡量模型的性能。评估指标可能包括准确率、召回率、F1 值、AUC 等。根据评估结果，如果评估指标没有达到要求，则重新进行数据预处理、特征选择、模型训练、模型评估，即对模型进行反复调整和优化，优化过程中可能包括调整模型的参数、改变模型的架构、使用不同的优化算法等，以最小化损失函数，提高模型的性能。

　　模型部署与整合：模型部署是指将训练好的模型部署到实际应用中，用于解决实际问题；模型整合是指将多个模型组合在一起，以形成一个更强大、更全面的系统。

2.5　常见的聚类算法

　　在机器学习中，任务的性质决定了所使用的算法类型。常见的任务类型，即聚类、分类和回归等对应的算法如图 2.13 所示。

机器学习

无监督学习　　　　　　　　　监督学习

聚类　　　　其他　　　　　分类　　　　回归

聚类	其他	分类	回归
k均值聚类	关联规则	逻辑回归	线性回归
层次聚类	PCA	SVM	SVM
密度聚类	GMM	神经网络	神经网络
		决策树	决策树
		随机森林	随机森林
		GBDT	GBDT
		KNN	KNN
		朴素贝叶斯	

图 2.13　常见的机器学习算法

下面将会介绍机器学习典型聚类算法的原理，包括 k 均值聚类算法和层次聚类算法。

2.5.1　k 均值聚类算法

1. k 均值聚类算法定义

微课 2-3

k 均值算法

k 均值聚类算法（k-means 算法）：将数据集中的 n 个对象划分为 k 个类，使得每个对象到其所属类的质心（或称为均值点、中心）的距离之和最小。这种算法可以通过迭代计算，将数据归入预设数量的簇中，实现高效的数据聚类。

2. k 均值聚类的可视化

打开 k 均值聚类可视化界面（网址详见配套教学资源），如图 2.14 所示。

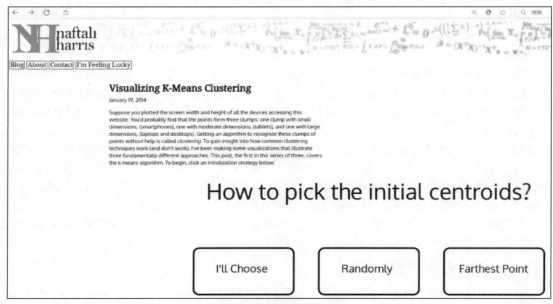

图 2.14　k 均值聚类可视化界面

选择初始质心的方法有 3 种，分别是"I'll Choose"（自行选择）、"Randomly"（随机选择）和"Farthest Point"（最远点选择）。单击"Randomly"进入选择数据界面，如图 2.15 所示；界面中一共 8 种数据，若选择"Uniform Points"，则生成均匀分布数据，如图 2.16 所示。

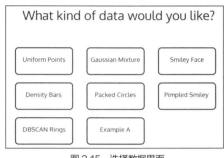

图 2.15　选择数据界面

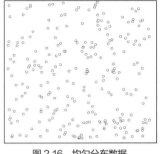

图 2.16　均匀分布数据

单击"Add Centroid"添加质心，单击一次添加一个质心，根据数据的分布情况，此处添加 3 个质心，如图 2.17 所示。

单击"Go!"开始分配数据点，可以看到均匀分布数据被分成 3 个类，蓝色质心所在区域的数据点为蓝色，绿色质心所在区域的数据点为绿色，红色质心所在区域的数据点为红色，如图 2.18 所示。

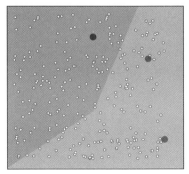

图 2.17　添加质心

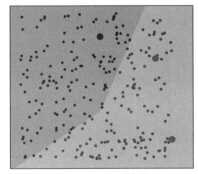

图 2.18　分配数据点

单击"Update Centroids"更新质心，可以看到质心的位置发生了变化，质心所在区域的数据点颜色不一致，如图 2.19 所示；质心更新完后，再单击"Reassign Points"重新分配数据点，质心所在区域的数据点变成相同的颜色，如图 2.20 所示。

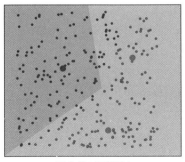

图 2.19　更新质心

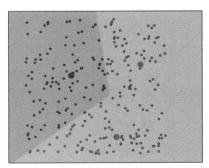

图 2.20　重新分配数据点

重复更新质心和重新分配数据点这两个操作，直到质心的位置不再发生变化，如图 2.21 所示。

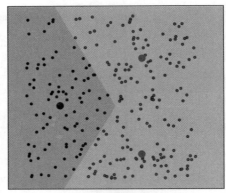

图2.21　k均值聚类可视化

此时，通过 k 均值聚类算法，数据可分为 3 类，每类中的数据点都和该类中的质心距离（欧几里得距离）最近。

3．k 均值聚类算法的流程

对 k 均值聚类可视化的过程进行简化，得出 k 均值聚类算法的流程如下。

（1）对于未分类的样本，随机以 k 个元素作为初始质心。为了简化算法，可取元素列表中的前 k 个元素作为质心。

（2）计算每个样本与质心的距离，并将该样本分配给距离它最近的质心所属的簇，重新计算样本分配好后的质心可以发现，质心在改变。

（3）在质心改变之后，它们的位移将引起各个样本跟质心的距离改变，因此需要重新分配各个样本。

（4）在停止条件满足之前，不断重复步骤（2）和（3）。

k 均值聚类算法的流程如图 2.22 所示。

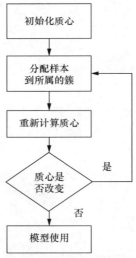

图2.22　k均值聚类算法的流程

2.5.2　层次聚类算法

1．层次聚类算法定义

层次聚类（Hierarchical Clustering）算法是一种常用的聚类算法，通过计算样本之间的距离，将距离最近的样本合并到同一个类，逐步形成层次结构。层次聚类主要分为两大类：凝聚层次聚类（Agglomerative Hierarchical Clustering）和分裂层次聚类（Divisive Hierarchical Clustering）。

凝聚层次聚类采用自下而上的策略。首先将每个对象作为一个簇，然后这些簇根据某些准则被一步一步合并，直到满足某种条件（如达到预设的簇数目或簇间的距离阈值）。两个簇间的距离可以由这两个簇中距离最近的数据点的相似度来确定。

分裂层次聚类采用自上而下的策略。首先将所有对象置于一个簇中，然后按照某种既定的规则将其逐渐细分为越来越小的簇，直到达到某个停止条件。这种方法不太常用，其典型算法为 DIANA 算法。

2. 层次聚类的核心思想

层次聚类的核心思想是将数据集构建成层次结构。在凝聚层次聚类中，通过计算样本之间的距离来逐渐将簇合并成更大的簇；在分裂层次聚类中，则递归地将簇分裂成更小的簇。

通常使用距离来评价簇间或样本间的相似度，即距离越小相似度越高，距离越大相似度越低。常用的距离度量方法包括最小距离法、最大距离法和平均距离法。

最小距离法：以所有簇间样本点距离的最小值作为簇间距离的度量指标。

最大距离法：以所有簇间样本点距离的最大值作为簇间距离的度量指标。

平均距离法：以所有簇间样本点距离的平均值作为簇间距离的度量指标，即对最小距离法和最大距离法做折中处理。

3. 层次聚类的可视化

为了更好地演示层次聚类，设置数据 data=[[1,2],[3,2],[4,4],[1,4],[1,3],[3,3]]，数据的标签为[0,1,2,3,4,5]，数据 data 的二维散点图如图 2.23 所示，使用凝聚层次聚类方法对数据 data 进行层次聚类，如图 2.24 所示。

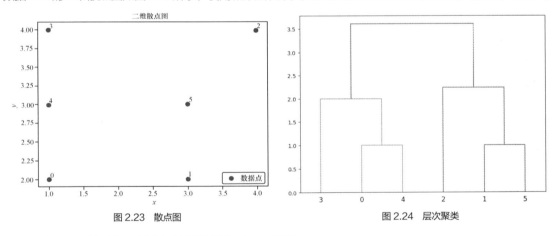

图 2.23　散点图　　　　　　　　　　　图 2.24　层次聚类

通过观察可以看出，上述层次聚类过程如表 2.2 所示。

表 2.2　层次聚类过程

聚类次数	聚为一类的点	聚类
第 1 次	0 和 4	0,4
第 2 次	1 和 5	1,5
第 3 次	0,4 和 3	0,4,3
第 4 次	1,5 和 2	1,5,2
第 5 次	0,4,3 和 1,5,2	0,4,3,1,5,2

2.6　聚类模型的评估指标

在机器学习中，评估模型的方法因任务类型（聚类、分类和回归）的不同而有所差异，下面基于聚类任务来介绍模型的评估指标。

聚类模型主要用于将相似的数据样本划分为同一簇。评估聚类模型，可以确保聚类算法在数据中识别出有意义的类，还可以用来确定哪种聚类算法最适合特定的数据集和任务，并调优这些算法的超参数（例如 k 均值聚类算法中的聚类数量）。

确定"正确"簇数量或"最佳"簇通常没有确切答案，在许多数据集中，簇之间的界限并不明确。不同的聚类模型可能优先考虑簇的不同方面。例如，在一个模型中，必须有紧密、分离良好的簇，而在另一个模型中，捕获整体数据结构更重要。

由于聚类的目标是使同一簇中的对象相似，而不同簇中的对象不同，因此一般基于以下两个指标进行聚类。

（1）紧凑性：同一簇中对象的紧密程度。紧凑性可以用不同的方法来衡量，例如使用每个簇中对象距离的方差，或者计算对象之间的平均成对距离。

（2）分离性：一个簇与其他簇的区别或分离程度。分离度量的例子包括簇中心之间的成对距离或不同簇中对象之间的最小成对距离。

基于聚类结果本身来评估聚类的好坏，常见的指标如下。

（1）轮廓系数（Silhouette Coefficient）：通过比较每个对象与自己所在簇中对象的相似度和与其他簇中对象的相似度来衡量簇之间的分离程度。取值范围为-1 到+1，值越大表示该对象与自己所在簇匹配得越好，与邻近的簇匹配得越差。接近 1 意味着紧凑且分离良好；在 0 附近表示簇重叠；接近-1 表示聚类效果较差。

（2）方差比指数（Calinski-Harabasz Index）：方差比指数值越大，表示聚类效果越好，即簇内对象的相似度越高，簇间对象的相似度越低。

（3）内平方和（Within Sum of Squares，WSS）和外平方和（Between Sum of Squares，BSS）：WSS 度量相同簇内部对象之间的不相似度，而 BSS 度量不同簇间对象的不相似度。WSS 越小，BSS 越大，聚类结果越好。

当数据集只有两个变量时，可以采用可视化方法（如散点图）来评估聚类效果。通过观察簇之间的分离情况和中心点的位置来判断聚类效果的好坏。

 任务实现

经过任务分析，可以通过橙现智能软件搭建工作流，来模拟机器学习的基本流程，实现对顾客群体的聚类，具体的任务实现步骤如下。

任务演示

顾客市场分析

1. 新建工作流

打开橙现智能软件，单击左上角"文件"菜单中的"另存为"选项，如图 2.25 所示，在弹出的对话框中选择保存路径，并将工作流命名为"顾客市场分析.ows"。

2. 导入数据集

在"数据"模块中，找到"文件"小部件并单击添加，或者在画布空白位置右击，在弹出的搜索框中输入"file"并搜索，找到"文件"小部件并单击添加；双击"文件"小部件，单击文件夹按钮找到"Cleaned_Mall_Customers.csv"导入数据集；在"列"界面，CustomerID 为顾客 ID，设置"类型"为"文本数据"，"角色"为"元数据"；Gender 为顾客性别，设置"类型"为"分类数据"，"角色"为"特征"；Age、Annual Income 和 Spending Score 分别为顾客的年龄、年收入、消费评分，将"类型"全部设置为"数值数据"，将"角色"全部设置为"特征"，如图 2.26 所示。

3. 查看数据

在"数据"模块中，找到"数据表"小部件单击添加，在"可视化"模块中找到"散点图"小部件单击添加，再将"文件"小部件与"散点图""数据表"小部件分别连接起来，如图 2.27 所示。通过"散点图"小部件可以查看数据的分布情况，从 Annual Income 和 Spending Score 两个维度可以看出，数据大致可以归为 5 类，如图 2.28 所示。

图 2.25　新建工作流

图 2.26　导入数据集

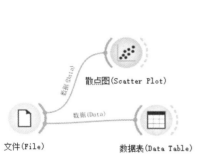

文件(File)　　　　数据表(Data Table)

图 2.27　添加小部件

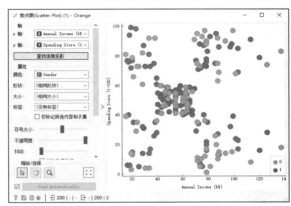

图 2.28　散点图

4．k 均值聚类

右击画布空白位置，在弹出的搜索框中，搜索并找到"k 均值""散点图"和"数据表"小部件，将"文件"小部件与这 3 个小部件连接起来，如图 2.29 所示；由图 2.28 所示可以看出，数据大致归为 5 类，下面进行 k 均值聚类的参数设置，将"簇数量"设置为 5，取消勾选"归一化列"，将"初始化"设置为"随机初始化"，其余保持默认设置，如图 2.30 所示。

图 2.29　k 均值聚类

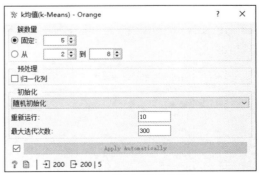

图 2.30　k 均值聚类的参数设置

通过"散点图"小部件，从 Annual Income 和 Spending Score 两个维度可以看出，k 均值聚类将数据集分为 5 个类，C1、C2、C3、C4 和 C5，C1 为蓝色点，C2 为红色点，C3 为绿色点，C4 为棕色点，C5 为黄色点，如图 2.31 所示。

人工智能与大模型应用基础

（微课版）

通过"数据表"小部件也可以看出，k均值聚类后，数据集中的每一个样本都分别对应相应的簇（Cluster）和轮廓系数（Silhouette），如图2.32所示。

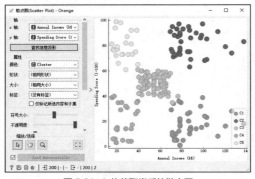

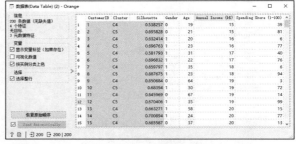

图2.31　k均值聚类后的散点图　　　　　　　图2.32　k均值聚类后的数据表

5. 层次聚类

右击画布空白位置，在弹出的搜索框中，搜索并找到"距离""层次聚类""距离矩阵"和"数据表"小部件，将"文件"小部件与这4个小部件连接起来，如图2.33所示。

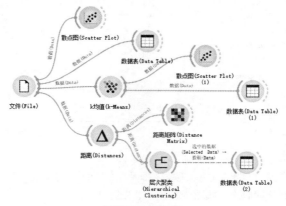

图2.33　层次聚类

在"距离"小部件中选择按行求欧几里得距离，其他保持默认设置，如图2.34所示。通过"距离矩阵"小部件可以查看数据集中点和点之间的欧几里得距离。"距离矩阵"中间的对角线为样本到自身的距离，为0，且用白色表示，除对角线外为不同样本之间的距离，浅绿色表示距离较小，深绿色表示距离较大，如图2.35所示。

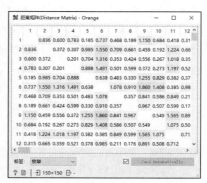

图2.34　距离　　　　　　　　　　　图2.35　距离矩阵

在"层次聚类"小部件中,"平均链接"参数表示的是平均距离法(以所有簇间样本点距离的平均值作为簇间距离的度量指标),任意单击右侧层次聚类的数据区域,此处蓝色 C1 为选中的簇,如图 2.36 所示。

在"数据表"小部件中,可以看到选中的两个样本中,Gender 均为 0,表示女性,Age 接近,Annual Income 和 Spending Score 相同,故这两个样本聚为一类,如图 2.37 所示。

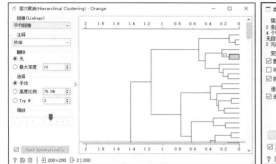

图 2.36　层次聚类

图 2.37　数据表

k 均值聚类算法和层次聚类算法的选择取决于具体的应用场景和数据特征。如果需要处理大型数据集且对数据集的聚类数量有初步了解,k 均值聚类算法是一个不错的选择。如果希望发现数据集中的层次结构或类别间的关系,且对数据集的形状和密度分布没有严格要求,那么层次聚类算法更适合。在本任务中,选择 k 均值聚类算法比较合适。

 任务总结

通过顾客市场分析任务,读者了解了什么是机器学习、机器学习的学习方式和任务类型、机器学习基本流程,理解了聚类的概念,掌握了 k 均值聚类算法和层次聚类算法的基本原理和聚类模型评估指标。对本任务内容做如下总结。

- 机器学习的定义:机器学习是人工智能的一个分支,专门研究计算机怎样模拟人类的学习行为,以获取新的知识或技能,重新组织已有的知识结构使之不断改善自身的性能,而无须进行明确的编程。
- 机器学习的学习方式可以分为监督学习、无监督学习、半监督学习和强化学习等。
- 机器学习常见的任务类型主要包括聚类、分类和回归。
- 在机器学习中,任务的性质决定了所使用的算法类型。判断任务是分类、回归还是聚类,主要依据数据集是否有标签、标签的值是离散还是连续的。
- 机器学习的基本流程:数据准备、数据预处理、特征选择、模型训练、模型评估、模型部署与整合,其中数据预处理、特征选择、模型训练、模型评估这 4 个步骤需要反馈、迭代从而进行模型优化,直到获得满意的模型为止。
- k 均值聚类算法:将数据集中的 n 个对象划分为 k 个类,使得每个对象到其所属类的(质心或称为均值点、中心)距离之和最小。这种算法可以通过迭代计算,将数据点归入预设数量的簇中,实现高效的数据聚类。
- 层次聚类算法通过计算样本之间的距离,将距离最近的样本合并到同一个类,逐步形成层次结构。层次聚类主要分为两大类:凝聚层次聚类和分裂层次聚类。
- 聚类模型的评估,可通过紧凑性和分离性这两个指标来衡量。

 巩固练习

一、单选题

1. 无监督学习的输入数据仅由(　　　)组成。
   A. 特征　　　　　　　　B. 奖励　　　　　　　　C. 标签　　　　　　　　D. 行动

2. 在机器学习典型算法中，属于聚类算法的是（　　　　）。

    A. k 近邻算法　　　　　B. k 均值聚类算法　　　C. 贝叶斯算法　　　　D. 决策树算法

3. 如果输入的数据中没有标签，那么该任务通常为（　　　　）任务。

    A. 分类　　　　　　　　B. 回归　　　　　　　　C. 聚类　　　　　　　D. 监督

二、多选题

1. 机器学习按照学习方式分类，可以分成（　　　　　）。

    A. 监督学习　　　　　　B. 无监督学习　　　　　C. 半监督学习　　　　D. 强化学习

2. 机器学习解决的主要问题包括（　　　　　）。

    A. 分类　　　　　　　　B. 回归　　　　　　　　C. 聚类　　　　　　　D. 预测

3. 监督学习中输入的数据，包含（　　　　　）。

    A. 特征　　　　　　　　B. 无标签　　　　　　　C. 标签　　　　　　　D. 奖励

4. 半监督学习利用（　　　）有标签数据和（　　　）无标签数据来进行模型训练。

    A. 一半　　　　　　　　B. 大量　　　　　　　　C. 少量　　　　　　　D. 全部

5. 在强化学习中，主要包括（　　　　　）要素。

    A. Agent　　　　　　　B. State　　　　　　　　C. Reward　　　　　　D. Action

6. 机器学习的基本流程中，可以反复迭代的步骤包括（　　　　　）。

    A. 数据预处理　　　　　B. 特征选择　　　　　　C. 模型训练　　　　　D. 模型评估

三、判断题

1. 无监督学习的另一个代名词，就是聚类。（　　　　）

2. 机器学习中的"训练"过程可以对应人类的"预测"过程。（　　　　）

3. 聚类任务没有预定义的标签或类别。（　　　）

4. k 均值聚类算法中的 k 指的是聚类的个数。（　　　）

四、填空题

1. 从赫伯特·亚历山大·西蒙教授的观点可以看出，学习的核心目的，就是_____。

2. 阿瑟·塞缪尔第一次提出了_____的概念。

3. 聚类模型主要用于将相似的数据样本划分为_____。

4. 判断任务是聚类、分类还是回归，主要依据数据集的_____和_____的特征。

五、简答题

1. 简述什么是机器学习。

2. 描述机器学习的基本流程。

3. 叙述如何判断任务是分类、回归还是聚类。

任务拓展

1. 鸢尾花数据集（详见配套教学资源）是数据科学与机器学习领域中最著名的数据集之一，庄统计学家罗纳德·费希尔（Ronald Fisher）在 1936 年首次提出，该数据集共有 150 条记录，每条记录代表一朵鸢尾花的测量数据。数据集包含 4 个特征：花萼长度（Sepal Length）、花萼宽度（Sepal Width）、花瓣长度（Petal Length）和花瓣宽度（Petal Width）。此外，每条记录还有一个对应的目标标签，即鸢尾花的品种（Species）。鸢尾花数据集基本信息如表 2.3 所示。

表 2.3　鸢尾花数据集基本信息

属性	描述	数据类型
Sepal Length	花萼长度（单位：厘米）	连续型
Sepal Width	花萼宽度（单位：厘米）	连续型

属性	描述	数据类型
Petal Length	花瓣长度（单位：厘米）	连续型
Petal Width	花瓣宽度（单位：厘米）	连续型
Species	鸢尾花的品种（目标标签）	离散型

该数据集包括3种鸢尾花，分别是山鸢尾（Setosa）、杂色鸢尾（Versicolor）和维吉尼亚鸢尾（Virginica），每种各有50条记录。

为了区分不同品种的鸢尾花，通过上述给定的鸢尾花数据集，运用机器学习中的聚类算法，实现鸢尾花的聚类分析。

2. 在农业科学领域，种子特性的研究对于作物育种和产量预测具有重要意义。小麦种子数据集（详见配套教学资源）包含关于小麦种子的物理测量数据，该数据集包含210个样本，每个样本具有7个特征。小麦种子数据集信息如表2.4所示。

表2.4　小麦种子数据集信息

属性	描述	数据类型
Area	区域	连续型
Perimeter	周长	连续型
Compactness	压实度	连续型
Length	籽粒长度	连续型
Width	籽粒宽度	连续型
Asymmetry_Coefficent	不对称系数	连续型
Groove_Length	籽粒腹沟长度	连续型
Grain_Variety	类别	离散型

为了区分不同类别的小麦种子，通过上述给定的小麦种子数据集，运用机器学习的聚类算法，实现小麦种子的聚类分析。

任务2-2　葡萄酒分类

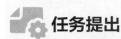 **任务提出**

面对琳琅满目的葡萄酒及其复杂的分类体系，人们常常感到困惑，不知如何选择。为了解决这一难题，可以使用机器学习进行分类。

葡萄酒数据集是来自UCI网站的公开数据集，记录的是对意大利同一地区生产的3种不同品种葡萄酒进行化学成分分析的结果，其基本信息如表2.5所示。该数据集共有178个样本，13个特征，1个标签（1代表琴酒，2代表雪莉，3代表贝尔莫得）。具体的数据集详见配套教学资源。

表2.5　葡萄酒数据集基本信息

属性	描述	数据类型	属性	描述	数据类型
Class	类别（1/2/3）	离散型	Flavanoids	黄酮类化合物	连续型
Alcohol	酒精	连续型	Nonflavanoid phenols	非黄酮类酚类化合物	连续型

续表

属性	描述	数据类型	属性	描述	数据类型
Malic acid	苹果酸	连续型	Proanthocyanins	原花青素	连续型
Ash	灰分	连续型	Color intensity	颜色强度	连续型
Alcalinity of ash	灰分的碱度	连续型	Hue	色调	连续型
Magnesium	镁	连续型	OD280/OD315 of diluted wines	稀释葡萄酒的 OD280/OD315	连续型
Total phenols	总酚	连续型	Proline	脯氨酸	连续型

为了能够深入分析不同葡萄酒的化学成分与品质之间的关系，以及识别葡萄酒的品种，通过上述给定的葡萄酒数据集，运用机器学习中的分类算法，实现葡萄酒的分类预测。

 ## 任务分析

对葡萄酒进行分类预测，按照机器学习的基本流程，具体的任务分析如下。

1. **数据准备**：通过随书配套资源下载数据集，该数据集适用于机器学习中的分类任务。

2. **数据预处理**：观察数据集的特征值的分布情况、特征的定义域和取值范围，以及是否有缺失值等，对数据进行预处理操作。

3. **特征选择**：数据集一共有 13 个特征（相当于 13 个维度），从众多特征中挑选出最具代表性和相关性的特征，可以提高模型的预测能力并减少计算成本。

4. **模型训练**：将选好的特征输入模型中，模型即机器学习模型，同时设置模型的参数，进行模型训练。

5. **模型评估**：通过模型评估指标判断模型是否达到要求，如果未达到要求，需要回到第 2 步并重新按照流程进行操作。

6. **模型部署与整合**：如果模型达到要求，需要将该模型保存，当有新数据需要预测的时候，将新数据输入保存的模型，即可实现对数据的预测。

 ## 知识准备

微课 2-4

2.7 预处理数值型数据

2.7.1 分析数据集

1. 数据集简介

预处理数值型数据

在机器学习中，数据集是训练、验证和测试机器学习模型所必需的基础资源。数据集的质量、大小和多样性都影响着模型的性能。

数据集是在机器学习任务中使用的一组数据，其中每一列数据称为一个特征/标签（标签只有一列），每一行数据称为一个样本。特征是指用来描述样本的属性或属性组合，可以是连续数据、离散数据或文本信息；标签是机器学习任务中的目标，用来指导模型的学习；样本是数据集中的单个数据实例，包括对应的特征和标签。在数据集中，通常将特征与标签分开，以便模型能够从特征中学习到特征与标签的映射关系，如图 2.38 所示。

数据集分为训练集和测试集，训练集指的是模型训练过程中使用的数据集，其中每个样本称为训练样本。从训练集中学得模型的过程称为学习（训练）。在学得模型后，使用模型进行预测的过程称为测试，此时使用的数据集称为测试集，其中每个样本称为测试样本。

将数据集划分为训练集和测试集是一种常见的做法，旨在评估模型的性能，训练集和测试集的划分比例如表 2.6 所示。

	序号	特征1 面积/平方米	特征2 学区	特征3 朝向	标签 房价/万
训练集	1	100	8	南	1000
	2	120	9	西南	1300
	3	60	6	北	700
	4	80	9	东南	1100
测试集	5	95	3	南	850

图 2.38　数据集

表 2.6　训练集和测试集的划分比例

数据集	训练集	测试集
划分比例	80%	20%
	75%	25%
	70%	30%
	60%	40%

数据集主要分为结构化数据集和非结构化数据集两类。结构化数据集是指数据以明确定义的格式存储，每个数据都按照相同的数据结构进行组织的数据集，常见的形式包括表格、数据库等；而非结构化数据集则是指数据存储时没有固定的格式的数据集，常见的形式包括文本、图像、音频等。

2. 常见数据集

一些常见的机器学习数据集及其适用算法和数据规模如表 2.7 所示。

表 2.7　常见的机器学习数据集介绍

数据集名称	推荐算法	数据规模
波士顿房价数据集	回归	506×13
糖尿病数据集	回归	442×10
鸢尾花数据集	分类	150×4
泰坦尼克号幸存者数据集	分类	891×11
Olivetti 脸部图像数据集	降维	400×64×64
MNIST 手写体数字数据集	分类	70000×784
路透社新闻语料数据集	分类	804414×47236

以下是一些常见的数据集的来源。

（1）UCI 网站：数据内容全面，各类型数据都有涉及。

（2）Kaggle 竞赛平台：数据内容全面，各类型数据都有涉及。

（3）ImageNet 数据库：提供计算机视觉数据。

（4）IMDB 数据库：提供情感分析数据。

（5）scikit-learn 库：Python 开发的机器学习库，库中包含大量用于学习、测试和验证机器学习算法的数据集。

3. 数据预处理的重要性

数据对于模型来说是至关重要的，是决定模型能力的"天花板"，没有好的数据，就没有好的模型。数据预处理包括数据清理、数据降维和数据标准化等，如图 2.39 所示。

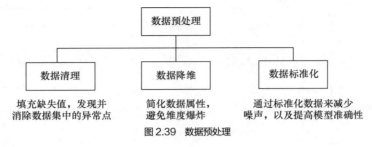

图 2.39　数据预处理

2.7.2　归一化数据

1. 归一化数据的重要性

数据归一化是消除特征数值范围差异、确保各特征公平参与相似性计算的核心环节。在通过计算样本间欧氏距离（从数据集中找出相似的样本，计算两个样本之间的欧几里得距离）进行相似性判断及分类的场景中，数据归一化具有不可替代的重要性。以海伦约会对象数据集为例，数据集的部分数据如表 2.8 所示。

表 2.8　海伦约会对象数据集（部分数据）

里程数	升数	消耗时间比	评价
14488	7.153469	1.673904	smallDoses
26052	1.441871	0.805124	didntLike
75136	13.147394	0.428964	didntLike
38344	1.669788	0.134296	didntLike
72993	10.141740	1.032955	didntLike
35948	6.830792	1.213192	largeDoses
42666	13.276369	0.543880	largeDoses
67497	8.631577	0.749278	didntLike

选用数据集中的两个样本 A 和 B，计算 A 和 B 之间的欧氏距离 d_{AB}，如式（2-1）所示（此处保留至小数点后两位）。

$$d_{AB} = \sqrt{(72993 - 35948)^2 + (10.14 - 6.83)^2 + (1.03 - 1.21)^2} \tag{2-1}$$

由式（2-1）可以看出，A 和 B 之间的距离，主要受里程数的影响，升数和消耗时间比的数值影响较小，使得欧氏距离无法表征升数和消耗时间比的影响。

2. 为什么要进行归一化

在常见的数据集中，样本往往具备多个特征，这些特征各自拥有不同的定义域和取值范围。特征的单位或大小可能存在显著差异，有的特征方差甚至比其他特征高出几个数量级。这种差异性在距离计算中会产生截然不同的影响，导致某些算法难以有效学习其他特征。面对这种情况，应如何解决呢？一种简单且有效的方法就是归一化，即将所有特征值映射到[0,1]。这样一来，在计算距离时，每个特征都能平等地发挥作用，得到充分的表征。

3. 归一化数据的方法

归一化数据使用的是 MIN-MAX 缩放方法，如式（2-2）所示。

$$\tilde{x} = \frac{x - \text{MIN}}{\text{MAX} - \text{MIN}} \tag{2-2}$$

MIN-MAX 缩放即对于给定特征，首先找到最大值 MAX 和最小值 MIN，然后应用归一化公式即式（2-2）求其归一化的值。例如，某个特征的值为[6,9,1,2,8]，找到最大值和最小值，套用归一化公式，可以得到归一化之后的数据，数据的范围为[0,1]，如表 2.9 所示。

表 2.9　归一化数据

特征值	最大值	最小值	归一化
6			0.625
9			1
1	9	1	0
2			0.125
8			0.875

当数据集中的异常点较多时，最大值与最小值极易被异常点主导，而上述归一化公式直接依赖这两个极值进行计算，其结果自然会受到影响，因此这种归一化数据方法的鲁棒性较弱，只适合传统、精确的小数据集。

2.7.3　标准化数据

标准化在归一化的基础上进行调整，即对于给定特征，特征值减去该特征的均值 mean，再除以方差 var 的平方根，如式（2-3）所示。

$$\tilde{x} = \frac{x - \text{mean}(x)}{\text{sqrt}(\text{var}(x))} \tag{2-3}$$

通过"方差缩放"，数据特征的均值为 0，方差为 1。如果初始特征值服从正态分布，那么缩放后的特征值同样也服从正态分布。

例如，同样采用上面的案例，特征的值为[6,9,1,2,8]，计算特征均值和方差，套用标准化公式即式（2-3），可以得到标准化之后的数据，如表 2.10 所示。

表 2.10　标准化数据

特征值	均值	方差的平方根	标准化	标准化后的均值	标准化后的方差
6			0.22		
9			1.07		
1	5.20	3.56	−1.18	0	1
2			−0.90		
8			0.79		

虽然标准化之后的均值为 0，方差为 1，但标准化之后的数据仍然可以取任意实数值（包括负数和正数）。因此，数据的取值范围仍然是整个实数集（−∞到+∞），只不过这些数据现在围绕 0 分布，并且大多数数据（根据正态分布的特性）会落在[−2,2]内。

如果对每个特征值都做归一化处理，那么不同量纲的特征就不会因为量纲的差异而对计算距离产生重大影响。对于归一化来说，如果出现异常点，影响了最大值和最小值，那么结果显然会发生改变；对于标准化来说，如果出现异常点，由于具有一定数据量，少量的异常点对于均值的影响并不大，从而方差改变较小。

2.7.4　特征选择

在机器学习任务中，数据及其特征决定了机器学习的上限，而模型和算法只是逼近这个上限而已。通常情况下，一个数据集中存在很多种不同的特征，但并不是所有的特征都对模型的性能提升有所贡献，其中一些特征可能是冗余的、噪声较大的或者与要预测的值无关。

从众多特征中选取部分特征服务于当前机器学习任务的行为叫作特征选择。通过特征选择，可以识别并保留与目标变量最相关的特征，同时剔除那些对模型性能提升贡献不大或者没有贡献的特征。

机器学习中特征选择的方法主要有过滤器方法（Filter Method）、包装器方法（Wrapper Method）、嵌入式方法（Embedded Method）、主成分分析（Principal Component Analysis，PCA）降维方法和 L1 范数正则化方法等。

需要注意的是，在特征选择的过程中，要避免过拟合问题，同时要保证选择的特征具有较好的泛化能力。因此，需要根据具体的应用场景和数据特点选择合适的特征选择方法。

2.8　常见的分类算法

下面将会介绍机器学习典型分类算法的原理，包括 k 近邻算法、贝叶斯算法和决策树算法。

2.8.1　k 近邻算法

微课 2-5

k 近邻算法

1．k 近邻算法简介

k 近邻（K-Nearest Neighbor，KNN）算法是机器学习算法中一种基本的分类与回归算法。如图 2.40 所示，图中有两类点（已知样本），黄色的点属于 A 类，紫色的点属于 B 类，我们需要判断红色的五角星（待测样本）属于 A 类还是 B 类。

如何判断待测样本属于哪一个类，即红色五角星与哪一类的点更相似？由图 2.40 可知，通过距离可找到待测样本的相似样本。

2．距离的度量

常见的距离是欧氏距离（Euclidean Distance），欧氏距离用于测量在 n 维空间中的直线距离。如图 2.41 所示，求 A、B 两点之间的欧氏距离，距离公式为：

$$d_{AB} = \sqrt{(x_1 - x_2)^2 + (y_1 - y_2)^2} \tag{2-4}$$

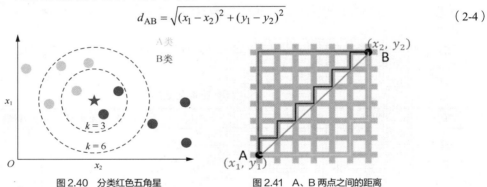

图 2.40　分类红色五角星　　　　　图 2.41　A、B 两点之间的距离

尽管欧氏距离在许多情况下都非常有用，但在处理高维数据或具有复杂数据分布状态的数据集时，它可能不是最优的选择。在这种情况下，可能需要考虑其他类型的距离，如曼哈顿距离（Manhattan Distance）、切比雪夫距离（Chebyshev Distance）等。

曼哈顿距离又称 L1 距离或城市街区距离，表示两个点在各维度上坐标差值的绝对值之和。曼哈顿距离公式为：

$$d_{AB} = |x_1 - x_2| + |y_1 - y_2| \tag{2-5}$$

与欧氏距离相比，曼哈顿距离在计算上更为简单，因为它只涉及加减运算和绝对值运算，而不涉及平方运算和开方运算。然而，曼哈顿距离在某些情况下可能不如欧氏距离准确，因为它忽略了对角线方向的因素。

切比雪夫距离得名自俄罗斯数学家切比雪夫，又称棋盘距离或最大值距离，表示两个点在各维度上坐标差值的绝对值的最大值。切比雪夫距离公式为：

$$d_{AB} = \max(|x_1 - x_2|, |y_1 - y_2|) \tag{2-6}$$

在国际象棋中，如图 2.42 所示，国王可以向 8 个方向移动，切比雪夫距离等于国王从一个方格移动到另一个方格所需的最少步数。

与曼哈顿距离相比，切比雪夫距离更注重各维度上坐标差值的最大绝对值，而曼哈顿距离则考虑所有维度上坐标差值的绝对值之和。与欧氏距离相比，切比雪夫距离在计算上更为简单，因为它只涉及绝对值运算和最大值运算，而不涉及平方运算和开方运算。然而，切比雪夫距离在某些情况下可能不如欧氏距离准确，因为它忽略了其

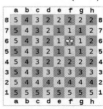

图 2.42　国际象棋

他维度上的较小差异。

3. k 值的选择

在 k 近邻算法中，k 值表示"邻居"的个数，k 值的选择对算法的性能有很大影响。

较小的 k 值：模型更复杂，能够更精确地捕捉数据的局部特征。但是，容易受到噪声数据或异常点的影响，可能导致过拟合，即模型在训练集上表现良好，但在测试集上泛化能力较差。

较大的 k 值：模型更简单，能够减小学习的估计误差，对于噪声数据的鲁棒性更强。但是，可能忽略数据的局部特征，导致欠拟合，即模型在训练集和测试集上的表现都较差。此外，如果 k 值过大（例如，k 值为 N，N 为训练样本个数），则模型会过于简单，模型将简单地预测输入实例属于训练实例中最多的类，而不再考虑输入实例与训练样本之间的实际距离或相似性。

k 值的选择可以通过交叉验证、经验法则和模型评估来实现。

4. 分类决策的规则

对于分类问题，k 近邻算法普遍采用"少数服从多数"的表决规则，即算法会先确定输入实例的 k 个最近邻样本，随后依据这 k 个近邻样本中所属类别数量最多的那一类，来判定输入实例的最终类别归属。此外，为进一步提升分类精度，k 近邻算法还可采用基于距离远近的加权投票策略。在这种策略下，每个近邻样本的投票权重会根据其与输入实例的距离远近进行动态调整，距离越近的样本，其投票权重相应越大。

5. k 近邻算法的分类流程

k 近邻算法的核心思想是在特征空间中，基于某种距离，找到与待测样本距离最近的 k 个样本。基于这 k 个最近的邻居，通过"少数服从多数"的表决规则，进行预测分类。k 近邻算法的分类流程如图 2.43 所示。

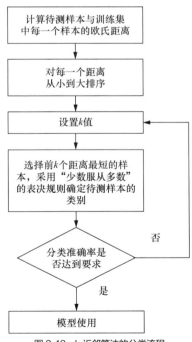

图 2.43　k 近邻算法的分类流程

其中，当分类准确率未达到要求时，需要重新调整 k 值的大小。选择合适的 k 值时，可通过前面提到的交叉验证、经验法则和模型评估进行调整。

2.8.2　贝叶斯算法

1. 贝叶斯定理的产生

18 世纪，在启蒙时代的英国，概率与统计理论领域迎来了一项重要突破——托马斯·贝叶斯提出了以他名字命名的贝叶斯定理。贝叶斯在探索概率哲学的过程中，发表了一篇具有里程碑意义的论文，其中首次系统性地阐述了贝叶斯定理的核心思想：当引入客观的新证据时，人类原有的认知（先验概率）应当通过概率法则进行动态调整，由此获得更接近真理的改进认知（后验概率）。

2. 贝叶斯公式的提出

贝叶斯定理的传播历程颇具戏剧性。1763 年，已故统计学家托马斯·贝叶斯的遗作经其挚友理查德·普莱斯整理后终于面世，这篇包含划时代概率思想的论文，却因艰涩的表述和缺乏通俗诠释而沉寂多年。直到法国数学界展开系统性研究，这一论文才重获新生。安德烈-米歇尔·勒让德等学者率先展开探索，而皮埃尔-西蒙·拉普拉斯在 1774 年取得关键突破，他首次将贝叶斯定理的思想凝练为现代数学公式，通过严谨的推导将主观概率与客观证据有机结合。这一开创性工作不仅破解了贝叶斯遗作的诠释难题，更将贝叶斯定理拓展为统计学与决策理论的基石，使其成为量化不确定性的核心工具。

贝叶斯公式如式（2-7）所示。

$$P(A|B) = \frac{P(B|A)P(A)}{P(B)} \tag{2-7}$$

其中，$P(A|B)$表示在事件 B 已经发生的条件下，事件 A 发生的概率（条件概率）；$P(B|A)$表示在事件 A 已经发生的条件下，事件 B 发生的概率（似然概率）；$P(A)$和$P(B)$分别是事件 A 和事件 B 单独发生的概率（先验概率）。

3. 条件概率的本质

假如在一个桶里面一共有 100 个球，其中白球 30 个，红球 70 个。设从桶里拿出一个白球的事件为 A，拿出一个红球的事件为 B，那么拿出一个白球的概率 $P(A)$=3/10，拿出一个红球的概率 $P(B)$=7/10。

条件概率的本质：对于一个事件的发生进行概率判断的时候（拿出白球的概率），判断会因为新的情报而改变（已经拿出一个红球），而因为新的情报而发生改变的概率，就是条件概率。

那么从桶里先拿出一个红球，再拿出一个白球的概率 $P(A|B)$=30/(100-1)=10/33；同理，从桶里先拿出一个白球，再拿出一个红球的概率 $P(B|A)$=70/(100-1)=70/99。

使用贝叶斯公式计算在已经拿出一个红球的情况下，再从桶里拿出一个白球的概率 $P(A|B)$。现在，已知 $P(A)$、$P(B)$和$P(B|A)$，将其代入式（2-7）中，计算过程如式（2-8）所示。

$$P(A|B) = \frac{P(B|A)P(A)}{P(B)} = \frac{\frac{70}{99} \times \frac{3}{10}}{\frac{7}{10}} = \frac{10}{33} \tag{2-8}$$

从上面的例子可以看出，贝叶斯公式就是用于计算条件概率的。

4. 贝叶斯公式的物理意义

对贝叶斯公式稍作变形，得到式（2-9）。

$$P(A|B) = \frac{P(B|A)P(A)}{P(B)} = \frac{P(B|A)}{P(B)}P(A) \tag{2-9}$$

仔细观察式（2-9），将 $P(B|A)/P(B)$看作调整因子，又称似然比。等号右边除了调整因子 $P(B|A)/P(B)$，剩下的 $P(A)$指的是"没有新证据的概率"；等号左边 $P(A|B)$指的是"有新证据后的更新概率"。

调整因子 $P(B|A)/P(B)$的大小决定了 $P(A|B)$的大小，我们可以得出如下结论：

（1）当 $P(B|A)/P(B)$大于 1 时，表示有新证据，使得先验概率提高了，事件 A 发生的可能性变大；

（2）当 $P(B|A)/P(B)$等于 1 时，表示有新证据无助于判断事件 A 是否发生；

（3）当 $P(B|A)/P(B)$小于 1 时，表示有新证据，使得先验概率降低了，事件 A 发生的可能性变小。

5. 朴素贝叶斯算法

在许多实际应用中，如文本分类、垃圾邮件过滤、语音识别等，特征值与类别之间的关系往往是不确定的。即使测试样本的特征值与训练样本的相同，也不一定能够正确预测其类别，这可能是由于噪声的存在或某些影响分类的特征并未被选择而导致的。为了处理这种不确定性问题，需要一种能够基于概率进行推理和分类的算法，而朴素贝叶斯算法正是这样一种算法。

朴素贝叶斯算法的核心思想之一是特征的条件独立性假设，即假设每个特征与其他特征之间是完全独立的。这一假设大大简化了分类时的计算过程，因为可以将多个特征相乘来计算条件概率。尽管这种假设在实际应用中可能并不总是成立的，但它为许多实际问题提供了一种有效的近似解决方案。

2.8.3 决策树算法

1. 生活中的决策树

在生活和工作中，经常会遇到一些复杂的问题，例如，预测客户是否会违约（信用评分）、根据患者的症状预测疾病类型等。

决策树（Decision Tree）是一个模拟人类决策过程的模型，以找工作为例，小明即将毕业，最近正在找工作，他手中拿到了几个录用通知，则小明选择录用通知可以简单归纳为以下的决策过程，如图 2.44 所示。

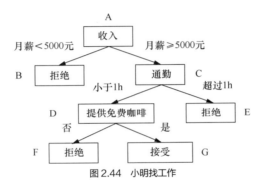

图 2.44 小明找工作

从小明找工作的决策过程中可以看出，决策树就像一棵倒着的树。

2. 决策树的 3 种节点

在决策树中，有 3 种节点，分别是根节点、内部节点和叶子节点，各节点的含义如下。

（1）根节点（Root Node）：代表整个数据集，进一步分为两个或更多的子节点，没有入边，但有零条或多条出边，如图 2.44 中的节点 A。

（2）内部节点（Internal Node）：当子节点分裂出更多的子节点时，它被称为内部节点，有进有出，只有一条入边，但有一条或多条出边，如图 2.44 中的节点 C 和 D。

（3）叶子节点（Leaf Node）：不会继续分裂的节点，每个叶子节点都是一个类别（标签），只有一条入边，但没有任何出边，如图 2.44 中的节点 B、E、F 和 G。

3. 决策树的定义及决策规则

决策树是一种常用的机器学习算法，它通过树状结构来展示决策过程中的一系列规则和条件。

决策树的决策规则由决策树的根节点到叶子节点的每一条路径构成；路径上内部节点的特征对应规则的条件，而叶子节点的类别对应规则的结论。

决策树的划分流程是一个"自根至叶"的递归过程，在每个内部节点寻找一个划分特征。当所在节点包含的样本全属于同一类别时，则无须划分。

4. 构建决策树的流程

观察图 2.44 所示的决策树，为什么根节点是"收入"，而不是"通勤"或者别的特征呢？决策树又是基于什么标准来选择特征的？下面介绍构建决策树的流程。

为了构建一棵优质的决策树，主要有 3 个步骤：特征选择、决策树生成、决策树剪枝。

（1）特征选择：在构建决策树时，需要从数据集中选择最具分类能力的特征。特征选择通常通过计算特征的信息增益（Information Gain）、信息增益率（Information Gain Ratio）或基尼指数（Gini Index）等指标来完成。选择最优划分特征的标准不同，导致了决策树算法的不同，常见的决策树算法如表 2.11 所示，ID3 和 C4.5 用于分类，CART 可用于分类与回归。

表 2.11　常见的决策树算法

算法	划分标准
ID3	信息增益
C4.5	信息增益率
CART	基尼指数

（2）决策树生成：根据不同划分标准选择的特征，将数据集划分为若干个子集，并为每个子集生成相应的子树。这个过程是递归进行的，直到满足某个停止条件。

（3）决策树剪枝：由于生成的决策树可能过于复杂，存在过拟合的风险，因此需要通过剪枝来简化树的结构，提高模型的泛化能力。剪枝可以分为预先剪枝和后剪枝两种方法。

将上述构建决策树的 3 个步骤连接起来，得到的构建决策树的流程如图 2.45 所示。

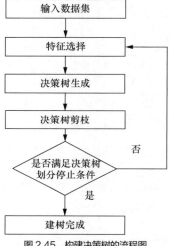

图 2.45　构建决策树的流程图

决策树生成的过程中，常见的停止条件包括：所有样本都属于同一个类别、达到预设的树的最大深度、节点中的样本数少于最小样本数等。

微课 2-6

分类模型评估指标

2.9　分类模型的评估指标

分类模型主要用于预测离散的目标变量，通常使用混淆矩阵来可视化分类模型性能，特别是在监督学习领域的分类问题中。

2.9.1　混淆矩阵

混淆矩阵（Confusion Matrix）：一个 $N×N$ 矩阵，用于描述分类模型在分类问题上的表现。图 2.46 所示为一个二分类的混淆矩阵。

对于二分类问题，混淆矩阵是一个 $2×2$ 的矩阵，包含以下 4 个基本元素。

（1）True Positive（TP）：真正类，样本的真实类别是正类，并且模型识别的结果也是正类。

（2）False Negative（FN）：假负类，样本的真实类别是正类，

实际	预测		合计
	yes	no	
yes	TP	FN	P
no	FP	TN	N
合计	P'	N'	$P+N$

图 2.46　混淆矩阵

但是模型将其识别为负类。

（3）False Positive（FP）：假正类，样本的真实类别是负类，但是模型将其识别为正类。

（4）True Negative（TN）：真负类，样本的真实类别是负类，并且模型将其识别为负类。

"正负"是依据预测值，"真假"是依据实际值。真正例的意思是，预测为正例，实际上也是真的正例。

混淆矩阵将模型预测的结果与实际观测到的结果进行对比，从而能够清晰地展示出哪些样本被正确分类，哪些样本被错误分类，以及错误分类的具体情况。

2.9.2 分类单项指标

通过混淆矩阵，可以计算出以下指标。

准确率（Accuracy）：正例和负例中预测正确数量占总数量的比例，可用式（2-10）表示：

$$Accuracy = \frac{TP + TN}{TP + FP + FN + TN} \tag{2-10}$$

准确率普遍应用于各种分类任务中，尤其是当数据集中的各类别样本数量相对均衡时。例如，在图像识别、文本分类等任务中，如果各类别的样本数量相差不大，那么准确率可以作为一个有效的整体性能度量标准。然而，当数据集存在严重的类别不平衡时，准确率可能会产生误导，因为模型可能仅仅通过预测样本数量较多的类别来获得较高的准确率，而忽略了样本数量较少的类别。

精确度（Precision）：以预测结果为判断依据，预测为正例的样本中预测正确的比例，可用式（2-11）表示。

$$Precision = \frac{TP}{TP + FP} \tag{2-11}$$

精确度在推荐系统、广告投放、金融风控、医学诊断等场景中较为重要。因为在这些场景中资源有限，每条"正向预测"的成本较高，误报会产生较大负面影响。例如，在垃圾邮件检测中，如果模型将大量正常邮件误判为垃圾邮件，那么会给用户带来不必要的困扰和损失。因此，在这些场景中需要更加关注模型的精确度，以确保预测结果的高度可信。

召回率（Recall）：以实际样本为判断依据，实际为正例的样本中预测正确的比例，可用式（2-12）表示。

$$Recall = \frac{TP}{TP + FN} \tag{2-12}$$

召回率在疾病检测、故障预测、信息安全等领域尤为重要。这些情境下错过"阳性"实例（如病人、故障事件或恶意攻击）的后果严重。例如，在疾病筛查中，如果模型漏掉了大量真正的病人，那么会延误诊断和治疗。因此，在这些情境下，需要更加关注模型的召回率，以确保尽可能多地找出所有正类样本。

2.9.3 分类多项指标

F1 分数（F1-Score）是统计学中用来衡量二分类（或多任务二分类）模型精确度的一种指标。F1 分数可以看作模型精确度和召回率的一种加权平均。它的最大值是 1，最小值是 0，值越大意味着模型越好，可用式（2-13）表示。

$$F1\text{-}Score = \frac{2TP}{2TP + FN + FP} = \frac{2 \cdot Precision \cdot Recall}{Precision + Recall} \tag{2-13}$$

ROC 曲线常被用来评价二值分类器的优劣，即评估模型预测的准确度，图 2.47 所示的蓝色曲线就是 ROC 曲线。

在 ROC 曲线所在的坐标系中，纵轴为真阳率/命中率（True Positive Rate，TPR），最大值为 1；横轴为假阳率/误判率（False Positive Rate，FPR），最大值为 1；虚线为基准线（最低标准）。ROC 曲线距离基准线越远，则说明该模型的预测效果越好；ROC 曲线接近左上角，则说明模型预测准确率很高；ROC 曲线略高于基准线，则说明模型预测准确率一般；ROC 低于基准线，则说明模型未达到最低标准，无法使用。

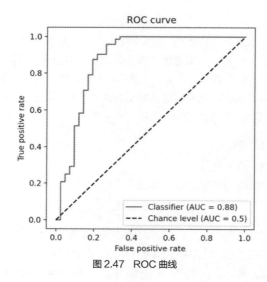

图 2.47　ROC 曲线

AUC（Area Under Curve）被定义为 ROC 曲线下与坐标轴围成的面积，显然这个面积的数值不会大于 1。又由于 ROC 曲线一般处于 $y=x$ 这条直线的上方，所以 AUC 的取值范围为 0.5 到 1。AUC 越接近 1，模型预测真实性越高；AUC 等于 0.5 时，则真实性最低，无应用价值。

 任务实现

任务演示

经过任务分析，我们可以通过橙现智能软件搭建工作流，来模拟机器学习的基本流程，实现葡萄酒的分类预测，具体的任务实现步骤如下。

1. 新建工作流

打开橙现智能软件，单击"文件"菜单中的"另存为"选项，在弹出的对话框中将工作流命名为"葡萄酒的分类预测.ows"。

葡萄酒分类

2. 导入数据集

在"数据"模块中，找到"文件"小部件并单击添加；双击"文件"小部件，单击文件夹按钮找到并导入"wine.data.csv"文件，即葡萄酒数据集；在"列"界面，第 1 行的 class 的"类型"为"分类数据"，"角色"为"目标"，第 2～14 行的特征的"类型"为"数值数据"，"角色"为"特征"，如图 2.48 所示。

由于数据集的目标值为离散的，所以此任务的类型为分类。

3. 查看数据

在"数据"模块中，找到"数据表"小部件并单击添加，在"可视化"模块中，找到"散点图"小部件并单击添加，将"文件"小部件与"散点图"和"数据表"小部件进行连接，如图 2.49 所示；通过"散点图"小部件可以看出，数据集在"Alcohol"与"Malic_acid"两个维度下目标值"class"的分布情况，1 类蓝色圆圈代表琴酒，2 类红色十字代表雪莉，3 类绿色三角形代表贝尔莫得，如图 2.50 所示。

图 2.48　导入数据集

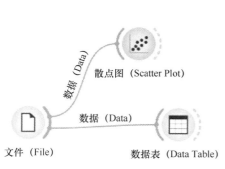

图 2.49　连接小部件

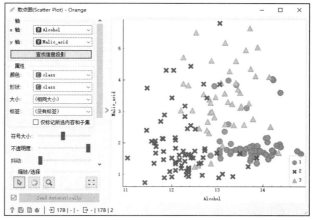

图 2.50　散点图

通过“数据表”小部件可以查看数据集的特征值、目标值，如图 2.51 所示，该数据集没有缺失值，且特征的取值范围有所不同。

	class	Alcohol	Malic_acid	Ash	lcalinity_of_as	Magnesium	Total_phenols	Flavanoids	nflavanoid_phenc
1	1	14.23	1.71	2.43	15.6	127	2.80	3.06	0.28
2	1	13.20	1.78	2.14	11.2	100	2.65	2.76	0.26
3	1	13.16	2.36	2.67	18.6	101	2.80	3.24	0.30
4	1	14.37	1.95	2.50	16.8	113	3.85	3.49	0.24
5	1	13.24	2.59	2.87	21.0	118	2.80	2.69	0.39
6	1	14.20	1.76	2.45	15.2	112	3.27	3.39	0.34
7	1	14.39	1.87	2.45	14.6	96	2.50	2.52	0.30
8	1	14.06	2.15	2.61	17.6	121	2.60	2.51	0.31
9	1	14.83	1.64	2.17	14.0	97	2.80	2.98	0.29
10	1	13.86	1.35	2.27	16.0	98	2.98	3.15	0.22
11	1	14.10	2.16	2.30	18.0	105	2.95	3.32	0.22
12	1	14.12	1.48	2.32	16.8	95	2.20	2.43	0.26
13	1	13.75	1.73	2.41	16.0	89	2.60	2.76	0.29
14	1	14.75	1.73	2.39	11.4	91	3.10	3.69	0.43
15	1	14.38	1.87	2.38	12.0	102	3.30	3.64	0.29
16	1	13.63	1.81	2.70	17.2	112	2.85	2.91	0.30
17	1	14.30	1.92	2.72	20.0	120	2.80	3.14	0.33

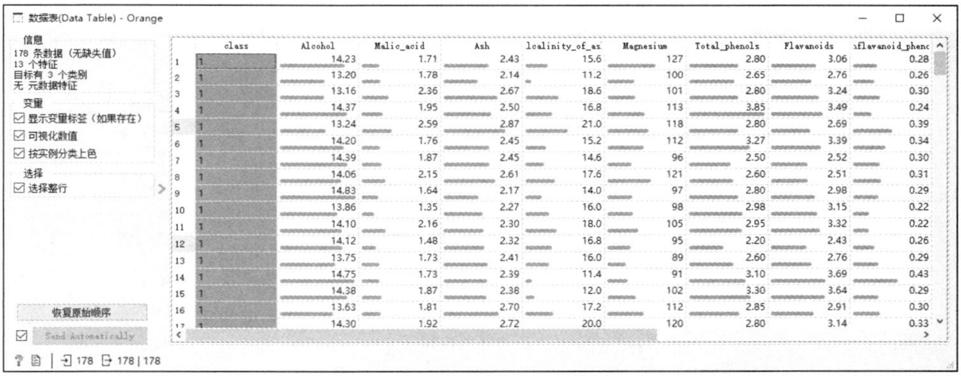

图 2.51　数据表

4. 数据预处理

本任务中数据集的特征的取值范围不同，故需要对数据进行预处理操作。在“数据”模块中，找到“预处理”小部件并单击添加，将“文件”小部件与“预处理”小部件连接起来，双击“预处理”小部件，选择“归一化特征”小部件，保持默认设置，对特征值进行区间为[0,1]的归一化操作；在“数据”模块中，找到“数据表”小部件并单击添加，再将其与“预处理”小部件连接起来，在“数据表”小部件中查看归一化之后的数据，特征值数据都被转换到了[0,1]。如图 2.52、图 2.53 和图 2.54 所示。

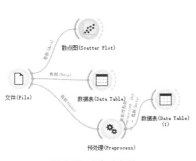

图 2.52　添加小部件

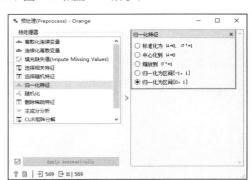

图 2.53　预处理

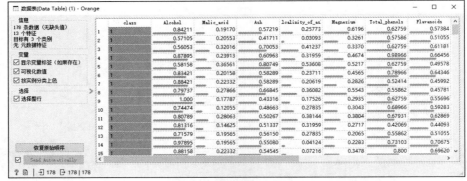

图 2.54　归一化之后的数据

5. 特征选择

由上文可以看出该数据集一共有 13 个特征，相较顾客细分数据集，特征个数较多，需要进行特征选择。

在"数据"模块中，找到"排名"小部件并单击添加，将"预处理"小部件与"排名"小部件连接起来，双击"排名"小部件（该小部件用于对分类或回归分析中的特征重要性进行排名），在打开的界面中可以看到第 13 行的 Ash 特征重要性排名靠后，如图 2.55 和图 2.56 所示。

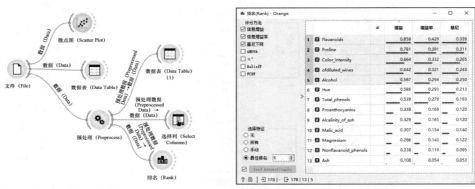

图 2.55　添加小部件　　　　　　　　　　　　　　图 2.56　排名

在"数据"模块中，找到"选择列"小部件并单击添加，再将其与"预处理"小部件连接起来，双击"选择列"，在右侧"特征"界面中找到对应的 Ash 特征，将其移动到左侧区域（即将 Ash 特征去掉），如图 2.57 所示。

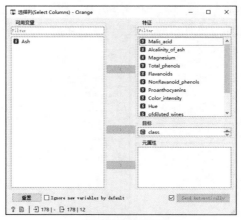

图 2.57　选择特征

6. 选择模型和设置参数

在"模型"模块中，找到"k 近邻""朴素贝叶斯""树"小部件并单击添加，在"可视化"模块中找到"查看树"小部件并单击添加，将"选择列"小部件与上述 3 种模型小部件连接起来，再将"树"小部件和"查看树"小部件连接起来，如图 2.58 所示。

同时，设置"k 近邻""朴素贝叶斯"和"树"模型小部件的参数（先按照默认参数设置），如图 2.59、图 2.60 和图 2.61 所示。

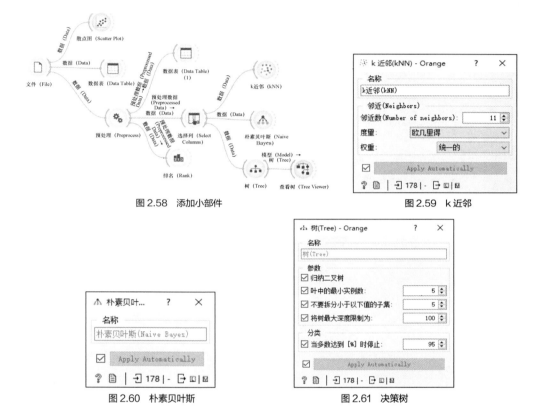

图 2.58 添加小部件　　　　　　　　　　图 2.59 k 近邻

图 2.60 朴素贝叶斯　　　　　　　图 2.61 决策树

通过"查看树"小部件，可以看到当前树的深度为 4 层，若将鼠标指针悬停在根节点位置，可以看到 class 的分布，如图 2.62 所示。

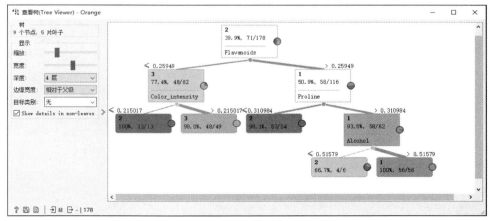

图 2.62 查看树

下面以特征 Flavanoids 为根节点进行分析。

当 Flavanoids≤0.25949 时，3 类占比 77.4%；再以 Color_intensity 为内部节点，当 Flavanoids≤0.25949 并且 Color_intensity≤0.215017 时，2 类占比 100%；当 Flavanoids≤0.25949 并且 Color_intensity>0.215017 时，3 类占比 98%。

当 Flavanoids>0.25949 时，1 类占比 50.9%；再以 Proline 为内部节点，当 Flavanoids>0.25949 并且 Proline≤0.310984 时，2 类占比 98.1%；当 Flavanoids>0.25949 并且 Proline>0.310984 时，1 类占比 93.5%。

7. 模型评估

在"评估"模块中，找到"测试和评分""ROC 分析"和"混淆矩阵"小部件并单击添加，将前文的 3 种模型小部件连接到"测试和评分"小部件，将"选择列"小部件连接到"测试和评分"小部件，再将"测试和评分"小部件分别连接"ROC 分析"和"混淆矩阵"小部件，如图 2.63 所示。

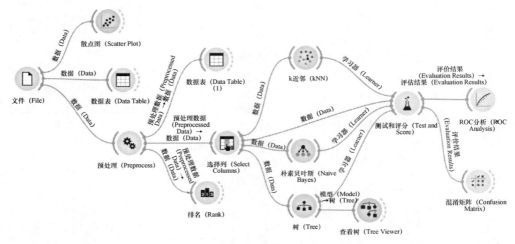

图 2.63 模型评估

通过"测试和评分"小部件查看评估指标，综合考虑 AUC、CA、F1、Precision 和 Recall 指标，k 近邻模型的表现较好，如图 2.64 所示。

图 2.64 测试和评分

通过"ROC 分析"小部件可以看出，代表"k 近邻"模型的绿色 ROC 曲线最接近左上角，如图 2.65 所示，表示该模型预测准确率最高；通过"混淆矩阵"小部件可以看出，"k 近邻"模型预测准确的样本个数为 174，预测错误的样本个数为 4，如图 2.66 所示。

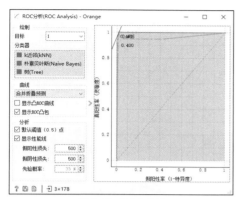

图 2.65　ROC 分析

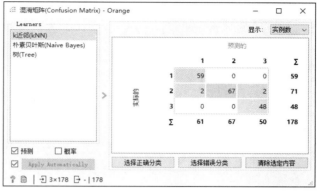

图 2.66　混淆矩阵

8. 优化模型

通过调整"k 近邻""朴素贝叶斯"和"树"小部件中的模型参数，对比"测试和评分"小部件中模型评估指标的变化，找到最优的模型参数，这是一个不断调优的过程，直到符合模型评估指标的要求。

9. 模型预测

在"评估"模块中，找到"预测"小部件并单击添加，从"k 近邻""朴素贝叶斯"和"树"模型中找到最优的模型，目前"k 近邻"模型的表现相对较好，将"k 近邻"模型小部件和"测试和评分"小部件均连接到"预测"小部件，对数据集中的数据进行预测，可以看出 class 列和"k 近邻"模型预测的类别相同，如图 2.67 所示。

10. 保存模型

在"模型"模块中，找到"保存模型"小部件并单击添加，将"k 近邻"模型小部件连接到"保存模型"小部件，双击"保存模型"小部件，将该模型另存为"k 近邻算法分类葡萄酒.pkcls"，如图 2.68 所示。

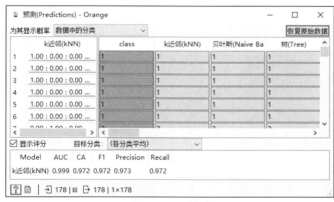

图 2.67　预测（1）

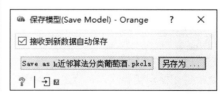

图 2.68　保存模型

11. 任务完整工作流

葡萄酒分类预测的完整工作流如图 2.69 所示，"预处理"小部件对特征进行归一化，"排名"小部件得出 Ash 特征的关联性较小，"选择列"小部件完成了特征选择，再从常见的分类模型中得出 k 近邻模型的表现较好，因此，可以采用 k 近邻模型来预测葡萄酒的品种。

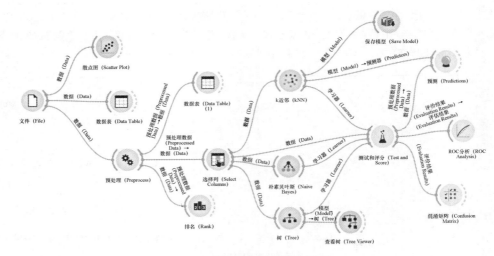

图 2.69　葡萄酒分类预测的完整工作流

12. 挑选心仪葡萄酒

在保存"k 近邻算法分类葡萄酒.pkcls"模型之后，可以通过该模型挑选心仪的葡萄酒。现有 3 瓶葡萄酒，经过检测，其特征值如表 2.12 所示，将表内的数据保存并命名为"wine.data_pre.csv"。

表 2.12　葡萄酒样本特征值

特征	样本 1 特征值	样本 2 特征值	样本 3 特征值
Alcohol	12.37	12.86	13.72
Malic_acid	0.94	1.35	1.43
Ash	1.36	2.32	2.5
Alcalinity_of_ash	10.6	18	16.7
Magnesium	88	122	108
Total_phenols	1.98	1.51	3.4
Flavanoids	0.57	1.25	3.67
Nonflavanoid_phenols	0.28	0.21	0.19
Proanthocyanins	0.42	0.94	2.04
Color_intensity	1.95	4.1	6.8
Hue	1.05	0.76	0.89
OD280/OD315 of diluted_wines	1.82	1.29	2.87
Proline	520	630	1285

使用橙现智能软件，新建工作流"挑选心仪葡萄酒.ows"，在"数据"模块中找到"文件"小部件并单击添加，双击"文件"小部件后选择导入数据集"wine.data_pre.csv"；在"模型"模块中找到"加载模型"小部件并单击添加，双击"加载模型"小部件后选择加载"k 近邻算法分类葡萄酒.pkcls"模型，如图 2.70 所示，"文件"小部件中导入的数据集和"加载模型"小部件中训练的数据集必须包含兼容的属性。

在"评估"模块中找到"预测"小部件并单击添加，将"预测"小部件分别连接"文件"和"加载模型"小部件，将现有模型加载到"预测"小部件中，如图 2.71 所示。

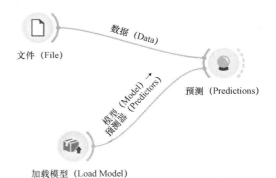

文件（File）

数据（Data）

模型（Model）
预测器（Predictors）

预测（Predictions）

图 2.71　新建工作流并添加小部件

图 2.70　加载模型

如图 2.72 所示，在"预测"小部件中可以看到，样本 1 的葡萄酒类别 class 为 2，即雪莉；样本 2 的葡萄酒类别 class 为 3，即贝尔莫得；样本 3 的葡萄酒类别 class 为 1，即琴酒。

	k近邻(kNN)	Alcohol	Malic_acid	Ash	Alcalinity_of_ash	Magnesium	Total_phenols	Flavanoids	nflavanoid_phen	Proantho
1	2	12.37	0.94	1.36	10.6	88	1.98	0.57	0.28	0.42
2	3	12.86	1.35	2.32	18.0	122	1.51	1.25	0.21	0.94
3	1	13.72	1.43	2.50	16.7	108	3.40	3.67	0.19	2.04

图 2.72　预测（2）

 任务总结

通过葡萄酒的分类预测任务，读者了解了如何分析数据集、归一化和标准化数据，以及选择特征，并掌握了常见的 k 近邻、贝叶斯、决策树算法和分类模型评估指标。下面对本任务内容做如下总结。

● 数据集是训练、验证和测试机器学习模型所必需的基础资源。数据集的质量、大小和多样性都影响着模型的性能。

● 数据对于模型来说是至关重要的，是决定模型能力的"天花板"，没有好的数据，就没有好的模型。数据预处理包括数据清理、数据降维和数据标准化等。

● 对于归一化来说，如果出现异常点，影响了最大值和最小值，那么结果显然会发生改变。

● 对于标准化来说，如果出现异常点，由于具有一定数据量，少量的异常点对于平均值的影响并不大，从而方差改变较小。

● 特征选择不仅可以减少计算成本和加速训练过程，还能更好地理解数据的内在结构，提升模型的可解释性。

● k 近邻算法：在特征空间中，基于某种距离，找到与待测样本距离最近的 k 个样本，然后基于这 k 个最近的邻居，通过"少数服从多数"的表决规则，进行预测分类。

● 贝叶斯定理：用客观的新信息，更新最初关于某个事物的信念（真理所在）后，就会得到一个新的、改进后的信念。

● 决策树算法：通过树状结构来展示决策过程中的一系列规则和条件。决策树的构建流程主要有 3 个步骤：特征选择、决策树生成、决策树剪枝。

● 混淆矩阵将模型预测的结果与实际观测到的结果进行对比，从而能够清晰地展示出哪些样本被正确分类，哪些样本被错误分类，以及错误分类的具体情况。通过混淆矩阵，可以计算出以下指标：准确率、精确度、召回率、F1 分数、ROC 曲线和 AUC。

巩固练习

一、单选题

1. 分类是一种（　　）的任务。
   A. 监督学习　　　　　　B. 无监督学习　　　　C. 半监督学习　　　　D. 强化学习

2. 贝叶斯公式中，调整因子大于1，表示（　　）。
   A. 有新证据，使得先验概率提高了　　　　　B. 新证据无助于判断事件是否发生
   C. 有新证据，使得先验概率降低了　　　　　D. 有新证据，先验概率没有变化

3. 贝叶斯公式的提出者是（　　）。
   A. 安德烈-米歇尔·勒让德　　　　　　　　C. 托马斯·贝叶斯
   B. 皮埃尔-西蒙·拉普拉斯　　　　　　　　D. 理查德·普莱斯

4. 决策树算法中，ID3和C4.5用于（　　），CART用于分类与回归。
   A. 分类　　　　　　　　B. 回归　　　　　　　C. 聚类　　　　　　　D. 降维

5. 在混淆矩阵中，正例和负例中预测正确数量占总数量的比例，称为（　　）。
   A. 准确率　　　　　　　B. 精确度　　　　　　C. 召回率　　　　　　D. F1分数

二、多选题

1. 常见的训练集和测试集的划分比例为（　　）。
   A. 80%和20%　　　　　B. 75%和25%　　　　C. 70%和30%　　　　D. 60%和40%

2. 数据预处理包括（　　）等步骤。
   A. 数据清理　　　　　　B. 数据降维　　　　　C. 数据标准化　　　　D. 采集数据

3. k近邻算法中，常见的距离包括（　　）。
   A. 欧氏距离　　　　　　B. 余弦距离　　　　　C. 切比雪夫距离　　　D. 曼哈顿距离

4. 在决策树中有3种节点，包括（　　）。
   A. 根节点　　　　　　　B. 内部节点　　　　　C. 叶子节点　　　　　D. 外部节点

5. 决策树的构建流程主要包括（　　）步骤。
   A. 特征选择　　　　　　B. 决策树生成　　　　C. 决策树剪枝　　　　D. 数据预处理

6. 常见的分类单项指标有（　　）。
   A. 准确率　　　　　　　B. 精确度　　　　　　C. ROC曲线　　　　　D. 召回率

7. 对于二分类问题，混淆矩阵包含的基本元素有（　　）。
   A. True Positive　　　　B. False Negative　　　C. False Positive　　　D. True Negative

8. 常见的分类多项指标有（　　）。
   A. F1分数　　　　　　　B. ROC曲线　　　　　C. AUC　　　　　　　D. 精确度

三、判断题

1. 结构化数据集常见的形式包括表格、数据库等；非结构化数据集常见的形式包括文本、图像、音频等。（　　）

2. 数据清理指的是填充缺失值，发现并消除异常点。（　　）

3. 标准化即把特征值映射到[0,1]，这样计算距离时，每一个特征都能够得到表征。（　　）

4. 从众多特征中选取部分特征服务于当前任务的行为叫作特征选择。（　　）

5. 分类任务常用于市场细分、用户细分、异常值检测、图像分割等领域。（　　）

6. 决策树中的每个叶子节点，对应的是一个标签或类别。（　　）

7. 朴素贝叶斯算法的核心思想即假设每个特征与其他特征之间是完全独立的。（　　）

8. ID3算法的划分标准是信息增益率。（　　）

9. 混淆矩阵是分类指标。（　　）

10. TP 指的是真正类，表示样本的真实类别是正类，并且模型识别的结果也是正类。（　　）

11. 正例和负例中预测正确数量占总数量的比例称为召回率。（　　）

12. AUC 越接近 1.0，模型预测真实性越高；AUC 等于 0.5 时，则真实性最低，无应用价值。（　　）

四、填空题

1. 通常将数据集分为_____和_____。

2. _____集用于模型训练，_____集用于模型预测。

3. 特征选择的方法主要有_____、_____、_____、PCA 降维方法和 L1 范数正则化方法。

4. k 近邻算法中的 k 指的是_____。

5 对于分类问题，k 近邻算法通常采用_____的表决规则。

五、简答题

1. 解释为什么要对数据集进行归一化操作。

2. 画出 k 近邻算法的分类流程图。

3. 解释条件概率的本质。

4. 对于二分类的混淆矩阵，其包含的 4 种元素有什么含义？

🔍 任务拓展

1. 已知美国威斯康星州乳腺癌诊断数据集（详见配套教学资源），该数据集的特征是从乳腺肿块的细针穿刺（FNA）数字化图像中计算得出的，描述了图像中细胞核的特征。数据集一共有 569 个样本，其中良性样本有 357 个，恶性样本有 212 个。威斯康星州乳腺癌诊断数据集基本信息如表 2.13 所示。

表 2.13　威斯康星州乳腺癌诊断数据集基本信息

属性	描述	数据类型
ID number	标识号码	元数据
Diagnosis	诊断结果（M 代表恶性，B 代表良性）	离散型
radius_mean	半径，即细胞核中心到周边点的距离平均值	连续型
texture_mean	纹理（灰度值的标准偏差）平均值	连续型
perimeter_mean	细胞核周长平均值	连续型
area_mean	细胞核面积平均值	连续型
smoothness_mean	平滑度（半径长度的局部变化）平均值	连续型
compactness_mean	紧凑度（周长^2/面积-1.0）平均值	连续型
concavity_mean	凹度（轮廓凹部的严重程度）平均值	连续型
concave_points_mean	凹点（轮廓凹部的数量）平均值	连续型
symmetry_mean	对称性平均值	连续型
fractal_dimension_mean	分形维数-1 的平均值	连续型
radius_se	半径，即细胞核从中心到周边点的距离标准差	连续型
texture_se	纹理（灰度值的标准偏差）标准差	连续型
perimeter_se	细胞核周长标准差	连续型
area_se	细胞核面积标准差	连续型
smoothness_se	平滑度（半径长度的局部变化）标准差	连续型
compactness_se	紧凑度（周长^2/面积-1.0）标准差	连续型
concavity_se	凹度（轮廓凹部的严重程度）标准差	连续型

续表

属性	描述	数据类型
concave_points_se	凹点（轮廓凹部的数量）标准差	连续型
symmetry_se	对称性标准差	连续型
fractal_dimension_se	分形维数-1 的标准差	连续型
radius_worst	半径，即细胞核中心到周边点的距离最大值	连续型
texture_worst	纹理（灰度值的标准偏差）最大值	连续型
perimeter_worst	细胞核周长最大值	连续型
area_worst	细胞核面积最大值	连续型
smoothness_worst	平滑度（半径长度的局部变化）最大值	连续型
compactness_worst	紧凑度（周长^2/面积-1.0）最大值	连续型
concavity_worst	凹度（轮廓凹部的严重程度）最大值	连续型
concave points_worst	凹点（轮廓凹部的数量）最大值	连续型
symmetry_worst	对称性最大值	连续型
fractal_dimension_worst	分形维数-1 的最大值	连续型

通过上述给定的威斯康星州乳腺癌诊断数据集，运用机器学习的分类算法，实现乳腺癌的分类预测，并从中选择分类准确率最高的模型进行保存。

2. 泰坦尼克号幸存者数据集是一个经典的机器学习数据集（详见配套教学资源），该数据集源于 1912 年泰坦尼克号沉船事件，该事件导致了大量的人员伤亡。数据集一共有 891 个样本，11 个特征，1 个目标。泰坦尼克号幸存者数据集基本信息如表 2.14 所示。

表 2.14　泰坦尼克号幸存者数据集基本信息

属性	描述	数据类型
PassengerId	乘客的唯一标识符	元数据
Survived	生存状态（0 代表死亡，1 代表存活）	离散型
Pclass	船票等级（1 代表高等舱位，2 代表中等舱位，3 代表低等舱位）	离散型
Name	乘客姓名	元数据
Sex	性别	离散型
Age	年龄	连续型
SibSp	同行的兄弟姐妹或配偶数量	离散型
Parch	同行的父母或孩子数量	离散型
Ticket	船票号码	元数据
Fare	乘客支付的船票费用	连续型
Cabin	船舱号码	元数据
Embarked	登船港口	离散型

为了深入了解乘客的生存情况与各特征之间的关系，通过上述给定的泰坦尼克号幸存者数据集，运用机器学习中的分类算法，实现泰坦尼克号幸存者的分类预测，并从中选择分类准确率最高的模型进行保存。

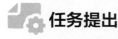

糖尿病患病风险预测

任务提出

糖尿病是一种慢性代谢性疾病，如果不及时控制和治疗，可能会导致严重的并发症。然而，糖尿病的患病风险并非无迹可寻，通过收集和分析个人的生理数据，利用回归预测模型可以评估一个人的糖尿病患病风险。

糖尿病数据集来自 scikit-learn 库，包含糖尿病患者的生理数据及一年后的病情发展情况。该数据集共 442 个样本，10 个特征，1 个目标，其基本信息如表 2.15 所示。数据集详见配套教学资源。

表 2.15　糖尿病数据集基本信息

属性	描述	数据类型
age	年龄	连续型
sex	性别	离散型
bmi	身体质量指数	连续型
bp	平均血压	连续型
tc	T 细胞	连续型
ldl	低密度脂蛋白	连续型
hdl	高密度脂蛋白	连续型
tsh	促甲状腺激素	连续型
ltg	拉莫三嗪	连续型
glu	血糖水平	连续型
y	患者一年后的病情发展量化指标	连续型

为了能够更准确地了解糖尿病患病风险，从而制订出更加科学的健康管理计划，保障人们的身体健康。通过上述给定的糖尿病数据集，运用机器学习中的回归算法，实现糖尿病患病风险预测。

任务分析

进行糖尿病患病风险预测，按照机器学习的基本流程，具体的任务分析如下。

1. 数据准备：下载配套资源中的数据集，该数据集适用于机器学习中的回归任务。

2. 数据预处理：观察数据集的特征值的分布情况、特征的定义域和取值范围，以及是否有缺失值等，对数据进行预处理操作。

3. 特征选择：数据集一共有 10 个特征（特征数较少，故本任务不再做特征选择）。

4. 模型训练：将选好的特征输入模型中，模型即机器学习模型，同时设置模型的参数，进行模型训练。

5. 模型评估：通过模型评估指标判断模型是否达到要求，如果未达到要求，需要回到第 2 步，重新按照流程进行操作。

6. 模型部署与整合：如果模型达到要求，需要将该模型保存，当有新的数据需要预测的时候，将新数据输入保存的模型，即可实现对数据的预测。

知识准备

2.10　典型回归算法

下面将会介绍机器学习中典型回归算法的原理，包括线性回归算法、k 近邻回归算法和决策树回归算法。

2.10.1　线性回归算法

1．线性回归的定义

线性回归（Linear Regression）是利用回归方程（函数）对一个或多个自变量（X，特征值）和因变量（Y，目标值）之间的关系进行建模的一种算法。

线性回归的目标是找到一组最优的回归系数，使得预测值与实际值之间的误差（通常是均方误差）最小化。

2．线性回归的模型形式

一元线性回归：只包括一个自变量和一个因变量，且二者的关系可用一条直线近似表示。其模型形式为：

$$y = wx + b \qquad (2\text{-}14)$$

在机器学习中，y 为标记，x 为特征，w 为权重，b 为偏置。简单线性回归就是通过已知的 x 和 y 求解未知的 w 和 b。

偏置 b 就是直线与纵轴的交点，权重 w 其实就是直线的斜率。一元线性回归就是找到合适的权重和偏置，使直线尽可能地符合样本的分布。

多元线性回归：包括两个或两个以上的自变量，且因变量和自变量之间是线性关系。其模型形式为（其中 w_i 为回归系数，b 为截距）：

$$y = w_1x_1 + w_2x_2 + \cdots + w_nx_n + b \qquad (2\text{-}15)$$

多元线性回归和一元线性回归类似，通过已知的 x_i 和 y 求解未知的 w_i 和 b。

如何理解线性回归模型呢？例如：期末成绩=0.6×考试成绩+0.4×平时成绩。

可以看出特征值与目标值之间建立了一个关系，这个关系就可以理解为线性回归模型。

2.10.2　k 近邻回归算法

k 近邻回归是一种基于实例的学习算法，它通过找到与待测样本最近的 k 个邻居来预测待测样本的目标值。k 近邻回归的预测结果是 k 个邻居目标值的平均值或加权平均值。k 近邻回归具有简单直观的优点，但计算量较大，且对数据的局部结构敏感。

2.10.3　决策树回归算法

决策树回归是一种基于树状结构的回归算法，它通过递归地将数据集划分为更小的子集来构建模型。每个子集对应一个输出值（即预测值），该值是通过计算子集中所有样本的目标值的平均值或中位数得到的。决策树回归具有易于理解和实现的优点，但容易过拟合，因此通常需要通过剪枝等技术来降低模型复杂度。

2.11　回归模型的评估指标

回归模型主要用于预测连续的目标变量，模型评估指标主要包括均方误差（Mean Square Error，MSE）、均方根误差（Root Mean Square Error，RMSE）、平均绝对误差（Mean Absolute Error，MAE）、R^2 决定系数。

2.11.1　均方误差

均方误差：预测值与真实值之间差的平方的平均值。MSE 越趋近于 0，则模型预测的值越拟合训练数据（越小越好）。MSE 对异常值敏感（因为当异常值与正常值差距较大时，误差会大于 1，取平方以后会进一步增大数值）。

2.11.2　均方根误差

均方根误差：预测值与真实值之间差的平方的平均值的平方根。RMSE 越小，表示模型的预测精度越高，预测值与实际观测值的差异越小。然而，RMSE 可能会受到离群点的影响，即如果数据中存在一些极端值，RMSE 可能会被这些离群点拉大。

2.11.3　平均绝对值误差

平均绝对值误差：预测值与真实值之间差的绝对值的平均值。MAE 越趋近于 0，则模型预测的值越拟合训练数据（越小越好）。MAE 相比 MSE，对异常值的敏感度较低，因此将其用于存在异常值的数据集上可能是更好的选择。

2.11.4　R^2 决定系数

R^2 决定系数：表示模型对因变量的解释能力，用于解释回归模型中观测值与预测值之间的差异。它反映了自变量对因变量变异性的解释程度。

可根据 R^2 的取值，来判断模型的好坏，其取值范围为[0,1]。如果取值是 0，说明模型拟合效果很差；如果取值是 1，说明模型无错误。

在实际应用中，我们可以根据具体情况选择合适的评估指标。例如，在金融领域，由于预测误差可能造成巨大的经济损失，因此通常会选择对异常值敏感的 MSE 作为评估指标。而在其他领域，可能会选择 MAE 作为评估指标。

2.12　机器学习模型的复杂度和误差

微课 2-7

2.12.1　什么是好的模型

机器学习中，模型性能度量的方法有哪些，即能用哪些指标来判断模型的好坏呢？在宏观层面，可以从如下 3 个方面考虑。

机器学习模型的复杂

泛化能力：机器学习的目标是使学得的模型能够很好地适用于新的样本，而不是仅仅在训练样本上工作得很好，学得的模型适用于新样本的能力称为泛化能力，也称为鲁棒性。

可解释性：人们能够理解机器学习模型的决策规则和预测结果的程度，预测的结果是否容易被解释。它有助于人们了解模型的局限性、不确定性和潜在偏差，从而提高模型的可信任度和可靠性。

预测速度：在给定输入数据后，机器学习模型输出预测结果的速度。

2.12.2　模型的有效性

在机器学习和统计学中，欠拟合（Underfitting）、过拟合（Overfitting）和适当拟合（Just right）是 3 种常见的模型表现，它们分别描述了模型在训练数据和测试数据上 3 种不同的表现情况。

欠拟合是指模型在训练数据上都不能很好地拟合，更不用说在测试数据上了。换句话说，模型未能从训练数据中学习到足够的特征或规律，导致在训练集和测试集上的表现都很差。

过拟合是指模型在训练数据上表现得非常好，但在测试数据上表现得很差。这是因为模型过于复杂，以至于捕捉到了训练数据中的噪声和随机波动，而不是数据中的真实规律。

适当拟合指的是模型在训练数据上学习到足够的规律，同时在测试数据上也能保持较好的预测性能。这种拟合状态避免了欠拟合和过拟合的问题，使得模型既不过于简单也不过于复杂，能够准确地捕捉数据的真实分布和潜在规律。

2.12.3　模型的复杂度和误差

模型的复杂度指模型拟合各种函数的能力，也称为模型的容量。x_1 轴为特征，x_2 轴为目标，模型的复杂度与任务的匹配程度会出现 3 种情况，如图 2.73 所示。

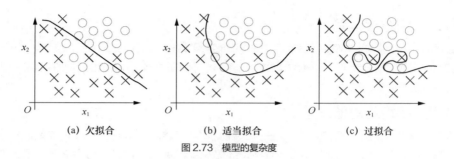

(a) 欠拟合   (b) 适当拟合   (c) 过拟合

图 2.73 模型的复杂度

（1）复杂度不足的模型不能解决复杂任务，可能出现欠拟合，如图 2.73（a）所示；

（2）复杂度适合于当前任务和所提供训练数据的数量时，模型拟合效果通常会最佳，即适当拟合，如图 2.73（b）所示；

（3）复杂度高的模型能够解决复杂的任务，但是其复杂度高于任务所需时，有可能会出现过拟合，如图 2.73（c）所示。

误差指学习到的模型对样本的预测结果与样本的真实结果之间的差。误差包括训练误差和测试误差。

训练误差：模型在训练集上的误差。

测试误差：模型对新样本预测时产生的误差。显然，更希望得到测试误差小的模型。

随着模型复杂度的增加，训练误差逐渐减小。同时，测试误差会随着复杂度的增加而减小，继而增大，形成一条凹曲线，如图 2.74 所示。

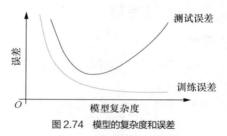

图 2.74 模型的复杂度和误差

2.12.4 方差和偏差

选择不同参数和超参数，会得到很多模型，到底哪个模型更适合预测呢？在机器学习中，偏差和方差是两个重要的概念，用于评估模型的性能，偏差和方差既适用于评估分类模型，也适用于评估回归模型。

偏差（Bias）：用于衡量预测值与真实值的关系，是指预测值与真实值之间的差值，是模型预测准确度的度量指标。偏差越大，预测数据越偏离真实数据。

方差（Variance）：用于衡量预测值之间的关系，和真实值无关。其表示预测值之间的离散程度，是模型泛化能力的度量指标。方差越大，数据的分布越分散。

偏差和方差分别衡量模型的观测准确度和稳定性，误差等于偏差和方差的和。

以打靶游戏来说明偏差和方差不同，则得到的模型不同。假设一次射击就是一个机器学习模型对一个样本进行一次预测，射中红色靶心位置代表预测准确，偏离靶心越远代表预测误差越大，如图 2.75 所示。

偏差衡量的是代表射击位置的蓝点离红色靶心的远近，蓝点离红色靶心越近则偏差越小，蓝点离红色靶心越远则偏差越大。

方差衡量的是射击时手是否稳，即蓝点是否聚集，蓝点越集中则方差越小，蓝点越分散则方差越大。

在机器学习中，通常需要权衡偏差和方差来找到性能最佳的模型，偏差和方差有以下 4 种组合。

（1）低偏差、低方差：理想情况，意味着模型既不过于简单也不过于复杂，能够很好地泛化到新的数据上。

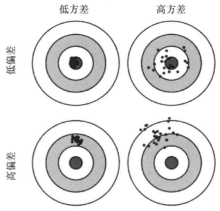

图 2.75　偏差和方差的图形说明

（2）高偏差、低方差：模型过于简单，可能无法捕捉到数据中的复杂关系，导致欠拟合。

（3）低偏差、高方差：模型过于复杂，对数据中的噪声和随机波动过于敏感，导致过拟合。

（4）高偏差、高方差：通常很少见，因为高偏差通常意味着模型简单，而高方差通常意味着模型复杂。然而，在某些极端情况下，如模型结构非常不稳定或训练数据非常稀疏时，可能会出现这种情况。

选择训练模型时，希望误差达到最小，模型需要同时具备低偏差和低方差。

通过调整模型复杂度（避免高偏差）和增加训练数据（避免高方差）来平衡偏差和方差，以提高模型的泛化能力和预测性能。

 任务实现

经过任务分析，我们可以通过橙现智能软件搭建工作流，来模拟机器学习的基本流程，实现糖尿病患病风险预测，具体的任务实现步骤如下。

任务演示

糖尿病患病风险预测

1. 新建工作流

打开橙现智能软件，单击"文件"菜单中的"另存为"选项，在弹出的对话框中将工作流命名为"糖尿病的回归预测.ows"。

2. 导入数据集

在"数据"模块中，找到"文件"小部件并单击添加；双击"文件"小部件，单击文件夹按钮找到糖尿病数据集"diabetes.xlsx"并导入；在"列"界面，第 1～10 行为特征，将"角色"设置为"特征"，除第 2 行的"类型"设置为"分类数据"，其余行的"类型"设置为"数值数据"，第 11 行为目标，将其"角色"设置为"目标"，"类型"设置为"数值数据"，如图 2.76 所示。

由于数据集的目标值是连续的，因此，该任务的类型为回归。

3. 查看数据

在"可视化"和"数据"模块中找到"散点图""数据表"小部件并单击添加，将"文件"小部件与"散点图""数据表"小部件分别连接，如图 2.77 所示。

通过"散点图"小部件可以看出，bmi 与 y 呈线性关系，如图 2.78 所示。

通过"数据表"小部件可以查看数据集的特征值、目标值，可见该数据集无缺失值，如图 2.79 所示。

图 2.76　导入数据集

图 2.77　添加小部件

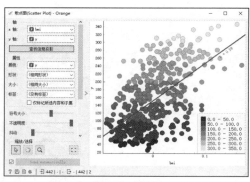

图 2.78　散点图

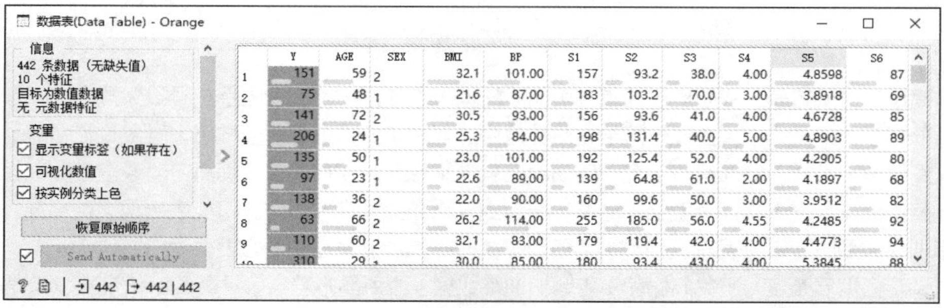

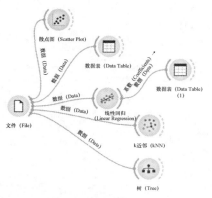

图 2.79　数据表

4．数据预处理

通过"数据表"小部件可以看出，各个特征的取值范围相差不大，所以此处无须对数据进行预处理操作。

5．特征选择

通过查看数据集，可知一共有 10 个特征，因特征较少，此处不再进行特征选择。

6．选择模型和设置参数

在"模型"模块中，找到"线性回归""k 近邻"和"树"小部件并单击添加，将"文件"小部件与这 3 种模型小部件连接起来，并设置模型的参数（先按照默认参数设置），如图 2.80 所示。

找到"数据表"小部件，将"线性回归"小部件与"数据表"小部件连接起来，从该"数据表"小部件可知线性回归的截距和 10 个特征的权重，如图 2.81 所示。

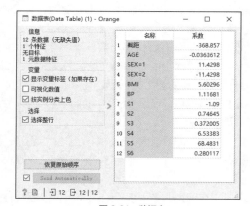

图 2.80　选择模型和设置参数

图 2.81　数据表

7．模型评估

在"评估"模块中，找到"测试和评分"小部件并单击添加，将上述 3 种模型小部件连接到"测试和评分"小部件,将"文件"小部件连接到"测试和评分"小部件,如图 2.82 所示,通过"测试和评分"小部件查看评估指标。评估指标分别从 MSE、RMSE、MAE、R2 这 4 个维度对线性回归、k 近邻和树模型进行比较,综合考虑,得出线性回归模型的表现较好,如图 2.83 所示。

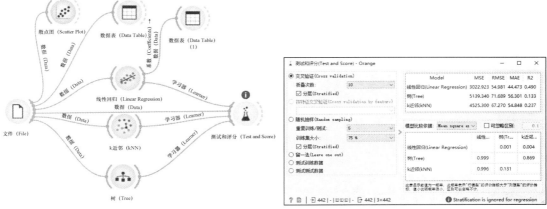

图 2.82　模型评估 　　　　　　　　　　　　　　　　图 2.83　测试和评分

8．优化模型

通过调整"线性回归""k 近邻"和"树"小部件中的模型参数,对比"测试和评分"小部件中模型评估指标的变化,找到最优的模型参数,这是一个不断调优的过程,直到符合模型评估指标的要求。

9．模型预测

在"评估"模块中,找到"预测"小部件并单击添加,从"线性回归""k 近邻"和"树"模型中找到最优的模型,目前来看"线性回归"模型的表现相对较好,将"线性回归"模型和"测试和评分"小部件均连接到"预测"小部件,对数据集中的数据进行预测,如图 2.84 所示。

10．保存模型

在"模型"模块中,找到"保存模型"小部件并单击添加,将"线性回归"模型小部件连接到"保存模型"小部件,双击"保存模型"小部件,将该模型另存为"线性回归算法预测糖尿病.pkcls",如图 2.85 所示。

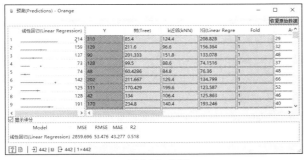

图 2.84　预测

图 2.85　保存模型

11．任务完整工作流

糖尿病患病风险预测的完整工作流如图 2.86 所示,通过"测试和评分"小部件可知,线性回归模型的预测误差最小,相对于其他模型表现较好,因此,可以采用线性回归模型来预测糖尿病患者一年后的病情发展情况,以此辅助治疗糖尿病患者。

12．预测糖尿病的患病风险

在保存"线性回归算法预测糖尿病.pkcls"模型之后,可以通过该模型预测糖尿病的患病风险。给定 4 名志愿者的生理数据,其特征值如表 2.16 所示,将表内的数据保存并命名为"diabetes_pre.xls"。

图 2.86　糖尿病患病风险预测的完整工作流

表 2.16　志愿者生理数据特征值

特征	样本 1 特征值	样本 2 特征值	样本 3 特征值	样本 4 特征值
AGE	22	39	42	71
SEX	1	2	1	2
BMI	18.6	26.9	31.9	27
BP	97	93	83	93.33
S1	114	136	158	269
S2	57.6	75.4	87.6	190.2
S3	46	48	53	41
S4	2	3	3	6.56
S5	3.9512	4.1431	4.4659	5.2417
S6	83	99	101	93

使用橙现智能软件，新建工作流"糖尿病患病风险预测.ows"，在"数据"模块中找到"文件"小部件并单击添加，双击"文件"小部件后选择导入数据集"diabetes_pre.xls"；在"模型"模块中找到"加载模型"小部件并单击添加，双击"加载模型"小部件后选择加载"线性回归算法预测糖尿病.pkcls"模型，如图 2.87 所示，"文件"小部件中导入的数据集和"加载模型"小部件中训练的数据集必须包含兼容的属性。

在"评估"模块中找到"预测"小部件并单击添加，将"预测"小部件分别连接"文件"和"加载模型"小部件，将现有模型加载到"预测"小部件中，如图 2.88 所示。

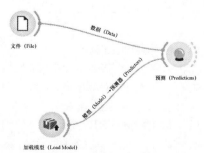

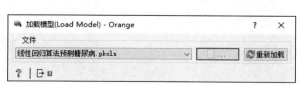

图 2.87　加载模型　　　　图 2.88　新建工作流并添加小部件

如图 2.89 所示，在"预测"小部件中可以看到，样本 1 一年后的糖尿病量化指标为 86，样本 2 一年后的糖尿病量化指标为 142，样本 3 一年后的糖尿病量化指标为 168，样本 4 一年后的糖尿病量化指标为 177。

线性回归(Linear Regression)		AGE	SEX	BMI	BP	S1	S2	S3	S
1	86	22.0	1.0	18.6	97.00	114.0	57.6	46.0	2.00
2	142	39.0	2.0	26.9	93.00	136.0	75.4	48.0	3.00
3	168	42.0	1.0	31.9	83.00	158.0	87.6	53.0	3.00
4	177	71.0	2.0	27.0	93.33	269.0	190.2	41.0	6.56

图 2.89　预测

 任务总结

通过糖尿病患病风险预测任务，读者掌握了常见的线性回归、k 近邻回归、决策树回归算法，回归模型评估指标，以及机器学习模型的复杂度和误差。下面对本任务内容做如下总结。

- 线性回归是利用回归方程（函数）对一个或多个自变量（X，特征值）和因变量（Y，目标值）之间的关系进行建模的一种算法。
- k 近邻回归通过找到与待测样本最近的 k 个邻居来预测待测样本的目标值。k 近邻回归的预测结果是 k 个邻居目标值的平均值或加权平均值。
- 决策树回归通过递归地将数据集划分为更小的子集来构建模型。每个子集对应一个输出值（即预测值），该值是通过计算子集中所有样本的目标值的平均值或中位数得到的。
- 回归任务中模型评估指标主要包括平均绝对值误差、均方误差等。
- 机器学习中，模型性能度量可以从泛化能力、可解释性、预测速度这 3 个方面考虑。
- 在机器学习中，欠拟合、过拟合和适当拟合是 3 种常见的模型表现，它们分别描述了模型在训练数据和测试数据上 3 种不同的表现情况。
- 随着模型复杂度的增加，训练误差逐渐减小。同时，测试误差会随着复杂度的增加而减小，继而增大，形成一条凹曲线。
- 偏差和方差分别衡量模型的准确度和稳定性，误差等于偏差和方差的和。选择训练模型时，希望误差达到最小，模型需要同时具备低偏差和低方差。

 **巩固练习**

一、单选题

1. 如果输入的数据集中的标签是连续的，那任务通常为（　　　）任务。
   A. 分类　　　　　　　B. 回归　　　　　　　C. 聚类　　　　　　　D. 监督
2. 波士顿房价数据集适用的任务类型是（　　　）。
   A. 分类　　　　　　　B. 回归　　　　　　　C. 聚类　　　　　　　D. 强化学习
3. 衡量预测值与真实值之间的差值，称为（　　　）。
   A. 偏差　　　　　　　B. 方差　　　　　　　C. 训练误差　　　　　　D. 测试误差
4. 衡量预测值之间的离散程度，称为（　　　）。
   A. 偏差　　　　　　　B. 方差　　　　　　　C. 训练误差　　　　　　D. 测试误差
5. 选择训练模型时，希望误差达到最小，模型需要同时具备（　　　）。
   A. 低偏差和低方差　　B. 高偏差和低方差　　C. 低偏差和高方差　　D. 高偏差和高方差

二、多选题

1. 分类的输出是（　　　　）的类别值，而回归的输出是（　　　　）的数值。
    A. 离散   B. 连续   C. 特征   D. 标签
2. 在机器学习中，从宏观层面看，评估模型需要考虑（　　　　）。
    A. 泛化能力   B. 可解释性   C. 预测速度   D. 召回率
3. 在机器学习和统计学中，3 种常见的模型表现是（　　　　）。
    A. 欠拟合   B. 过拟合   C. 适当拟合   D. 预测速度
4. 常见的回归模型评估指标有（　　　　）。
    A. 均方误差   B. 均方根误差   C. R^2 决定系数   D. 平均绝对值误差

三、判断题

1. 训练后的模型适用于新样本的能力称为可解释性。（　　　）
2. 复杂度不足的模型不能解决复杂任务，可能出现过拟合。（　　　）
3. 随着模型复杂度的增加，训练误差逐渐减小。（　　　）
4. 随着模型复杂度的增加，测试误差会逐渐减小继而增大，形成一条凹曲线。（　　　）

四、填空题

1. 分类的输出是_____的类别值，而回归的输出是_____数值。
2. 模型未能从训练数据中学习到足够的特征或规律，导致在训练集和测试集上的表现都很差，称为_____。
3. 模型在训练数据上表现得非常好，但在测试数据上表现得很差，称为_____。
4. 模型在训练数据上学习到足够的规律，同时在测试数据上也能保持较好的预测性能，称为_____。
5. 学习到的模型对样本的预测结果与样本的真实结果之间的差称为_____。

五、简答题

1. 描述模型的复杂度和误差之间的关系。
2. 偏差和方差可以组成哪几种情况？如何通过方差和偏差来选择模型？

任务拓展

1. 加利福尼亚住房数据集（详见配套教学资源）由 Scikit-learn 提供，广泛应用于机器学习回归任务，旨在通过块级数据粒度来预测加州地区的房价。该数据集包含 20640 个样本，9 个特征值，目标值为中位房价 median_house_value。加利福尼亚住房数据集基本信息如表 2.17 所示。

表 2.17　加利福尼亚住房数据集基本信息

属性	描述	数据类型
longitude	经度	连续型
latitude	纬度	连续型
housing_median_age	房屋中位年龄	连续型
total_rooms	房间数量	连续型
total_bedrooms	卧室数量	连续型
population	人口总数	连续型
households	户数	连续型
median_income	中位收入	连续型
ocean_proximity	海洋亲近度	离散型
median_house_value	中位房价	连续型

通过上述给定的加利福尼亚房价数据集，运用机器学习中的回归算法，实现加利福尼亚房价的回归预测，并从中选择评估指标最优的模型进行保存（数据集中的房价预测结果均为模拟分析，不构成任何实际投资或政策建议）。

2. 红葡萄酒品质数据集来源于 UCI 机器学习数据库（详见配套教学资源），该数据集一共有 1599 个样本，11 个特征（红葡萄酒的理化性质），1 个目标（红葡萄酒的品质，10 分制）。红葡萄酒品质数据集基本信息如表 2.18 所示。

表 2.18　红葡萄酒数据集基本信息

属性	描述	数据类型
fixed acidity	非挥发性酸	连续型
volatile acidity	挥发性酸	连续型
citric acid	柠檬酸	连续型
residual sugar	残糖	连续型
chlorides	氯化物	连续型
free sulfur dioxide	游离二氧化硫	连续型
total sulfur dioxide	总二氧化硫	连续型
density	密度	连续型
pH	酸碱度	连续型
sulphates	硫酸盐	连续型
alcohol	酒精	连续型
quality	葡萄酒质量（1～10 之间）	连续型

为了预测未知红葡萄酒样本的质量评分，通过上述给定的红葡萄酒品质数据集，运用机器学习中的回归算法，实现红葡萄酒质量的回归预测，并从中选择评估指标最优的模型进行保存。

拓展阅读

机器学习驱动下的创新与突破

一、发展现状与政策支持

我国人工智能产业自21世纪10年代中期进入高速发展阶段，得益于国家顶层设计的强力推动。2017年《新一代人工智能发展规划》的发布，明确了"三步走"战略目标，提出到2030年成为世界主要人工智能创新中心。2024年"人工智能+"行动被写入《政府工作报告》，进一步推动数字技术与实体经济深度融合，2023年我国人工智能核心产业规模达5784亿元，年增速达13.9%。

二、技术突破与核心成果

1. 算法与模型创新

我国在语音识别（科大讯飞）、视觉识别（依图科技）、自然语言处理（百度文心一言）等领域已处于国际领先地位。2025年深度求索发布的DeepSeek-R1模型通过稀疏激活混合专家（MoE）架构和低精度训练策略（FP8），显著降低算力需求并提升推理效率，成为全球首个可部署于个人设备的开源大模型，推动技术普惠化。

2. 算力基础设施

我国智能算力规模预计2025年达1037.3 EFLOPS（每秒百亿次浮点运算次数），年复合增长率预计达46.2%。华为昇腾芯片、百度飞桨框架等国产技术突破，逐步打破海外厂商在GPU、TPU等核心硬件领域的垄断。

三、行业应用与场景落地

1. 金融与医疗

在金融领域，机器学习在金融风控、信用评估等场景中渗透率超60%，2022年相关融资事件达1570起。在医疗领域，AI辅助诊断系统（如腾讯觅影）和药物研发平台（如晶泰科技的智能药物研发平台）显著提升效率，医学影像分析准确率达90%以上。

2. 智慧城市与智能制造

阿里云"ET城市大脑"优化交通流量，减少拥堵约20%；工业制造中，AI预测性维护降低设备故障率约30%。人形机器人、自动驾驶（如百度Apollo）等技术加速商业化，推动"AI+制造"向全产业链延伸。

3. 文化传承与新兴业态

AI技术赋能传统文化保护，如敦煌壁画修复、甲骨文分析等；生成式AI在内容创作、虚拟偶像等领域的应用（如腾讯AI写稿），催生新经济形态。

通过机器学习技术的持续突破与多领域渗透，我国科技正从跟随者向领跑者转变，但其长远发展需平衡技术创新、伦理约束、全球化竞争与合作，方能实现"智能向善"的可持续发展目标。

项目 3

深度学习应用

  深度学习是机器学习的重要分支，其核心是运用深度神经网络模型与方法进行特征学习。相较传统机器学习依赖人工设计特征，深度学习的核心优势在于通过层级结构自动提取具有强表征能力的深度特征，这些特征通常具有更好的鲁棒性和泛化能力。

  本项目通过4个渐进式实践任务，系统讲解深度学习的关键技术：首先通过异或门了解多层感知机原理，之后运用多层感知机完成学生心理健康分析，然后基于全连接神经网络实现黑白图像识别（含基础图像处理技术），最终通过卷积神经网络完成工业零件划痕自动识别。依托AI开发平台实践这些任务，可帮助读者全面掌握深度学习在图像识别领域的核心技术与应用方法。

学习目标

知识目标

1. 了解感知机的工作原理。
2. 理解激活函数的作用。
3. 了解神经网络的定义。
4. 了解神经网络的基本组成。
5. 熟悉神经网络的相关术语。
6. 了解梯度下降算法。
7. 理解权重更新过程。
8. 了解卷积神经网络在图像中的应用。
9. 了解卷积神经网络的结构。
10. 熟悉防止过拟合的方法。

能力目标

1. 能够使用多层感知机实现普通数字数据集的分类回归。
2. 能够手动计算简单神经网络权重更新过程。
3. 能够手动提取图像特征。
4. 能够使用人工智能平台搭建全连接神经网络识别图像。
5. 能够使用人工智能平台搭建卷积神经网络识别图像。

素质目标

1. 能够分析模型的性能瓶颈，并提出优化建议。
2. 能够尝试新的想法和方法，推动模型的创新。
3. 能够在模型开发中考虑隐私保护和数据安全。

建议学时

8学时。

任务 3-1 实现异或门

任务提出

深度学习不仅能够模拟人类的感知能力，还能在一定程度上模拟人类的思维过程，解决许多传统方法难以攻克的问题。异或门的实现是数字逻辑电路中的一个经典难题，传统方法通过复杂的逻辑门组合实现其功能。然而，在深度学习的世界里，也可以使用简单的感知机实现异或门。

任务分析

本任务主要实现异或门，数据较简单，可以考虑使用感知机（如无说明，本任务中感知机指单层感知机）实现，具体实现步骤如下。

1. 使用感知机实现与门。
2. 使用感知机实现与非门。
3. 使用感知机实现或门。
4. 基于与门、与非门、或门实现异或门。

知识准备

3.1　感知机概述

　　1957 年，弗兰克·罗森布拉特（见图 3.1）提出感知机（Perceptron）模型，该模型是首个具有学习能力的单层人工神经网络，能够通过调整权重来适应分类任务。该模型标志着机器学习从理论建构迈向工程实践。作为线性二分类器，感知机通过超平面划分特征空间（数学上可证明对线性可分数据必收敛），其设计思想为现代神经网络奠定了重要基础。

图 3.1　弗兰克·罗森布拉特

3.1.1　感知机的工作原理

　　感知机接收多个输入信号，发送一个输出信号。图 3.2（a）所示是一个接收两个输入信号的感知机的例子。x_1、x_2 是输入信号，y 是输出信号，w_1、w_2 是权重系数。图中的圆圈表示"神经元"或者"节点"。输入信号被送往神经元时，会被分别乘以固定的权重（x_1w_1、x_2w_2）。神经元会计算传送过来的信号的总和，只有当这个总和超过了某个界限值时，才会输出 1。这里将这个界限值称为阈值，用符号 θ 表示，感知机公式如图 3.2（b）所示。需注意早期感知机仅支持线性可分问题。

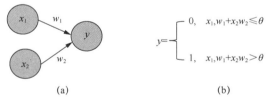

$$y=\begin{cases}0,& x_1w_1+x_2w_2\leqslant\theta\\1,& x_1w_1+x_2w_2>\theta\end{cases}$$

（a）　　　　　　　　　　　（b）

图 3.2　感知机与感知机公式

　　以计算学生某一门课程的综合成绩是否及格为例。"人工智能基础"这门课程的综合成绩由两部分组成，分别是平时成绩与期末成绩，平时成绩占 20%，期末成绩占 80%。某学生平时成绩为 80 分，期末成绩为 60 分，那么学生的综合成绩是否及格呢？使用 80×20%+60×80% 计算得 64 分，满分为 100 分的课程一般及格分数都为 60 分，所以该学生"人工智能基础"这门课程成绩应该为及格。

　　上述计算成绩的过程就使用了感知机公式，输入的 x_1 和 x_2 分别对应平时成绩和期末成绩，w_1 和 w_2 分别对应平时成绩和期末成绩的权重，阈值对应及格分数 60。

3.1.2　与门

　　与门（AND Gate）又称"与"电路、逻辑"积"电路、逻辑"与"电路。是执行"与"运算的基本逻辑门电路。有多个输入端，一个输出端。当所有的输入同时为高电平（逻辑"1"）时，输出才为高电平，否则输出为低电平（逻辑"0"）。其真值表如表 3.1 所示。

表 3.1 与门真值表

x_1	x_2	y
0	0	0
0	1	0
1	0	0
1	1	1

3.1.3 与非门

与非门（NAND Gate）是与门和非门的结合，先进行与运算，再进行非运算。与非门是当输入中有 1 个或 1 个以上是低电平时，输出为高电平；只有所有输入都是高电平时，输出才是低电平。其真值表如表 3.2 所示。

表 3.2 与非门真值表

x_1	x_2	y
0	0	1
0	1	1
1	0	1
1	1	0

3.1.4 或门

或门（OR Gate），又称"或"电路、逻辑"和"电路。如果几个条件中，只要有一个条件得到满足，某事件就会发生，这种关系叫作"或"逻辑关系。具有"或"逻辑关系的电路叫作或门。或门有多个输入端，一个输出端，只要输入中有一个为高电平（逻辑"1"）时，输出就为高电平（逻辑"1"）；只有当所有的输入全为低电平（逻辑"0"）时，输出才为低电平（逻辑"0"）。其真值表如表 3.3 所示。

表 3.3 或门真值表

x_1	x_2	y
0	0	0
0	1	1
1	0	1
1	1	1

 任务实现

要实现异或门（XOR Gate），先从与门、与非门、或门的实现入手。

1. 用感知机实现与门

用感知机实现与门。表 3.1 对应的与门的真值表已经给出了感知机公式中的两个输入和一个输出，我们需要再找到一组参数（w_1, w_2, θ）代入感知机公式使其满足与门的真值表。

实际上，满足条件的参数的选择方法有无数个。例如，当（w_1, w_2, θ）=(0.5,0.5,0.7)时，可以满足条件。此外，当（w_1, w_2, θ）为(0.5,0.5,0.8)或者(1.0,1.0,1.0)时，同样也满足条件。

2. 用感知机实现与非门

用感知机实现与非门。NAND 是 Not AND 的意思，输入相同时，与非门的输出和与门相反。与非门实现的方式和与门是同理的，要表示与非门，需要找到能够满足与非门真值表的参数(w_1,w_2,θ)，例如 (w_1 , w_2 , θ)=(-0.5,-0.5,-0.7)这样的组合（其他的组合也有无限多个）。实际上，只要把实现与门的参数值的符号取反，就可以实现与非门。

3. 用感知机实现或门

用感知机实现或门，可以用(w_1 , w_2 , θ)=(0.7,0.6,0.5)这样的组合，其他的组合也有无限多个的。

这里重要的一点是：与门、与非门、或门的感知机构造是一样的。实际上，这 3 个门电路只有参数的值（权重和阈值）不同。也就是说，相同构造的感知机，只需通过适当地调整参数的值，就可以像"变色龙演员"表演不同的角色一样，变身为与门、与非门、或门。

4. 用感知机实现异或门

上面已经使用感知机公式实现了与门、与非门、或门，现在来实现异或门。

异或门也被称为逻辑异或电路，其真值表如表 3.4 所示，仅当 x_1 或 x_2 中的一方为 1 时，才会输出 1。那么，要用感知机实现异或门的话，应该怎样设定权重参数呢？

表 3.4　异或门真值表

x_1	x_2	y
0	0	0
0	1	1
1	0	1
1	1	0

通过分析可以发现，异或门（XOR）无法像与门（AND）、或门（OR）、与非门（NAND）一样，仅通过单层感知机（即一组权重(w_1,w_2,θ)）来满足其真值表。为什么用感知机可以实现与门、与非门、或门，却无法实现异或门呢？下面尝试通过画图来思考其中的原因。

首先，试着将或门可视化。在或门的情况下，当权重参数(b,w_1,w_2)=(-0.5,1.0, 1.0)时，可满足表 3.4 所示的真值表条件。此时，感知机可用图 3.3 所示的公式表示。

$$y = \begin{cases} 0, b+x_1w_1+x_2w_2 \leqslant 0 \\ 1, b+x_1w_1+x_2w_2 > 0 \end{cases} \implies y = \begin{cases} 0, -0.5+x_1+x_2 \leqslant 0 \\ 1, -0.5+x_1+x_2 > 0 \end{cases}$$

图 3.3　感知机公式变形

以上式子表示的感知机会生成由直线$-0.5+ x_1 + x_2 =0$分开的两个区域。其中一个区域输出 1，另一个区域输出 0，如图 3.4 所示，灰色区域是感知机输出 0 的区域，白色区域是感知机输出 1 的区域，这个区域与或门的性质一致。

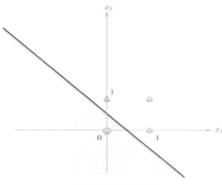

图 3.4　可视化或门

或门在(x_1, x_2)=(0,0)时输出 0，在(x_1, x_2)为(0,1)、(1,0)、(1,1)时输出 1。图 3.4 中，○表示 0，△表示 1。如果想制作或门，需要用直线将○和△分开。实际上，图 3.4 中的那条直线就将这 4 个点正确地分开了。换成异或门的话会如何呢？能否像或门那样，用一条直线分开图中的○和△呢？

图 3.5 中的○和△无法用一条直线分开，但是如果将"直线"这个限制条件去掉，就可以实现了，如图 3.6 所示。

感知机的局限性就在于它只能表示由一条直线分开的空间。像图 3.6 中这样的曲线就无法用感知机表示。由曲线分开的空间称为非线性空间，由直线分开的空间称为线性空间。感知机的局限性，严格地讲，应该是"感知机无法表示异或门"或者"感知机无法分开非线性空间"。

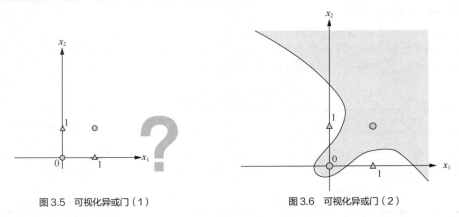

图 3.5 可视化异或门（1）　　　　　图 3.6 可视化异或门（2）

虽然感知机不能表示异或门，但实际上，感知机的绝妙之处在于它可以叠加层，进而形成多层感知机来解决异或门问题。异或门的实现方法有很多，其中之一就是组合与门、与非门、或门进行配置。这里，与门、与非门、或门分别用图 3.7 所示的符号表示。要实现异或门，需要如何配置与门、与非门和或门呢？其实本质是用与门、与非门、或门代替图 3.8 中的各个"？"就可以实现异或门。

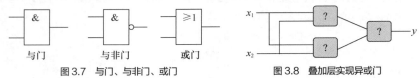

图 3.7 与门、与非门、或门　　　　　图 3.8 叠加层实现异或门

图 3.9 就是通过组合与门、与非门、或门实现的异或门。其中，x_1 和 x_2 表示输入信号，y 表示输出信号。x_1 和 x_2 是与非门和或门的输入，而与非门和或门的输出(s_1, s_2)则是与门的输入。感知机实现异或门的真值表如表 3.5 所示。

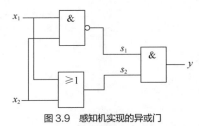

图 3.9 感知机实现的异或门

表 3.5　感知机实现异或门的真值表

x_1	x_2	s_1	s_2	y
0	0	1	0	0
1	0	1	1	1

续表

x_1	x_2		s_1	s_2		y
0	1		1	1		1
1	1		0	1		0

任务总结

从本任务可以知道，感知机作为一个基础的线性分类器，可以解决线性问题，但是对于异或门这样的非线性问题就无能为力了。解决的方法是在单层感知机的基础上加一个中间层。如果想通过感知机完成其他任务，可以基于单层感知机，不断叠加中间层完成任务。

巩固练习

一、选择题

1. 感知机主要用于解决哪种类型的问题？（　　）
   A. 回归问题 　　B. 分类问题 　　C. 聚类问题 　　D. 关联分析问题

2. 感知机模型的输出取决于什么？（　　）
   A. 输入信号的线性组合 　　　　B. 输入信号的平方和
   C. 输入信号的乘积 　　　　　　D. 输入信号的指数

3. 下列哪个不是感知机的特点？（　　）
   A. 线性可分 　　B. 收敛性 　　C. 非线性可分 　　D. 对初值敏感

4. 下列哪个公式用于表示感知机的判别函数？（　　）
   A. $f(x) = w^\wedge T * x + b$ 　　　　B. $f(x) = \|x\|^\wedge 2$
   C. $f(x) = \exp(w^\wedge T * x)$ 　　　　D. $f(x) = \log(w^\wedge T * x + 1)$

5. 感知机模型在训练过程中，如何判断一个样本是否被误分类？（　　）
   A. 根据判别函数的符号 　　　　B. 根据样本的类别标签
   C. 根据样本的权重 　　　　　　D. 根据样本的输入特征

6. 下列哪个不是感知机的优点？（　　）
   A. 计算速度快 　　　　　　　　B. 易于实现
   C. 对数据分布不敏感 　　　　　D. 适用于线性可分问题

二、判断题

1. 感知机只能处理二分类问题。（　　）

2. 感知机模型在训练过程中，每次迭代都会更新所有样本的权重。（　　）

3. 感知机模型在训练结束后，得到的超平面一定能够将所有样本正确分类。（　　）

4. 感知机适用于线性不可分问题。（　　）

5. 在感知机中，判别函数的值大于 0 表示样本属于正类。（　　）

6. 在感知机中，学习率越大，训练速度越快，但最优解可能越不精确。（　　）

三、填空题

1. 感知机主要用于解决_____问题。

2. 感知机模型的输出取决于输入信号的_____组合。

3. 在感知机中，如果某个样本被误分类，则应该根据_____法更新权重。

4. 感知机的分类规则与_____过程相似。

5. 感知机模型在训练过程中，通过_____法逐步逼近最优解。

6. 感知机模型在训练过程中，每次迭代可能会更新_____个误分类样本的权重。

7. 感知机算法适用于_____可分问题。

 任务拓展

1. 给定一组二维平面上的 4 个点(1,2)、(2,3)、(3,1)、(2,3)，每个点都有一个类别标签（例如，类别 A 或类别 B）。这些点在平面上分布，且属于两个不同的类别。任务目标是使用单层感知机对这些点进行分类，即将平面划分为两个区域，使得属于不同类别的点分别位于不同的区域内。

2. 设计一个双层感知机，实现两个二进制数的加法。输入是两个二进制位（0 或 1），输出是它们的和及进位。

任务 3-2 学生心理健康分析

任务提出

学生的心理健康问题是当今社会关注的焦点之一。随着社会的快速发展和竞争的日益激烈，学生面临着前所未有的压力和挑战，这些压力和挑战对他们的心理健康产生了深远的影响。为了更有效地识别学生可能存在的心理健康问题，本任务将运用深度学习技术进行分析。通过这一科学手段，及时发现需要帮助的学生，并据此提供针对性的关怀与支持，确保每位学生都能在在校期间健康快乐地成长。

学生心理健康数据集呈现了对 101 个学生的学业状况和心理健康进行调查、分析的结果，包括 11 个特征，如表 3.6 所示。

表 3.6 心理健康数据集特征

特征名称	特征说明
Timestamp	时间戳
Choose your gender	选择您的性别
Age	年龄
What is your course?	您的课程是什么？
Your current year of Study	您当前的年级
What is your CGPA?	您的 CGPA 是多少？
Marital status	婚姻状况
Do you have Depression?	您有抑郁症吗？
Do you have Anxiety?	您有焦虑症吗？
Do you have Panic attack?	您有惊恐发作吗？
Did you seek any specialist for a treatment?	您是否寻求过任何专家进行治疗？

 任务分析

本任务主要通过深度学习技术，对学生的心理健康状况进行分析。具体的任务分析如下。

1. 清洗和整理收集到的数据，确保数据质量。从数据中提取与心理健康相关的特征，如是否抑郁、焦虑等。

2. 利用深度学习技术，训练一个能够分析学生心理健康状况的模型。

3. 通过模型分析，识别出可能存在心理健康问题的学生。

知识准备

在任务 3-1 中我们学习了感知机的原理以及相关应用，为了克服感知机的局限性，可以引入一个隐藏层，构建多层感知机（即人工神经网络）。隐藏层的引入使得人工神经网络能够学习到更复杂的特征表示，从而解决非线性可分问题。本任务通过引入多个隐藏层以及添加隐藏层中的神经元个数解决更复杂的问题。

3.2 神经网络

3.2.1 生物神经网络

生物神经网络是自然界中最复杂的系统之一，它构成了人类和其他生物的智能基础。人类大脑中约有 860 亿个神经元，这些神经元相互通信，形成了一个高效的信息处理网络。正是这种复杂的网络结构，使得生物体能够感知环境、学习知识、做出决策并适应环境变化。神经元是生物神经网络的基本单元，如图 3.10 所示，它由以下 3 个主要部分组成。

微课 3-2

神经网络的工作原理

- 胞体（Soma）：负责处理输入信号并生成输出信号。
- 树突（Dendrite）：接收来自其他神经元的输入信号。
- 轴突（Axon）：将输出信号传递给其他神经元。

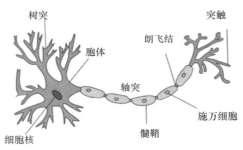

图 3.10　生物神经网络的神经元

神经元之间的通信通过电信号和化学信号实现。当一个神经元接收到足够的输入信号时，它会触发一个称为"动作电位"的电脉冲，并通过轴突将其传递到其他神经元的树突。这种信号的传递是通过突触完成的，突触是神经元之间的连接点，能够调节信号的强度。

3.2.2 人工神经网络

人工神经网络（Artificial Neural Network，ANN）是受生物神经网络启发而设计的一种计算模型，旨在模拟生物神经元的信息处理机制。它通过模拟神经元之间的连接和信号传递，实现了对复杂数据的处理和学习。自 20 世纪 40 年代提出以来，人工神经网络经历了多次发展浪潮，逐渐成为现代人工智能和机器学习的核心技术之一。人工神经网络由多层神经元组成，通常包括输入层、隐藏层和输出层。

3.2.3 深度神经网络

深度神经网络（Deep Neural Network，DNN）是人工神经网络的一种扩展形式，其核心在于引入了多个隐藏层，从而能够学习数据中更加复杂和抽象的特征。深度神经网络的兴起标志着人工智能领域的一次重大突破，尤其是在计算机视觉、自然语言处理和语音识别等领域取得了革命性进展。

深度神经网络的结构与传统的浅层神经网络类似，但隐藏层的数量显著增加。通常，深度神经网络包含 3 个或更多隐藏层，每一层由大量神经元组成。这种多层结构使得网络能够逐层提取数据的特征。以下是一些典型的深度神经网络架构。

- 卷积神经网络（Convolutional Neural Network，CNN）：专门用于处理图像数据，通过卷积层提取局部特征，池化层降低数据维度，全连接层完成分类任务。卷积神经网络在图像分类、目标检测和图像生成等领域取得了巨大成功。

- 循环神经网络（Recurrent Neural Network，RNN）：适用于处理序列数据，如文本和语音。循环神经网络通过隐藏状态传递历史信息，能够捕捉序列数据中的时间依赖关系。其变形如长短期记忆（LSTM）网络和门控循环单元（GRU）进一步提高了对长序列数据的处理能力。
- Transformer：基于自注意力（Self-Attention）机制的架构，彻底改变了自然语言处理领域。Transformer通过并行处理序列数据，显著提高了训练效率，并在机器翻译、文本生成等任务中取得了突破性进展。

3.3 搭建神经网络

3.3.1 神经网络的结构

当神经元以网络的形式组织起来时，它们可以被排列成若干行或列，每一行或列被视作一个层级，而整个网络可能包含多个这样的层级。这个网络中神经元的排列和组织方式，通常被称为网络的拓扑结构。

在设计神经网络架构时，输入层和输出层的节点数目通常是预设且固定的，而位于它们之间的中间层（或称为隐藏层）的节点数目则可以灵活设定。一般根据数据的复杂度设置隐藏层和隐藏层神经元的个数，如图 3.11 所示。

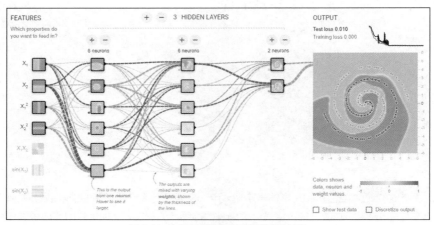

图 3.11 有多个隐藏层的神经网络结构示意

图 3.11 所示的神经网络也称为全连接神经网络。值得注意的是，在上述结构示意图中，真正重要的并非正方形（它们象征着神经元），而是那些连接线（它们代表着神经元之间的相互作用）。每一条连接线都与一个特定维度的权重相关联（这个权重的数值称为权值），而这些权重正是需要通过训练过程来确定的。

1. 输入层

输入层是从数据集中提取信息的首要层级，也被称为可视层，原因在于它是神经网络与外界交互的接口。在数据集里，每一个输入特征或数据列都对应一个神经元。在这一层，神经元的主要功能仅仅是接收输入数据，并将其原封不动地传递给紧随其后的层级，而不进行任何处理或变换。

2. 隐藏层

在神经网络架构中，紧随输入层之后的是隐藏层，它们并不直接与外界交互，因此而得名。最基本的网络可能仅包含一个隐藏层中的单一神经元，该神经元直接负责输出。然而，随着计算能力的飞跃和高效算法的涌现，可以构建出深度惊人的神经网络。"深度学习"这一术语，正是用来描述那些包含较多隐藏层的神经网络。

3. 输出层

最终阶段的隐藏层称为输出层，它负责生成与项目需求相匹配的输出值或变量。输出层所使用的激活函数在很大程度上取决于所要解决的具体问题类型。

3.3.2 激活函数

1. 激活函数作用

现在将感知机公式改写成更加简洁的形式。为了简化感知机公式，我们用一个函数来表示这种分情况的操作（超过 0 则输出 1，否则输出 0）。引入新函数 $h(x)$，将公式改写成两个式子，如图 3.12 所示。输入信号的总和会被函数 $h(x)$ 转换，转换后的值就是输出结果。

$h(x)$ 函数会将输入信号的总和转换为输出信号，这种函数一般称为激活函数（Activation Function）。如"激活"一词所示，激活函数的作用在于决定如何激活输入信号的总和。现在进一步改写图 3.12 中的式子。分两个阶段进行处理，先计算输入信号的加权总和，然后用激活函数转换这一总和。因此，如果将图 3.12 中的式子写得更详细一点，则可以分成如图 3.13 所示的两个式子。

$$y = h(b + w_1 x_1 + w_2 x_2)$$

$$h(x) = \begin{cases} 0, & x \leqslant 0 \\ 1, & x > 0 \end{cases}$$

$$a = b + w_1 x_1 + w_2 x_2$$
$$y = h(a)$$

图 3.12 简化感知机公式   图 3.13 分解公式

第一个式子计算输入信号和偏置的加权总和，记为 a。第二个式子中用 $h()$ 函数将 a 转换为输出值。

图 3.14 所示为使用激活函数的信号转换过程，即信号的加权总和为节点 a，然后节点 a 被激活函数 $h()$ 转换成输出节点。

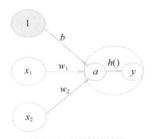

图 3.14 信号转换过程

2. 常用的激活函数

（1）sigmoid 函数将一个实数值映射到 0 至 1 的范围内。当最终目标是预测概率时，它可以被应用到输出层。sigmoid 的函数特性：当输入值趋于负无穷大时，输出接近于 0；输入值趋于正无穷大时，输出接近于 1。sigmoid 函数的缺点是容易出现梯度消失问题，输出不以坐标轴原点为中心，降低了权重更新的效率，而且计算速度比较慢。

如图 3.15 所示，式子中的 exp(−x) 表示 e^{-x}，sigmoid 函数一般只用于二分类问题的输出层。

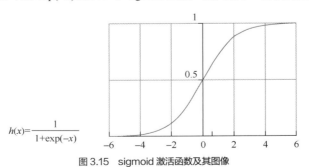

$$h(x) = \frac{1}{1 + \exp(-x)}$$

图 3.15 sigmoid 激活函数及其图像

（2）ReLU 函数是目前较为流行的激活函数之一，其图像为一条斜率为 1 的直线和 $y=0$ 的直线的组合。ReLU 函数具有计算速度快的优点。当函数输入 $z<0$ 时，输出为 0；当输入 $z>0$ 时，输出就是输入 z 的值。这个激活函数能够使网络更快地收敛，如图 3.16 所示。

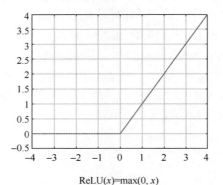

$$\text{ReLU}(x)=\max(0, x)$$

图 3.16 ReLU 激活函数及其图像

（3）tanh 函数与 sigmoid 函数相似，其图像也是一条 S 形曲线，但它的输出范围是[-1,1]，且整个函数以坐标轴原点为中心。相比 sigmoid 函数，tanh 函数的优点在于它的输出间隔为 1，更有利于权重的更新，如图 3.17 所示。

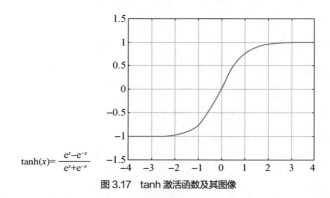

$$\tanh(x)=\frac{\mathrm{e}^x-\mathrm{e}^{-x}}{\mathrm{e}^x+\mathrm{e}^{-x}}$$

图 3.17 tanh 激活函数及其图像

在一般的二分类问题中，通常将 tanh 函数用于隐藏层。

（4）softmax 函数是用于多分类问题的激活函数。在多分类问题中，需要处理超过两个类别的类标签，并且这些类别之间存在成员关系。softmax 函数可以将模型的输出转化为概率分布，并且所有类别的概率总和为 1。如图 3.18 所示，其中 z_i 为第 i 个节点的输出值，c 为输出节点的个数，即分类的类别个数。

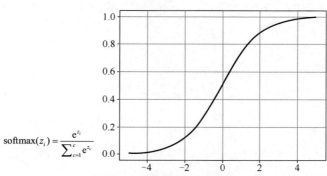

$$\text{softmax}(z_i)=\frac{\mathrm{e}^{z_i}}{\sum_{c=1}^{c}\mathrm{e}^{z_c}}$$

图 3.18 softmax 激活函数及其图像

softmax 函数通常用于神经网络的输出层，其将输出层的值映射到 0 到 1 的范围，从而构造概率分布。

3.4　训练神经网络

当完成神经网络的搭建后，需要通过数据来训练神经网络。

3.4.1　准备数据

训练神经网络需要数据，并且数据必须是数值型的。如果数据中存在类别数据，例如男性和女性的性别属性，可以将其转换为独热编码的数值来表示。例如，将男性设置为 1，女性设置为 0。

3.4.2　前向传播和反向传播

前向传播（Forward Propagation）就是从输入开始不断计算每一层的 Z 和 A（Z 是 x 和 w、b 线性运算的结果，$Z=wx+b$；A 是 Z 的激活值），然后得到输出 $\hat{y}$ 的过程，如图 3.19 所示。

反向传播（Backward Propagation）根据输出 $\hat{y}$ 和真实值 y 的差别来计算损失，并根据损失函数 $L(\hat{y}, y)$ 来反方向地计算每一层的 Z、A、w、b 的偏导数（梯度），从而更新参数。

每经过一次前向传播和反向传播之后，参数就更新一次，然后用新的参数再次循环上面的过程。这就是神经网络训练的整个过程。

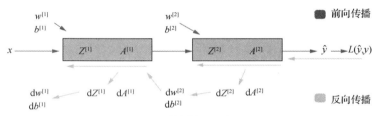

图 3.19　前向传播和反向传播

3.4.3　梯度下降

梯度下降是一种用于寻找损失函数最小值点（即自变量 x 的最优解）的优化算法。其核心思想是通过迭代方式不断调整 x 的取值：若当前点的导数为正，说明函数在该点附近单调递增，最小值点应位于左侧，因此下次迭代须减小 x；若导数为负，则说明函数单调递减，最小值点应位于右侧，因此须增大 x。具体而言，梯度（单变量下即导数）的正负决定了 x 的更新方向，更新步长则由学习率和梯度共同控制。如图 3.20 所示，在 y 轴右半部分（即当前点右侧），导数为正且函数递增，表明最小值点位于当前点的左侧。

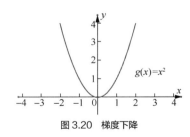

图 3.20　梯度下降

3.4.4　学习率

学习率（Learning Rate）是控制神经网络权重根据损失函数梯度更新步长的超参数。学习率越低，权重的调整幅度越小，可能导致收敛速度过慢（即使得损失函数下降耗时更长）。虽然较低的学习率有助于稳定收敛并降低跳过局部极小值的风险，但同时也会提高陷入平稳区域的概率，导致训练停滞。

在训练实践中，通常采用动态学习率调度策略：初始训练阶段建议将学习率设置为 0.01 至 0.001 以保持探索效率；随着训练轮数（Epoch）增加，学习率需按预定规则衰减；到训练后期，学习率应衰减至初始值的 1%以下（如从 0.01 降至 0.0001 以下），以确保模型精细调优。

3.4.5　权重更新

神经网络中的权重更新是通过反向传播等方法来调整网络中神经元之间的连接权重，以提高网络的性能。

3.4.6　预测新数据

当完成神经网络的训练后，即可将其用于实际预测任务。通常使用测试集数据对神经网络模型进行预测评估，以衡量其泛化能力（即对未知数据的处理性能）。训练完成的模型可部署至生产环境，并通过以下流程对新数据进行预测。

- 模型持久化：保存网络拓扑结构（如层配置、激活函数）和最终权重参数，这是模型复用的必要条件。
- 前向传播计算：将输入数据输入网络，按层执行加权求和与非线性变换（即前向传播），最终输出预测结果。

任务实现

任务演示

学生心理健康分析

为了降低读者的学习难度，本任务仍然使用橙现智能软件来完成。经过任务分析，学生心理健康预测模型开发的具体任务实现分为以下 8 个步骤。

1. 新建工作流

打开橙现智能软件，单击"文件"菜单中的"另存为"选项，如图 3.21 所示，在弹出的对话框中将工作流命名为"学生心理健康分析.ows"。

2. 导入数据集

"Student Mental health.csv"数据集一共有 101 个样本数据，10 个特征，输出是 No/Yes，故为二分类。

在"数据"模块中，找到"文件"小部件并单击添加，或者在画布空白位置右击，在弹出的搜索框中搜索"file"找到"文件"小部件并单击添加；双击"文件"小部件，单击文件夹按钮找到"Student Mental health.csv"数据集并导入，如图 3.22 所示。在"列"界面，将"guess"列的"角色"设置为"目标"，其余列不变。

图 3.21　新建工作流

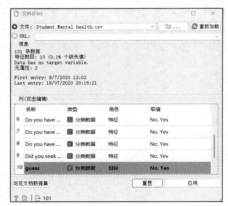

图 3.22　导入数据集

3. 查看数据

在"数据"模块中，找到"数据表"小部件并单击添加，将"文件"小部件与"数据表"小部件连接起来，如图 3.23 所示。通过"数据表"小部件查看数据集的特征值、目标值和数据的分布情况，如图 3.24 所示。

由于数据集的目标值有 2 种，明确任务的类型为分类。

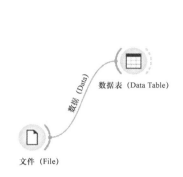

图 3.23　添加小部件（1）

	guess	Timestamp	t is your cour:	oose your gend	Age	urrent year of	at is your CGP.	Marital status	ou have Depress	you
1	Yes	8/7/2020 12:02	Engineering	Female	18	year 1	3.00 - 3.49	No	Yes	No
2	No	8/7/2020 12:04	Islamic ...	Male	21	year 2	3.00 - 3.49	No	No	Yes
3	Yes	8/7/2020 12:05	BIT	Male	19	Year 1	3.00 - 3.49	No	Yes	Yes
4	No	8/7/2020 12:06	Laws	Female	22	year 3	3.00 - 3.49	Yes	Yes	No
5	No	8/7/2020 12:13	Mathemathics	Male	23	year 4	3.00 - 3.49	No	No	No
6	No	8/7/2020 12:31	Engineering	Male	19	Year 2	3.50 - 4.00	No	No	No
7	Yes	8/7/2020 12:32	Pendidikan ...	Female	23	year 2	3.50 - 4.00	Yes	Yes	No
8	No	8/7/2020 12:33	BCS	Female	18	year 1	3.50 - 4.00	No	No	Yes
9	No	8/7/2020 12:35	Human ...	Female	19	Year 2	2.50 - 2.99	No	No	No
10	No	8/7/2020 12:39	Irkhs	Male	18	year 1	3.50 - 4.00	No	No	Yes
11	No	8/7/2020 12:39	Psychology	Female	20	year 1	3.50 - 4.00	No	No	No
12	No	8/7/2020 12:39	Engineering	Female	24	Year 3	3.50 - 4.00	Yes	Yes	No
13	No	8/7/2020 12:40	BCS	Female	18	year 1	3.00 - 3.49	No	Yes	No
14	No	8/7/2020 12:41	Engineering	Male	19	year 1	3.00 - 3.49	No	No	No
15	No	8/7/2020 12:43	KENMS	Female	18	Year 2	3.50 - 4.00	No	No	Yes
16	No	8/7/2020 12:43	BCS	Male	24	Year 3	3.50 - 4.00	No	No	No
17	No	8/7/2020 12:46	Accounting	Female	24	year 3	3.00 - 3.49	No	No	No
18	Yes	8/7/2020 12:52	ENM	Female	24	year 4	3.00 - 3.49	Yes	Yes	Yes
19	No	8/7/2020 13:05	BIT	Female	20	Year 2	3.50 - 4.00	No	No	Yes
20	Yes	8/7/2020 13:07	Marine science	Female	18	year 2	3.50 - 4.00	Yes	Yes	Yes
21	No	8/7/2020 13:12	Engineering	Female	19	year 1	3.00 - 3.49	No	No	No
22	No	8/7/2020 13:13	KOE	Female	18	Year 2	3.00 - 3.49	No	No	No
23	No	8/7/2020 13:13	BCS	Female	24	year 1	3.50 - 4.00	No	No	No
24	No	8/7/2020 13:15	Engineering	Female	24	year 1	3.00 - 3.49	No	No	No
25	Yes	8/7/2020 13:17	BCS	Female	23	Year 3	3.50 - 4.00	No	Yes	Yes

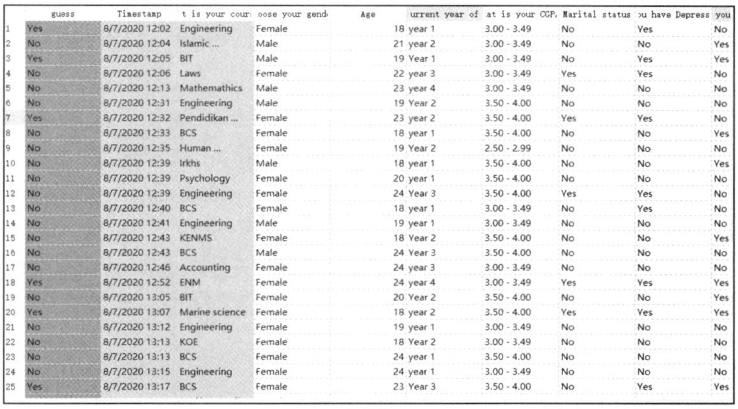

图 3.24　数据表

4. 设置模型和参数

在“模型”模块中，找到“神经网络”小部件并单击添加，将“文件”小部件与“神经网络”小部件连接起来，如图 3.25 所示，设置神经网络的参数（先按照默认参数设置），如图 3.26 所示。

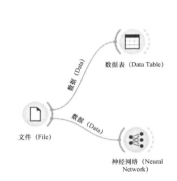

图 3.25　添加小部件（2）

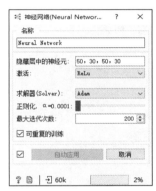

图 3.26　参数设置

5. 评估模型

在“评估”模块中，找到“测试和评分”小部件并单击添加，将“神经网络”小部件连接到“测试和评分”小部件，将“文件”小部件连接到“测试和评分”小部件，如图 3.27 所示，通过“测试和评分”小部件查看评估指标和比较模型，如图 3.28 所示。

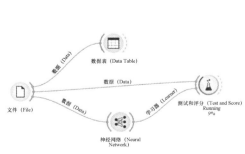

图 3.27　添加小部件（3）

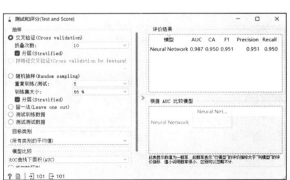

图 3.28　测试和评分

6. 优化模型

通过调整神经网络的中间层个数、每层的神经元个数，以及激活函数，对比每次调整后的"测试和评分"小部件中模型评估指标的变化，找到最优的模型参数，这是一个重复操作的过程，直到符合模型评估指标的要求。

7. 模型预测

在"数据"模块中，找到"文件"小部件并单击添加，在"评估"模块中，找到"预测"小部件并单击添加，将这两个小部件连接，然后将"神经网络"小部件连接到"预测"小部件，如图 3.29 所示。在该"文件"小部件中选取测试数据集"Student Mental health test.csv"，将"神经网络"和"预测"小部件进行连接，对测试数据集中的数据进行预测，如图 3.30 所示。

测试数据集中有 5 条数据，在图 3.30 中，第一列 Neural Network 代表 5 条数据通过模型预测得到的结果，第二列 guess 代表数据集中实际的输出值，对比两列数据，可以看出模型预测结果完全正确。

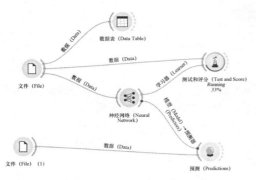

图 3.29　添加小部件（4）

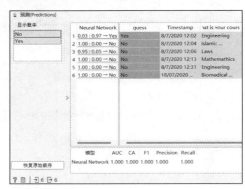

图 3.30　预测

8. 保存模型

在"模型"模块中，找到"保存模型"小部件并单击添加，将"神经网络"小部件连接到"保存模型"小部件，双击"保存模型"小部件，弹出的界面如图 3.31 所示。本任务的完整工作流如图 3.32 所示。

图 3.31　保存模型

图 3.32　完整工作流

📚 任务总结

通过本任务，读者了解了激活函数的作用、神经网络的定义、神经网络的相关术语，掌握了神经网络的训练过程。在学习过程中需要注意以下几点。

- 引入非线性因素，使得神经网络能够解决非线性问题。常用的激活函数包括 ReLU、sigmoid、tanh 等。使用激活函数时，中间层建议使用 ReLU、LeakyReLU 等函数；二分类问题的输出层建议使用 sigmoid 函数，多分类问题的输出层建议使用 softmax 函数。
- 搭建神经网络时，层数、每层的神经元个数并不是越多越好，要根据数据集选择模型的层数和每层神经元的个数。合理设置隐藏层的数量和每层神经元的数量，避免过拟合或欠拟合。

- 根据问题的类型（如分类、回归等）和数据集的特点（如样本量、特征数量等）选择合适的模型。
- 合理划分训练集、测试集，用于模型的训练、调参和性能评估。

巩固练习

一、选择题

1. 全连接神经网络中，每一层的神经元与前一层的所有神经元都相连，这种连接方式称为（　　）。

    A. 稀疏连接　　　　　　B. 全连接　　　　　　C. 局部连接　　　　　　D. 卷积连接

2. 在全连接神经网络中，输入层与隐藏层之间的权重是通过什么方式初始化的？（　　）。

    A. 随机初始化　　　　　B. 固定值初始化　　　C. 零初始化　　　　　　D. 单位矩阵初始化

3. 以下哪个步骤不是全连接神经网络模型训练过程中的必要步骤？（　　）

    A. 前向传播　　　　　　B. 反向传播　　　　　C. 权重更新　　　　　　D. 梯度裁剪

4. 一个全连接神经网络的总层数为 5，隐藏层个数可能为（　　）。

    A. 1　　　　　　　　　　B. 2　　　　　　　　　C. 3　　　　　　　　　　D. 0

5. 以下哪个不是影响全连接神经网络性能的因素？（　　）

    A. 网络层数　　　　　　B. 激活函数　　　　　C. 学习率　　　　　　　D. 数据集大小

6. 关于全连接神经网络，以下哪个说法是正确的？（　　）

    A. 隐藏层越多，性能越好

    B. 隐藏层越少，计算量越小

    C. 隐藏层个数和性能之间没有必然联系

    D. 隐藏层个数固定时，增加神经元数量一定能提高性能

7. 以下哪个是全连接神经网络中神经元之间连接的特点？（　　）

    A. 层内神经元无连接，邻层神经元两两连接　　　B. 层内神经元有连接，邻层神经元无连接

    C. 所有神经元之间都有连接　　　　　　　　　　D. 神经元之间无连接

二、填空题

1. 在全连接神经网络中，_____层负责接收输入数据。

2. _____函数是一种常用的非线性激活函数，用于增强网络的非线性表达能力。

3. 在训练全连接神经网络时，通常使用_____算法来优化网络参数。

4. 在全连接神经网络中，损失函数的选择通常取决于具体的_____任务。

三、简答题

1. 简述全连接神经网络的基本结构。

2. 阐述全连接神经网络在深度学习领域的应用场景及局限性。

任务拓展

1. 现有一个学生成绩数据集 students-score.csv（见配套资源），其中有 56 个学生的 12 次考试成绩，根据本任务中的知识，使用橙现智能软件搭建一个工作流，要求完成模型训练，并且预测新数据（能根据给定的一个学生的前 11 次考试成绩，预测第 12 次考试的成绩），最后保存模型。学生成绩数据集属性如表 3.7 所示。

表 3.7　学生成绩数据集属性

属性名称	属性说明
Student_ID	学号
Test_1	第一次测试
Test_2	第二次测试

属性名称	属性说明
Test_3	第三次测试
Test_4	第四次测试
Test_5	第五次测试
Test_6	第六次测试
Test_7	第七次测试
Test_8	第八次测试
Test_9	第九次测试
Test_10	第十次测试
Test_11	第十一次测试
Test_12	第十二次测试

2. 用户购买行为预测是一个经典的二分类问题，给定用户行为特征（如浏览时长、点击次数、历史购买记录等），基于现有用户购买行为数据集 online_shoppers_intention.csv（见配套资源，数据集属性如表 3.8 所示），要求通过神经网络学习这些属性与购买行为之间的关系，进而预测用户是否会购买某商品。

表 3.8 用户购买行为数据集属性

属性名称	属性说明
Administrative	管理类页面访问次数
Administrative_Duration	管理类页面浏览时长
Informational	信息类页面访问次数
Informational_Duration	信息类页面浏览时长
ProductRelated	产品相关类页面访问次数
ProductRelated_Duration	产品相关类页面浏览时长
BounceRates	跳出率，即用户进入网站后没有进一步浏览就离开的占比
ExitRates	退出率，即用户在查看了某特定页面后离开的概率
PageValues	用户在完成交易之前访问的网页的平均价值
SpecialDay	网站访问时间与特定特殊日子（例如母亲节、情人节）的接近程度
Month	访问发生在一年中的哪个月
OperatingSystems	用户使用的操作系统
Browser	用户使用的浏览器
Region	用户所在的地区
TrafficType	流量类型，即用户是如何连接网络的
VisitorType	用户类型，区分是新访客还是回访客
Weekend	访问是否发生在周末
Revenue	购买意向用户是否进行了购买

任务 3-3　黑白图像识别

任务提出

通过构建一个多层全连接神经网络，可以实现黑白图像的识别，本任务要求对手写体数字数据集进行训练并实现手写体数字的分类。手写体数字数据集 MNIST 是一个包含成千上万张手写体数字图像的大型数据集，它由 60000 张训练图像和 10000 张测试图像组成，每张图像是 28 像素×28 像素的灰度图像，表示数字 0~9。数据集 mnist_train.csv 中包括 784 个特征，每一个特征代表一个像素点的值，输出为 0~9 中的任意一个数，故为十分类问题。

任务分析

手写体数字识别是机器学习和神经网络领域的经典问题，旨在通过计算机自动识别手写体数字。

1. 从公开资源下载 MNIST 手写体数字数据集。对数据进行预处理，如归一化、调整图像尺寸等。

2. 设计一个包含输入层、隐藏层和输出层的全连接神经网络。输入层接收手写体数字图像的像素值。在隐藏层设置适当的神经元数量和激活函数。在输出层使用 Relu 或 Softmax 函数进行多分类。

3. 使用测试数据集评估模型的识别准确率。分析识别错误的案例，改进模型性能。

知识准备

深度学习在计算机视觉中应用广泛，计算机视觉就是让计算机获取数字图像与视频中的信息，最终实现一个与人类视觉系统功能相同的自动化系统。下面介绍计算机视觉、图像及其基本处理技术。

3.5　计算机视觉

计算机视觉是人工智能的一个重要分支，旨在通过算法和技术使计算机能够"看懂"图像或视频中的内容，并从中提取有用的信息。计算机视觉的目标是模拟人类视觉系统的功能，使机器能够感知、理解和分析视觉数据，从而完成各种任务，如图像分类、目标检测、人脸识别等。

微课 3-3

计算机视觉相关知识

3.5.1　计算机视觉的核心任务

计算机视觉涵盖许多具体的任务，以下是其中一些核心任务。

1. 图像分类

图像分类是计算机视觉中最基础的任务之一，其目标是将输入的图像分到一个预定义的类别中。例如，给定一张猫的图像，分类模型需要判断它是猫还是狗。经典的图像分类算法包括 CNN，其在 ImageNet 数据集上的成功应用标志着深度学习在计算机视觉领域的崛起。

2. 目标检测

目标检测不仅需要判断图像中的物体类别，还需要确定物体的位置（通常用带边界的框表示）。例如，在一张街景图片中，检测出汽车、行人和交通标志的位置。常用的目标检测算法包括 YOLO、Faster R-CNN 和 SSD。

3. 图像分割

图像分割是将图像划分为多个区域或对象的过程。它分为以下两种类型。

• 语义分割：为每个像素分配一个类别标签，但不区分同一类别的不同实例。

• 实例分割：不仅为每个像素分配类别标签，还区分同一类别的不同实例。

常用的图像分割算法包括 U-Net、Mask R-CNN 等。

4. 人脸识别

人脸识别是计算机视觉的一个重要应用，旨在识别或验证图像或视频中的人脸。它广泛应用于安防、支付和社交领域。常用的人脸识别算法是基于深度学习的，如 FaceNet 和 DeepFace。

5. 姿态估计

姿态估计是检测图像或视频中人体关键点（如关节）的位置，并推断人体姿态的过程。它在动作识别、体育分析和虚拟现实中有广泛应用。常用的姿态估计算法包括 OpenPose 和 MediaPipe。

6. 图像生成

图像生成是指通过算法生成新的图像。生成对抗网络（GAN）是这一领域的代表性技术，能够生成逼真的图像、视频甚至艺术作品。例如，StyleGAN 可以生成高分辨率的人脸图像。

3.5.2 计算机视觉的关键技术

1. 卷积神经网络

卷积神经网络是计算机视觉的关键技术之一，它通过卷积层提取图像的局部特征，并通过池化层降低数据维度。卷积神经网络的层次结构使其能够自动学习图像的低级特征（如边缘）和高级特征（如形状和物体）。

2. 迁移学习

迁移学习是利用预训练模型（如在 ImageNet 数据集上训练的模型）来完成新任务的技术。通过微调预训练模型，可以在小数据集上实现高性能模型，大大减少了训练时间和计算资源。

3. 数据增强

数据增强是通过对原始图像进行变换（如旋转、缩放、翻转）来生成更多训练数据的技术。它能够提高模型的泛化能力，防止过拟合。

4. 目标检测与分割框架

现代计算机视觉任务通常依赖于高效的框架，如 YOLO（采用实时目标检测算法，检测速度快且精度高）、Mask R-CNN（结合目标检测和实例分割的框架）。另外，OpenCV（开源的计算机视觉库）提供了丰富的图像处理工具。

3.6 图像概述

图像作为视觉信息传递的核心媒介，根据其存储和呈现的技术差异，可分为传统模拟图像与现代数字图像两大体系，如图 3.33 所示。在计算机视觉研究领域，数字图像是首要研究对象，这类图像由密集排列的像素矩阵构成，每个像素单元不仅包含精确的色彩信息编码，还承载着二维空间中的精确定位坐标。通过对这些离散化视觉单元进行数学运算与模式分析，构建起计算机视觉技术的核心算法体系。这种基于像素矩阵的量化处理方法，为图像识别、特征提取等高级计算机视觉任务提供了基础技术框架。

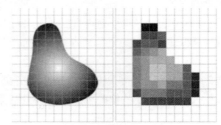

图 3.33　模拟图像和数字图像

3.6.1 RGB 颜色模型

RGB 颜色模型，即"红、绿、蓝"三原色光学合成模型，其本质是通过量化调配 3 种原色的光强组合来再现自然界的丰富色相。该模型基于人眼视锥细胞对这 3 种不同波长光线的感知特性，通过精密调节各通道的强度参数，可在三维色彩空间内实现全色谱覆盖。

值得注意的是，该颜色模型的最终呈现品质高度依赖显示设备的色域特性。不同设备的色彩还原能力差异，正是消费者在不同屏幕间观察到色彩鲜活度、层次过渡等视觉效果参差的根本原因。高端显示设备通过采用广色域技术，能呈现更接近自然界的饱和色调，而普通显示设备则可能因色域限制导致色彩表现力趋于平淡。

图 3.34 直观展示了 RGB 颜色模型的几何架构，一个以"红（R）、绿（G）、蓝（B）"三原色分量为坐标轴的三维立方体空间。该模型通过数学坐标系的理论延伸，能够涵盖人类视觉系统可感知的所有色相。

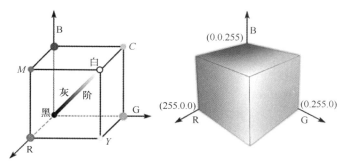

图 3.34 RGB 颜色模型

在标准数字化色彩表达中，24 位色深方案将每个原色通道量化为 8 位二进制数，由此构建出包含 1677 万余种色彩组合的精密系统。每个通道 256 级亮度（0～255 阶）的细分能力，实现了对色彩亮度的微观调控。例如，全通道满量输出(255,255,255)对应光谱能量最强的纯白色，而单一红色通道的满量输出(255,0,0)则呈现标准正红色。这种数字化编码既支持十六进制字符串（如#FF0000）的紧凑表达，也可采用上述三元组数值形式进行参数描述，为色彩在数字设备间的精确传递提供了标准化解决方案。

3.6.2 HSV 颜色模型

HSV 颜色模型构建了一个三维色彩描述体系，如图 3.35 和图 3.36 所示，其由 3 个核心维度构成：色调、饱和度与亮度。该模型通过圆柱坐标系实现色彩量化，为色彩处理提供了更贴近人类直觉的操控方式。

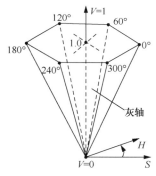

图 3.35 HSV 颜色模型（1）

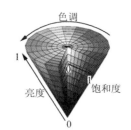

图 3.36 HSV 颜色模型（2）

色调（Hue，也称色相）是色彩的基本属性，采用 360° 色环进行量化表征。该色环系统构建了一个闭合的色彩空间循环，在色彩学实践中，色相的度数定位为色彩识别与分类提供了精确的量化依据。这一参数决定了色彩的本质属性，是区分不同色彩的核心指标。

饱和度采用百分比度量（0%～100%），反映色彩的纯净程度。高饱和度对应浓烈的纯色，而低饱和度则意味着色彩被大量消色成分稀释，呈现浑浊的视觉效果。

亮度同样采用百分比表示，控制色彩的明暗强度。该值直接影响色彩的可辨识性，高亮度使色彩呈现耀眼的视觉效果，低亮度则使色彩趋向深邃暗沉。例如桃红色与深紫色的对比即典型地体现了亮度差异对色彩表现的影响。

HSV 颜色模型通过这 3 个正交参数的协同作用，实现了对色彩属性的全面解构，为图像编辑、色彩校正等应用场景提供了高效的操作框架。其参数化结构使得色彩调整过程更加直观、可控，显著提升了色彩处理的灵活性与精确性。

3.6.3 灰度颜色模型

灰度作为描述色彩亮度层次的物理量，反映了黑白两极间的明暗过渡状态。如图 3.37 所示，从纯黑色到纯白色的光谱变化中，存在连续的中间亮度层次，这些不同的层次即构成灰度等级。

图 3.37　灰度颜色模型

为建立标准化的明暗度量体系，通常采用 8 位二进制编码标准：将纯白色定义为最大值 255，对应光的完全反射状态；纯黑色则设定为最小值 0，代表光的完全吸收状态。在这两极之间，通过非线性量化算法划分出 256 个离散等级，每个等级对应特定的光反射率。这种量化方式充分考虑了人眼对明暗变化的感知特性，在暗区采用较密集的分级，确保低亮度区域的细节表现力。

3.6.4 二值颜色模型

二值颜色模型通过极端简化的色彩映射机制，将图像的视觉信息压缩为黑白两极的二元状态。如图 3.38 所示，这种处理模式通过阈值分割算法，将连续灰度值离散化为 0（黑）和 255（白）两个极端值，形成高对比度的图像呈现。

尽管这种二元编码方式不可避免地导致色彩层次和细节纹理的丢失，但其带来的计算效率提升和算法简化优势显著。在目标轮廓提取、图像分割等特定应用场景中，二值化处理能够有效过滤无关信息，突出结构性特征，为后续的形态学操作或模式识别提供理想的预处理基础。这种以信息损失换取处理效能的策略，在计算机视觉领域具有独特的实用价值。

图 3.38　二值颜色模型

3.6.5 图像噪声

在计算机视觉领域，图像被视作包含有效信号与干扰噪声的复合数据载体。其中有效信号承载着目标特征等关键信息，而干扰噪声则作为无效干扰成分存在，如图 3.39 所示。

噪声污染会导致图像质量退化，噪声主要有以下两种。

- 椒盐噪声：以离散脉冲形式随机分布在图像矩阵中，表现为黑白像素点的突变，其中黑噪点被称为"椒"，白噪点被称为"盐"。

- 高斯噪声：作为连续型随机噪声，其值服从正态分布规律，通过引入颜色值的微观抖动，造成图像整体色调的偏移效应。

这些噪声成分不仅降低了图像的信噪比，还提高了后续特征提取与模式识别的算法复杂度。理解噪声特性对于开发有效的去噪算法和图像增强技术具有重要意义。

图 3.39 图像噪声

3.7 图像的基本处理技术

3.7.1 灰度转换

灰度转换是数字图像处理中的一个基本步骤,它将彩色图像转换为灰度图像。灰度图像只包含亮度信息,不包含颜色信息,因此每个像素点只需要一个灰度值来表示,通常这个值为 0 到 255(对于 8 位灰度图像),其中 0 表示黑色,255 表示白色,中间的值表示不同程度的灰色。

1. 灰度转换的原理

三通道彩色图像由 R、G、B 这 3 个独立的颜色分量叠加构成。灰度转换的核心目标在于通过特定的算法将这 3 个颜色分量的信息融合,最终生成仅包含亮度信息的单通道图像。目前应用广泛的灰度转换算法是加权平均法,该方法充分考虑了人类视觉系统对三原色敏感度的差异特性,通过为 R、G、B 这 3 个颜色分量分配不同的权重系数,能够实现更符合人眼感知的亮度映射,有效保留图像的关键亮度信息。

2. 其他灰度转换方法

除了加权平均法,还有如下灰度转换方法。

- 最大值法:取 R、G、B 这 3 个颜色分量中的最大值作为灰度值。
- 最小值法:取 R、G、B 这 3 个颜色分量中的最小值作为灰度值。
- 平均值法:简单地将 R、G、B 这 3 个颜色分量的值相加,然后除以 3 得到灰度值。
- 亮度法:使用亮度公式(如 YUV 颜色模型中的 Y 分量)来计算灰度值。

这些方法在某些特定应用下可能会有用,但加权平均法通常被认为是最接近人眼感知的方法。

3. 灰度转换的应用

灰度转换在图像处理中有广泛的应用,包括但不限于以下几个方面。

- 边缘检测:许多边缘检测算法(如 Sobel、Canny 等)在灰度图像上效果更好。
- 图像压缩:灰度图像比彩色图像需要更少的存储空间。
- 特征提取:在机器学习或计算机视觉任务中,灰度图像可能足以提供所需的特征。
- 图像预处理:在许多图像处理算法中,灰度转换是预处理步骤之一。

3.7.2 图像滤波

图像滤波就是给图像"洗脸"的过程,目的是把图像上的斑点、"脏东西"擦掉,同时尽量保留图像原本的细节。这个过程很重要,就像脸洗干净才能更好化妆一样,图像处理干净后,后续的分析和修改才会更准确。

1. 图像滤波的原理

图像滤波采用预先设计的数学模板(即滤波器),对图像进行逐像素的精细化处理。该模板会系统性地扫描图像中的每个像素位置,基于特定算法(如均值滤波、中值滤波或高斯滤波)生成新的像素值,从而实现对原始图像数据的优化调整。

2. 常见的图像滤波方法

- 均值滤波。

技术本质:采用空间邻域平均化策略滤波。

实现方式：对目标像素及其邻域进行灰度值求和，取算术平均值作为新像素值。

特点：算法复杂度低，但可能导致边缘模糊化。

● 中值滤波。

技术本质：非线性统计排序滤波。

实现方式：对邻域像素进行灰度值排序，取中值替代原像素值。

优势：对脉冲噪声（椒盐噪声）抑制效果显著，边缘保持能力优于均值滤波。

原理：如图 3.40 所示，通过灰度值排序操作消除异常值影响。

图 3.40　中值滤波

● 高斯滤波。

技术本质：空间加权平滑滤波。

实现方式：基于高斯函数构建空间权重模板，实施卷积运算。

特点：权重分配遵循"邻域距离越近权重越大"原则，兼顾降噪和边缘保留。

● 双边滤波。

技术本质：空域-值域联合自适应滤波。

实现方式：同时考虑几何邻近性和灰度相似性，构建双重权重体系。

优势：在平滑噪声的同时，能有效保持边缘锐度和纹理细节。

创新点：引入灰度相似度权重，避免对边缘区域过度平滑。

3.7.3　图像变换

图像变换是通过数学运算改变图像表达形式的技术体系，涵盖几何变换（平移、旋转、缩放、翻转、剪切等）和频域变换（傅里叶变换、沃尔什-阿达玛变换等）两大类别。这些变换旨在实现特征提取（如频域纹理分析）、质量增强（如去噪、超分辨率）和特殊图像效果（如图像融合）。另外，基于深度学习的非线性变换方法，进一步拓展了图像变换的应用边界。

1. 图像几何变换类型

● 平移：将图像在水平或垂直方向上移动一定的距离，如图 3.41 所示。

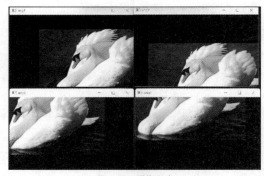

图 3.41　图像平移

● 旋转：将图像绕某一点旋转一定的角度，如图 3.42 所示。

图 3.42　图像旋转

- 缩放：改变图像的尺寸，可以是放大或缩小，如图 3.43 所示。

图 3.43　图像缩放

- 翻转：将图像沿水平或垂直方向翻转，如图 3.44 所示。

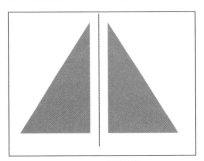

图 3.44　图像翻转

- 剪切：剪切是一种基本的几何变换，通过引入非对角矩阵对图像进行线性映射，使像素坐标沿特定方向产生可控的倾斜变形。图像剪切如图 3.45 所示。

图 3.45　图像剪切

2. 图像变换的应用

图像变换在图像处理和分析中有着广泛的应用。

- 图像增强：通过傅里叶变换将图像信息转换到频域，然后对高频成分进行增强或抑制，最后通过逆傅里叶变换将图像信息转换回空间域，从而实现图像的锐化或平滑处理。

- 图像压缩：通过正交变换（如离散余弦变换）将图像信息转换到频域，利用人眼对低频亮度信息敏感度较高、对高频细节敏感度较低的特性，对 8 像素×8 像素的图像分块进行频域转换后，采用量化表选择性保留低频亮度信息并丢弃高频细节信息。

- 图像识别：通过对图像进行各种变换，提取图像的特征信息，如边缘、纹理、形状等，然后利用这些特征信息进行图像识别。

- 计算机视觉：在计算机视觉中，图像变换也是非常重要的工具。例如，在三维重建中，需要通过透视变换将二维图像中的点映射到三维空间中；在目标跟踪中，需要通过仿射变换等几何变换对目标进行实时跟踪。

任务实现

任务演示

手写数字体识别

经过任务分析，手写体数字数据集预测模型开发的具体任务实现分为以下 8 个步骤。

1. 新建工作流

打开橙现智能软件，单击"文件"菜单中的"另存为"选项，如图 3.46 所示，在弹出的对话框中将工作流命名为"手写体数字识别.ows"。

2. 导入数据集

mnist_train.csv 数据集一共有 60000 个样本，图像都是 28 像素×28 像素的，特征数为 784 个，输出结果为数字 0～9，即属于 10 分类问题。

在"数据"模块中，找到"文件"小部件并单击添加，或者在画布空白位置右击，在弹出的搜索框中搜索"file"找到"文件"小部件并单击添加；双击"文件"小部件，单击文件夹按钮找到"mnist_train.csv"数据集并导入；在"列"界面，将 Feature1 的"角色"设置为"目标"，其余列不变，如图 3.47 所示。

图 3.46　新建工作流

图 3.47　导入数据集

3. 查看数据

在"数据"模块中，找到"数据表"小部件并单击添加，将"文件"小部件与"数据表"小部件连接起来，如图 3.48 所示。通过"数据表"小部件查看数据集的特征值、目标值和数据的分布情况，如图 3.49 所示。

由于数据集的目标值有 10 种，因此，该任务的类型为分类。

4. 设置模型和参数

在"模型"模块中，找到"神经网络"小部件并单击添加，将"文件"小部件与"神经网络"小部件连接起来，如图 3.50 所示，设置神经网络的参数（先按照默认参数设置），如图 3.51 所示。

图 3.48　添加小部件　　　　　　　　　　　　　图 3.49　数据表

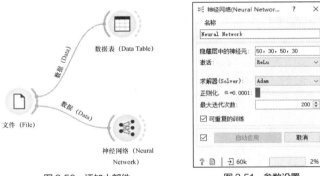

图 3.50　添加小部件　　　　　　　　　　图 3.51　参数设置

5. 评估模型

在"评估"模块中，找到"测试和评分"小部件并单击添加，将"神经网络"小部件连接到"测试和评分"小部件，将"文件"小部件连接到"测试和评分"小部件，如图 3.52 所示，通过"测试和评分"小部件查看评估指标和比较模型，如图 3.53 所示。

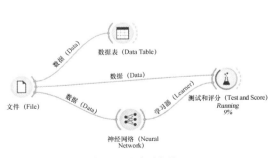

图 3.52　添加小部件

图 3.53　测试和评分

6. 优化模型

通过调整神经网络的中间层个数、每层的神经元个数，以及激活函数，对比每次调整后的"测试和评分"小部件中模型评估指标的变化，找到最优的模型参数，这是一个重复操作的过程，直到符合模型评估指标的要求。

7. 模型预测

在"数据"模块中，找到"文件"小部件并单击添加，在"评估"模块中，找到"预测"小部件并单击添加，将这两个小部件连接。在该"文件"小部件中选取测试数据集 mnist_test.csv，再将"神经网络"和"预测"小部件相连接，如图 3.54（a）所示。对测试数据集中的数据进行预测，结果如图 3.54（b）所示。第一列 Neural Network 代表 10 条数据通过模型预测得到的结果，第二列 Feature1 代表数据集中实际的输出值，对比两列数据，可以看出模型预测结果完全正确。这里需要注意，并不是所有的模型预测都是百分之百正确的。

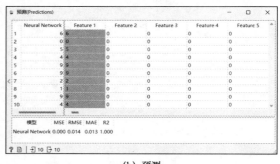

（a）添加小部件　　　　　　　　　　　　　　　　（b）预测

图 3.54　添加小部件及模型预测

8. 保存模型

在"模型"模块中，找到"保存模型"小部件并单击添加，将"神经网络"小部件连接到"保存模型"小部件，双击"保存模型"小部件，弹出的界面如图 3.55 所示。

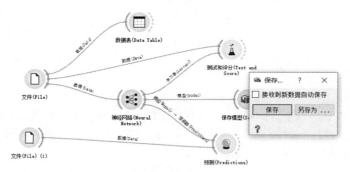

图 3.55　保存模型

任务总结

在本手写体数字识别任务中，读者综合学习了多种图像处理技术和颜色模型，成功地实现了从图像预处理到图像识别的全过程。在实际应用中，需要注意以下细节。

- RGB 颜色模型是最常用的颜色表示方式，适用于大多数图像处理任务，但其对光照变化敏感。

- HSV 颜色模型将颜色信息分离为色调（H）、饱和度（S）和亮度（V），更适合颜色分割和光照不变性任务。

- 灰度颜色模型通过将彩色图像转换为单通道灰度图像，降低了计算复杂度，适用于纹理分析和边缘检测。

- 二值颜色模型将图像简化为黑白两种颜色，常用于目标检测和图像分割。

- 图像噪声会严重影响后续图像处理的效果，常见的噪声类型包括高斯噪声、椒盐噪声等。在图像去噪过程中，需要根据噪声类型选择合适的滤波方法。例如，高斯滤波适用于平滑高斯噪声，而中值滤波对椒盐噪声有较好的去除效果。

- 灰度转换是许多计算机视觉任务的前置步骤，但转换时须注意保留图像的关键信息。不同的灰度转换方法（如加权平均法、最大值法等）可能对后续任务产生不同影响，需根据具体需求选择。

- 滤波是图像预处理的重要步骤，能够平滑图像或增强特征。低通滤波用于去噪和平滑，而高通滤波用于边缘检测和细节增强。滤波核的大小和形状会直接影响滤波效果，需根据图像分辨率和任务需求进行调整。

- 图像变换（如缩放、旋转、平移）是数据增强和几何校正的重要手段。图像变换时须注意插值方法的选择（如最近邻插值、双线性插值等），以避免图像失真。

巩固练习

一、选择题

1. RGB 颜色模型中的"R"代表什么？（　　）
    A. 红色　　　　　　　B. 绿色　　　　　　　C. 蓝色　　　　　　　D. 黄色

2. 在 RGB 颜色模型中，每种颜色的取值范围是（　　）。
    A. 0～100　　　　　　B. 0～255　　　　　　C. 0～1　　　　　　　D. 1～256

3. RGB 颜色模型可以组合成多少种不同的颜色？（　　）
    A. 256　　　　　　　B. 16777216　　　　　　C. 1024　　　　　　　D. 65536

4. HSV 颜色模型中的"H"代表什么？（　　）
    A. 色调　　　　　　　B. 饱和度　　　　　　C. 亮度　　　　　　　D. 对比度

5. HSV 颜色模型中，色调的取值范围是（　　）。
    A. 0～180　　　　　　B. 0～360　　　　　　C. 0～255　　　　　　D. −180～180

6. 在 HSV 颜色模型中，饱和度为 0 时表示什么？（　　）
    A. 纯色　　　　　　　B. 灰色　　　　　　　C. 白色　　　　　　　D. 黑色

7. 灰度图像中的每个像素有多少个颜色通道？（　　）
    A. 1　　　　　　　　B. 3　　　　　　　　C. 4　　　　　　　　D. 无数

8. 灰度图像的像素值范围通常是（　　）。
    A. 0～1　　　　　　　B. 0～255　　　　　　C. 0～100　　　　　　D. −128～127

9. 灰度图像可以看作什么颜色模型的特殊情况？（　　）
    A. RGB　　　　　　　B. HSV　　　　　　　C. CMYK　　　　　　D. YUV

10. 二值图像中的每个像素有多少个可能的值？（　　）
    A. 2　　　　　　　　B. 3　　　　　　　　C. 4　　　　　　　　D. 无数

二、填空题

1. 图像噪声通常分为_____噪声和_____噪声两种。

2. 图像噪声会影响图像的_____和_____。

3. 将彩色图像转换为灰度图像的过程称为_____。

4. 均值滤波是一种_____滤波。

三、判断题

1. RGB 颜色模型中的每种颜色分量都可以独立变化，互不影响。（　　）

2. HSV 颜色模型中的色调决定了颜色的种类。（　　）

3. HSV 颜色模型中的亮度为 0 时，表示颜色为黑色。（　　）

4. 灰度图像中的每个像素只有一个亮度值，没有颜色信息。（　　）

5. 灰度图像的像素值范围通常是 0 到 100。（　　）

6. 二值图像只有两个可能的像素值即 0 和 1，分别代表黑色和白色。（　　）

7. 图像中的两种对比色（如黑、白）对应的像素值不固定，可能是 0 和 1（布尔值），也可能是 0 和 255 等。（　　）

8. 二值图像可以用于文本识别和图像分割等任务。（　　）

9. 图像噪声可以通过滤波方法进行有效去除。（　　）

10. 灰度转换是将彩色图像转换为黑白图像的过程。（　　）

11. 灰度转换是一种不可逆的过程，一旦转换为灰度图像，就无法恢复为彩色图像。（　　）

12. 图像滤波一定会导致图像细节的丢失。（　　）

四、简答题

1. 详细解释 RGB 颜色模型与 HSV 颜色模型之间的转换过程，并说明这种转换在图像处理中的应用价值。

2. 阐述图像滤波在图像处理中的重要性，并详细描述一种常用的图像滤波方法（如高斯滤波）的原理和实现步骤。

任务拓展

1. Fashion-MNIST.csv 数据集（见配套资源）包含 10 类时尚物品（如 T 恤、裤子、鞋子等）的灰度图像。图像尺寸为 28 像素×28 像素，有 784 个特征，每个特征表示一个像素点的像素值。数据集中有 60000 个训练样本，10000 个测试样本。请使用橙现智能软件搭建一个工作流，要求完成模型训练，并且预测新数据属于哪个类，最后保存模型（由于特征数较多，这里不再展示数据集，请直接查看配套资源文件 Fashion-MNIST.csv）。

2. 北京空气污染数据集（见配套资源）包含 3063 个样本，有 8 个特征。请使用橙现智能软件搭建一个工作流，要求完成模型训练，并且在给定新的环境监测数据以后，可以预测空气质量等级，最后保存模型。该数据集属性如表 3.9 所示。

表 3.9　北京空气污染数据集属性

属性名称	属性说明
日期	管理类页面访问次数
AQI	空气质量指数
PM2.5	细颗粒物，又称细粒、细颗粒
PM10	可吸入颗粒物
CO	一氧化碳
SO_2	二氧化硫
NO_2	二氧化氮
O3_8h	臭氧 8h 平均浓度
质量等级	优、良、轻度污染、重度污染

任务 3-4　工业零件划痕自动识别

任务提出

某工厂主要从事各类工业零件的生产加工，由于工厂生产环境复杂，工业零件生产过程中存在剐蹭、磕碰、疏漏的可能性，存在瑕疵的商品须按照残次品处理，不可进入市场销售。瑕疵质检精细度要求较高，瑕疵通常比较细微难以发现，传统的人工质检方式效率低，长时间作业容易出现视觉疲劳从而导致错检、漏检的现象，影响工厂产能及交付效率。为提高产能及质检精确率，该工厂决定对质检产线进行智能化赋能，通过 AI 实现工业零件划痕的自动化识别，提高出厂质检效率，识别结果如图 3.56 所示。

图 3.56　识别结果

 ## 任务分析

本任务需要利用百度 AI 开发平台——EasyDL 提供的 AI 开发功能训练模型。具体的任务分析如下。

1. 选择模型的类型为物体检测。
2. 在物体检测中选择场景范例——工业零件划痕自动识别。
3. 下载数据集进行标注。
4. 开始训练模型。
5. 发布测试。

 ## 知识准备

微课 3-4

卷积神经网络概述

3.8　搭建卷积神经网络

卷积神经网络是一种专门用来处理具有类似网格的拓扑结构的数据（例如时间序列数据和图像数据）的神经网络。其核心思想是将局部感受野（Receptive Field）、权值共享以及池化（Pooling）这 3 个关键概念相结合，使得卷积神经网络在图像和视频识别、图像分类、物体检测、自然语言处理（例如文本分类）以及语音识别等领域中取得了显著的成果。

3.8.1　卷积运算

图 3.57 所示是两张被遮挡的图片，但是我们可以立即看出它们分别是苹果和香蕉，人类能够看出被遮挡的图片内容是什么，这一能力主要依赖于大脑对视觉信息的复杂处理以及个体先前的经验和知识。这里所说的经验和知识就是苹果和香蕉的特征，因为人类大脑中已经存储了苹果和香蕉的特征，所以即使图片没有显示全，但是根据先验的特征，也能识别出图片内容。

图 3.57　被遮挡的水果

　　人类是通过特征识别图像的，计算机是通过什么识别图像的呢？计算机也是通过特征识别图像的，且计算机是通过卷积运算提取特征的。

1．一维卷积运算

　　下面介绍一维卷积运算过程。首先将短向量的最左侧和长向量的最左侧对齐，然后将对应的元素相乘再相加并将得到的结果写入另外的一维数组中，如图 3.58（a）所示；计算完成以后将短向量向右移动一格，将对应的元素相乘再相加并将得到的结果再次写入数组，如图 3.58（b）所示；计算完成以后短向量再次向右移动一格，将对应的元素相乘再相加并将得到的结果写入数组，如图 3.58（c）所示。直到短向量的右侧和长向量的右侧对齐以后停止计算，最后得到一个特征图。

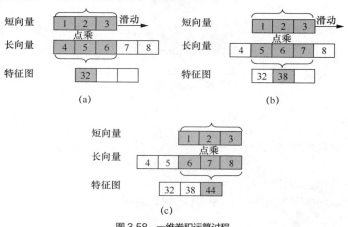

图 3.58　一维卷积运算过程

2．二维卷积运算

　　二维卷积运算类似一维卷积运算，由原来的两个一维向量变为两个二维向量做卷积运算，运算过程如图 3.59 所示。左侧的输入数据部分可以看成原始图像的像素值，右侧部分是卷积核，将卷积核与原始图像的左上角对齐，然后将对应的元素相乘再相加，然后平移，不断重复上面的步骤，直到卷积核和原始图像右下角重合为止。

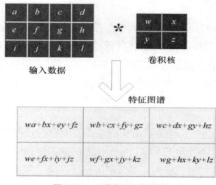

图 3.59　二维卷积运算过程

3.8.2 卷积核

在深度学习中，卷积核是卷积神经网络中的一个核心概念，它是从输入数据中提取特征的重要工具。

1. 卷积核的定义

卷积层是卷积神经网络中的基本计算单元，由多个卷积核组成，每个卷积核负责从输入数据中提取特定类型的局部特征。卷积核（又称滤波器）是图像处理中的一个小型权重矩阵，通过对输入图像的局部区域进行滑动窗口式的加权求和运算，生成输出图像的对应像素值。具体操作时，卷积核以固定步长遍历图像，在每个位置进行点乘累加运算（对应位置相乘后求和），生成输出图像的像素值。

2. 卷积核的作用

（1）特征提取：卷积核能够从输入数据中提取出特定的特征，如边缘、角点、纹理等。这些特征是构建更复杂、更抽象特征的基础。

（2）参数共享：卷积神经网络中的卷积核是共享的，即在整个网络中使用同一个卷积核。这种参数共享可以大大减少网络的参数数量，降低过拟合的风险。

（3）稀疏连接：卷积核是局部连接的，即每个卷积核只与输入数据的一小部分相连。这种局部连接可以减少网络的计算量，提高网络的计算效率。

3. 卷积核的设计

卷积核的大小通常是奇数，如 3×3、5×5、7×7 等。较小的卷积核可以提取出更加局部的特征，而较大的卷积核可以提取出更加全局的特征。使用多个不同大小的卷积核可以提高网络的性能。

例如，现有一个数字 7 的图像，在计算机中以二值的形式存储在 5×5 的矩阵中，如图 3.60（a）、图 3.60（e）所示，给定两个 3×3 的卷积核，如图 3.60（b）、图 3.60（f）所示，将原始图像和两个卷积核分别做卷积运算。

根据卷积运算的公式计算得出两个结果，如图 3.60（c）、图 3.60（g）所示，这两个结果就是得到的特征图，但是图像像素值没有负数，所以在这里将负数全部置为 0，如图 3.60（d）、图 3.60（h）所示。观察结果发现第一个特征图的非零元素呈水平分布，第二个特征图的非零元素则呈现折线状排列，组合起来就是一个数字 7 的形状。

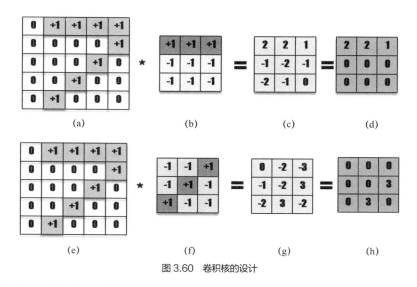

图 3.60　卷积核的设计

本例中列举的两个卷积核只是为了让读者清晰地看到卷积运算提取特征的过程，如果是真实的模型训练，两个卷积核远远不够。

注意

3.8.3　池化层

1. 池化层的作用

池化层在卷积神经网络中扮演着至关重要的角色。池化作为一种有效的操作手段，旨在缩减特征图的空间维度（具体指高度与宽度）。这一缩减不仅显著降低了模型的计算负担，减少了参数总量，而且巧妙地保留了图像中的关键特征信息。

2. 常见的池化类型

（1）最大池化

最大池化操作在特征图的每个 2×2 局部区域内选取最大值作为输出，并以步长 2 进行滑动计算，如图 3.61 所示。

（2）平均池化

在特征图的每个局部区域中计算平均值作为该区域的输出。同样可以使用 2×2 的池化窗口，池化步长为 2，如图 3.62 所示。

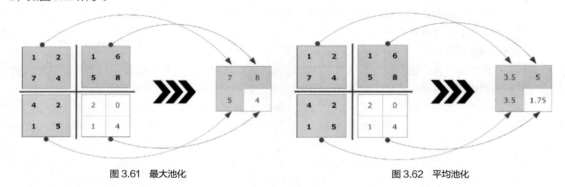

图 3.61　最大池化　　　　　　　　　　　　图 3.62　平均池化

（3）全局池化

对整个特征图进行池化，通常用于将特征图的空间维度缩减到 1。常见的全局池化包括全局平均池化（Global Average Pooling）和全局最大池化（Global Max Pooling）。全局平均池化如图 3.63 所示。

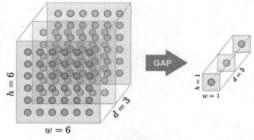

图 3.63　全局平均池化

3.8.4　全连接层

前面介绍了卷积层和池化层。但卷积神经网络的任务，通常是图像分类，而分类就少不了全连接层的参与。因此，在卷积神经网络中还有一个或多个至关重要的全连接层。"全连接"意味着，前一层网络中的所有神经元都与下一层的所有神经元相连接。

需要说明的是，观察图 3.64 可知，在卷积神经网络的前面几层，卷积层和池化层交替转换，这些层中的数据（即连接权值）通常都是高维度的，而全连接层的拓扑结构却比较简单。

所以卷积神经网络中前面的若干层在接入全连接层之前，必须先将高维矩阵拉平成一维向量组，以便于和后面的全连接层进行适配，而这个额外的多维数据变形工作层，亦有资料称之为展平层（Flatten Layer）。

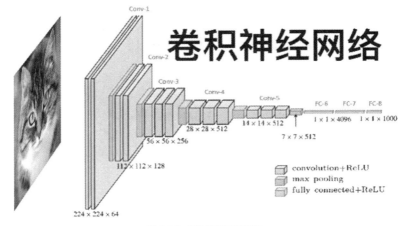

图 3.64 卷积神经网络结构

3.9 训练卷积神经网络

3.9.1 过拟合和欠拟合

微课 3-5

卷积神经网络运行
机制

前文提到，深度学习网络的层数增加会提升其表达能力，似乎只要不断加深网络，就能轻松获得高性能模型。然而，事情远非如此简单。

实际上，随着神经网络层数的增加，会面临更多的训练挑战和资源消耗问题，尤其是 GPU 的能耗会大幅增加。更令人困惑的是，过深的网络有时在特定任务上的表现反而会变差。这主要是因为，层数过多导致参数数量激增，从而容易引发机器学习中的一个常见问题——过拟合。

过拟合是指模型在训练数据上表现得过于出色，以至于它过于关注训练数据中的细节和噪声，而忽视了数据背后的真正规律和模式。这就像是学生如果只关注课本上的例题和答案，而忽略了理解知识的本质和应用，那么在面对新的、稍有变化的问题时，就会感到困惑和无所适从。

例如，在图 3.65 中，通过拟合的模型，学习得太过，它会把树叶边上的锯齿当作树叶的特征。于是，新的样本树叶仅仅由于边上没有锯齿（不同于训练数据），就被判定为非树叶。这岂不是很荒诞？

此外，其实所谓的训练数据，本身也是有误差的。过于精准地拟合，可能把这些数据的误差，当作特征来学习了。从而导致训练集上拟合得越精确，面对新样本时，预测的效果反而越糟糕。

图 3.65 过拟合

过拟合的对立面就是欠拟合。"欠拟合"的概念比较容易理解，就是样本不够，训练不精，连已有数据集（即训练集）中的特征都没有学好，自然当它对新样本做预测时，测试效果肯定也不好。有时，人们也把欠拟合叫作高偏差（High Bias）。

例如，在图 3.66 中，通过拟合的模型，学习大树数据集的时候，学习到的特征不够，只学习到了绿色这一特征，当后面的测试集给的树叶也是绿色时，模型就会将其判定为大树。

图 3.66　欠拟合

3.9.2　防止过拟合的 Dropout

2012 年，杰弗里·辛顿等人在一篇备受瞩目的论文中，深入探讨了深度学习中一个极为关键的技巧——Dropout，这项技术旨在有效防止神经网络过拟合。

在卷积神经网络的训练过程中，Dropout 机制会按照一定的概率随机地丢弃或抑制部分神经元，同时这些被丢弃的神经元及其相关的权重连接在训练过程中将不再起作用，其输出值被强制设为 0。这种操作直观上使得网络结构变得更为精简，因为许多连接被暂时性地移除了，如图 3.67 所示。

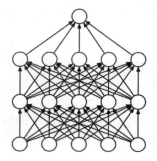
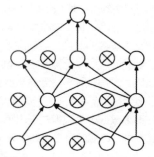

图 3.67　Droupout

3.10　卷积神经网络在图像中的应用

卷积神经网络作为一种专门用于处理具有类似网格结构的数据（如图像数据）的深度学习模型，在众多领域都展现出了强大的应用潜力。以下是对卷积神经网络主要应用领域的归纳。

3.10.1　图像分类

卷积神经网络在图像分类领域有着广泛的应用，其可以通过提取图像中的局部特征，实现对图像的有效分类。例如：人体动作识别（见图 3.68）、虚拟现实等。

图 3.68　人体动作识别

3.10.2　目标检测

目标检测是计算机视觉中的一个重要任务，旨在识别图像或视频中的目标物体，并确定其位置和尺寸。卷积神经网络通过卷积层提取特征，再通过后续的网络层实现对目标物体的检测和定位，如图 3.69 所示。

图 3.69　目标检测

3.10.3　图像生成

卷积神经网络在图像生成领域也取得了一定的成果，如通过 GAN 等技术，可以生成逼真的图像，如图 3.70 所示。

图 3.70　图像生成

3.10.4　物体识别

卷积神经网络可以通过滑动窗口、选择性搜索和 YOLO 等方法进行物体识别，实现对图像中物体的准确识别和定位，如图 3.71 所示。

图 3.71　物体识别

3.10.5　图像处理

卷积神经网络在图像处理领域有着广泛的应用，如图像去噪（见图 3.72）、图像增强、图像修复（见图 3.73）等。卷积神经网络可以通过学习图像中的特征，实现对图像的有效处理和改进。

图 3.72　图像去噪

图 3.73　图像修复

3.10.6　语音识别

卷积神经网络在语音识别领域也取得了显著的成果。通过提取音频信号的时频特征，卷积神经网络可以有效地识别语音中的单词和短语。

3.10.7　自然语言处理

虽然卷积神经网络在自然语言处理领域的应用不如循环神经网络和 Transformer 广泛，但在某些任务（如文本分类、句子相似度计算等）上也表现出了良好的性能。

3.10.8　超分辨率

超分辨率是指将低分辨率图像放大成高分辨率图像，同时保持图像质量。卷积神经网络在超分辨率领域有着广泛的应用，如 SRCNN、ESPCN 等是典型的超分辨率算法。

3.10.9　风格迁移

风格迁移是指将一种图像的风格应用到另一种图像上，如图 3.74 所示。卷积神经网络在风格迁移领域也取得了一定的成果，如 Neural Style Transfer、CycleGAN 等是常用的风格迁移算法。

图 3.74　风格迁移

综上所述，卷积神经网络在图像分类、目标检测、图像生成、物体识别、图像处理、语音识别、自然语言处理、超分辨率和风格迁移等领域都有广泛的应用。随着深度学习技术的不断发展，卷积神经网络的应用领域还将不断拓展和深化。

3.11　经典卷积神经网络

3.11.1　LeNet

LeNet 是由杨立昆等人于 1998 年提出的一种经典的卷积神经网络架构，最初用于手写体数字识别任务。它是深度学习领域中最早的卷积神经网络之一，为现代计算机视觉的发展奠定了基础。LeNet 的成功证明了卷积神经网络在图像分类任务中的有效性，并启发了后续许多重要的神经网络架构（如 AlexNet、VGG 和 ResNet）。

3.11.2　VGG

VGG 是一个经典的卷积神经网络模型，由英国牛津大学的 Visual Geometry Group 提出，因此得名 VGG。它在 2014 年的 ImageNet 图像分类竞赛中取得了优异的成绩，成为深度学习领域的里程碑之一。

（1）VGG 结构

VGG 的结构非常规整，主要由卷积层和全连接层组成。卷积核（Kernel）大小固定为 3×3，步幅（Stride）为 1，填充（Padding）为 1。池化层使用 2×2 的最大池化，步幅为 2。

VGG 通过堆叠多个小卷积核（3×3）来替代大卷积核（如 5×5 或 7×7），从而增加网络的深度。例如，两个 3×3 卷积核的感受野相当于一个 5×5 卷积核，但参数量更少，且引入了更多的非线性激活函数（如 ReLU），增强了模型的表达能力。

（2）VGG 版本

VGG 有多个版本，常用的有 VGG16 和 VGG19，数字表示网络的层数（包括卷积层和全连接层）。VGG16 有 16 层（13 个卷积层+ 3 个全连接层），VGG19 有 19 层（16 个卷积层+3 个全连接层）。

3.11.3　ResNet

残差网络（Residual Network，ResNet）是一种深度神经网络，由何恺明等人在 2015 年提出，并在 2016 年的 ImageNet 大规模视觉识别竞赛中获得了图像分类和物体识别的冠军。ResNet 通过引入残差学习解决了深层网络训练中的梯度消失和梯度爆炸问题，使得网络可以训练得更深，性能更强。残差连接也称为跳跃连接（Skip Connection）或短路连接（Shortcut Connection），它将输入信号直接传递到后面的层，使得网络可以学习到残差而不是全局特征。这种设计使得网络在反向传播时能够更容易地传递梯度，从而解决了深层网络训练中的梯度消失问题。

ResNet 的基本单元是残差块（Residual Block），每个残差块包含一个跨层连接。残差块主要有两种类型：BasicBlock 和 BottleNeck。BasicBlock 由两层 3×3 卷积核组成，而 BottleNeck 由一层 1×1 卷积核、一层 3×3 卷积核和一层 1×1 卷积核组成，用于减少和恢复维度。

 任务实现

经过任务分析，工业零件划痕自动识别任务的具体实现分为以下 7 个步骤。

1. 注册百度云账号

进入百度 EasyDL 的官方网站，如图 3.75 所示。单击"立即使用"后注册账号并登录。

2. 选择模型类型

登录后单击"立即使用"按钮，弹出"选择模型类型"页面，可以根据要解决的实际问题选择模型类型，本任务选择"物体检测"，如图 3.76 所示。

任务演示

工业零件划痕自动
识别

图 3.75　EasyDL 的官方网站

图 3.76　选择模型类型

3. 选择场景范例

在"场景范例"中选择"工业零件划痕自动识别"，如图 3.77 所示，单击"去使用"按钮。

图 3.77　选择场景范例

进入下一页面，单击"立即训练"按钮，如图 3.78 所示，进入"训练模型"页面，如图 3.79 所示，单击"下一步"按钮。

图 3.78　单击"立即训练"按钮

图 3.79　"训练模型"页面

4. 选择数据集

在"数据准备"界面，"数据来源"可以选择"我的数据集"或者"公开数据集"，如图 3.80 所示。

图 3.80　"数据准备"界面

"公开数据集"是已经标注好的数据集，可以直接选择使用。"我的数据集"在使用前需要导入，这里简单介绍"我的数据集"的导入过程。

（1）如图 3.81 所示，在导航栏选择"数据总览"，在页面右侧打开"数据集管理"界面，单击"创建数据集"按钮。

图 3.81　创建数据集

（2）填写"数据集名称"为"划痕检测数据集"，"标注类型"选择"物体检测"，"标注模板"选择"矩形框标注"，"保存位置"选择"平台存储"，如图 3.82 所示，单击"创建并导入"按钮。

（3）进行导入配置，"数据标注状态"选择"无标注信息"，"导入方式"选择"公开数据集"，"选择数据集"设置为"划痕检测数据集/V1"，"导入该数据集"选择"全部数据(不带标注)"，如图 3.83 所示，最后单击"确认并返回"按钮。

图 3.82　"创建数据集"界面

图 3.83　"导入数据"界面

（4）如图 3.84 所示，数据集已经导入完成，这里导入的数据集没有标注，需要对其进行标注。

图 3.84　导入的数据集

单击"标注"进入"数据标注"界面，逐个单击图片有划痕的地方使用矩形框进行标注，完成以后单击"保存当前标注"，如图 3.85 所示。至此完成了数据集的标注，并且已经导入"我的数据集"。

至此"我的数据集"和"公开数据集"都已经准备完毕。本任务的"数据来源"选择"公开数据集"，如图 3.86 所示，单击"下一步"按钮。

5. 模型训练

进入模型训练阶段，训练模型时可以根据实际情况选择平台提供的训练环境，这里使用默认的配置，如图 3.87 所示，单击"开始训练"按钮。

<table>
图 3.85　"数据标注"界面　　　　　　　　图 3.86　选择数据集
</table>

图 3.87　选择训练环境

模型训练状态如图 3.88 所示。

图 3.88　模型训练状态

如图 3.89 所示，模型已训练完成。

图 3.89　模型训练完成

注：mAP（mean Average Precision）是物体检测任务中衡量算法效果的指标。对于物体检测任务，每一类物体都可以计算出其精确率和召回率。

6. 发布模型

模型训练完成后，单击"申请发布"按钮填写适合的服务名称和接口地址，如图 3.90 所示，单击"提交申请"按钮即可发布模型。

图 3.90　发布模型

如图 3.91 所示，模型发布成功。

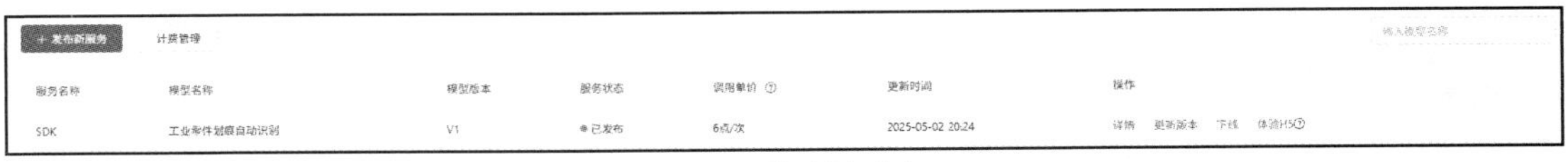

![图3.91]

图 3.91　模型发布成功

7. 体验 H5

模型发布成功以后可以使用模型识别工业零件的划痕，单击"体验 H5"按钮，进入图 3.92 所示的界面，单击"创建应用"按钮。

填写"应用名称"为"工业零件划痕自动识别"，"接口选择"可以采用默认选项，"应用描述"根据做的案例进行说明即可，如图 3.93 所示，最后单击"确定"按钮。

图 3.92　体验 H5　　　　　图 3.93　创建应用

完成应用创建后，再次单击"体验 H5"，出现图 3.94 所示界面，选择调用的 App，单击"下一步"按钮，出现图 3.95 所示的界面，填写"名称""模型介绍""开发者署名""H5 分享文案"后，单击"下一步"按钮，出现图 3.96 所示的二维码。

图 3.94 选择调用 App

图 3.95 填写详细信息

图 3.96 模型发布二维码

使用百度 App 或者微信扫描二维码，出现图 3.97 所示的界面，上传一张工业零件图片进行识别，识别结果如图 3.98 所示，工业零件上有一个小的划痕会被标注出来。

图 3.97 扫描结果

图 3.98 识别结果

 任务总结

在本次工业零件划痕自动识别任务中，读者综合学习了卷积神经网络的搭建、训练过程；了解了卷积神经网络在图像中的应用。在实际应用中，使用这些知识时需要注意以下细节。

- 卷积运算方面，要注意卷积核大小的选择。例如，小卷积核可捕捉局部特征但感受野小，大卷积核可能带来更多参数。步长和填充的设置，会影响输出的尺寸，需要根据输入大小调整，避免尺寸缩减太快，导致信息丢失。

- 最大池化和平均池化的选择。最大池化适合保留纹理特征，平均池化能平滑特征，但要根据任务类型来选。池化的窗口大小和步长也要注意，太大的池化可能会丢失过多空间信息，影响小物体的检测。

- 过拟合和欠拟合的问题。对于过拟合，常用的方法有数据增强、正则化（L1/L2）、Dropout、早停等。欠拟合的话，可能需要增加模型复杂度，但也要注意是否存在数据量不足或特征提取不够有效等问题。

- 经典神经网络结构，例如 AlexNet、VGG、ResNet 等，使用时要注意预训练模型的适用领域。例如在医疗影像上用 ImageNet 预训练的模型可能需要微调，因为数据特征分布不同。模型深度要适合当前任务，过深的模型在小数据集上容易过拟合，而过浅的模型可能欠拟合。此外，实际使用中还要考虑计算资源，比如 MobileNet 适合移动端，ResNet152 可能需要更多计算资源。

- 在使用百度 AI 开发平台时，如果选择的是"我的数据集"要提前标注并导入。

🎒 巩固练习

一、选择题

1. 卷积神经网络中，用于提取图像局部特征的层是（　　）。

   A. 输入层　　　　　B. 卷积层　　　　　C. 池化层　　　　　D. 全连接层

2. 以下哪个操作不是卷积神经网络中常用的数据增强方法？（　　）

   A. 旋转　　　　　　B. 缩放　　　　　　C. 翻转　　　　　　D. 标准化

3. 以下哪个激活函数在卷积神经网络中较为常用，因为它能缓解梯度消失问题？（　　）

   A. sigmoid　　　　B. tanh　　　　　　C. ReLU　　　　　　D. softmax

4. 卷积神经网络中，池化层的主要作用是（　　）。

   A. 提取特征　　　　　　　　　　　　　　B. 降低特征维度

   C. 提高模型复杂度　　　　　　　　　　　D. 防止过拟合

5. 在卷积神经网络中，以下哪个操作有助于减少模型参数数量，从而防止过拟合？（　　）

   A. 增加卷积层数量　　　　　　　　　　　B. 使用更大的卷积核

   C. 使用全局平均池化　　　　　　　　　　D. 提高学习率

6. 卷积神经网络中，以下哪个层通常用于输出分类结果？（　　）

   A. 卷积层　　　　　B. 池化层　　　　　C. 全连接层　　　　D. 激活层

二、填空题

1. 卷积神经网络中，_____在输入图像上滑动，进行局部区域的加权求和操作。

2. _____通常用于降低卷积层输出的特征图的维度，同时保留重要特征。

3. 在卷积神经网络中，_____通常位于网络的最后几层，用于整合特征并进行分类或回归。

4. _____激活函数因其简单且有效的非线性特性，在卷积神经网络中得到了广泛应用。

5. _____算法是训练卷积神经网络时用于更新网络权重的关键算法。

三、简答题

1. 简述卷积神经网络的基本结构及各部分的功能。

2. 解释卷积神经网络中卷积操作的工作原理，并说明其重要性。

3. 描述池化层在卷积神经网络中的作用及常见类型。

4. 比较卷积神经网络与传统全连接神经网络在处理图像数据时的差异。

🔍 任务拓展

1. 在百度 EasyDL 的物体检测中，选择"厂区工人抽烟行为识别"场景范例进行训练。数据集的选择要求使用"我的数据集"，提前导入数据集并且对数据集进行标注。完成发布模型、生成二维码，并且使用手机扫描能够显示结果。

2. 在百度 EasyDL 的物体检测中，选择"森林火灾预警识别"场景范例进行训练。数据集的选择要求使用"公开数据集"。完成发布模型、生成二维码，并且使用手机扫描能够显示结果。

拓展阅读

中国 AI 视觉之路——从追赶到引领的科技长征

我国AI视觉技术的发展历程，正是一场从技术追赶迈向全球引领的科技长征。这一过程中，我国不仅突破了技术瓶颈，更在应用生态、产业协同与国际合作中构建了独特的竞争优势。

一、技术突破：从模仿到自主创新的跨越

自2022年ChatGPT引爆全球AI热潮后，我国迅速跟进，在不到一年时间内推出130多个大模型，其中参数规模超10亿的模型数量超过100个。以阿里云Qwen2-72B和DeepSeek为代表的开源模型，不仅在性能上超越国内外闭源产品，还在国际评测中屡获佳绩，标志着我国在自然语言处理和多模态生成领域的技术突破。

DeepSeek通过算法优化和低成本算力方案，大幅降低了API调用价格，推动AI技术从专业壁垒向普惠工具转变。此外，我国企业在合成数据技术上的突破，显著降低了真实数据依赖与标注成本，提高了大模型的训练效率。

二、政策与生态：从国家战略到市场驱动

1. 政策扶持与产业规划

在《新一代人工智能发展规划》框架下，我国明确将具身智能、6G、量子科技等列为未来产业重点，并通过"人工智能+"战略推动跨行业融合，培育新质生产力。

2. 开源生态与国产算力闭环

开源模式成为我国AI发展的核心策略之一。深度求索等企业通过开源模型吸引全球开发者参与技术迭代，形成"技术平权"生态。同时，华为昇腾AI、海光平台等国产算力平台的崛起，构建了从芯片到应用的自主可控产业链，摆脱对国际算力的依赖。

三、应用落地：从场景验证到全球输出

1. 垂直领域的深度渗透

● 智能制造：AI视觉在工业质检、流程优化中广泛应用，助力制造业降本增效。例如，合成数据技术帮助企业快速生成缺陷样本，加速模型训练。

● 医疗与养老：AI辅助诊断系统覆盖超2亿用户，智能护理机器人通过个性化服务解决社会老龄化痛点。

● 消费电子：小米将AI视觉技术融入手机影像与智能家居，华为鸿蒙系统结合DeepSeek打造"所想即所得"的交互体验。

2. 全球化布局

我国AI技术通过"一带一路"等国际合作框架输出全球。例如，义乌的跨境贸易企业利用AI工具生成多语言宣传视频，拓展国际市场；中国—金砖国家人工智能发展与合作中心推动技术标准与治理体系的全球共建。

四、挑战与未来：从技术领先到生态引领

1. 技术瓶颈与风险应对

尽管算力成本大幅下降，但高峰期推理算力不足（如DeepSeek"宕机"事件）仍暴露基础设施短板。此外，数据隐私与AI伦理问题需通过法规完善解决，例如《全球人工智能治理倡议》的提出。

2. 未来赛道与长期愿景

● 硬件革命：AI眼镜被视为下一代人机交互入口，依托全球15亿眼镜用户基数，有望

成为亿级出货终端。

● 人形机器人：我国已有构建全产业链能力，目标在2025年将硬件成本降至15万元并实现C端规模化应用。

● 量子计算与6G：预计2030年前建成"空天地一体化"6G网络，量子技术将推动AI训练与生物医药研究的范式变革。

站在新的起点上，我国的AI视觉技术正迈向更广阔的天地。在新疆的戈壁滩上，智能巡检机器人正在维护数千千米的输电线；在东海之滨，水下机器人用计算机视觉监测海洋生态；在贵州的天文台，AI帮助科学家分析浩瀚宇宙的图像。我国AI视觉的崛起，既是技术积累的必然结果，也是政策、市场与全球化协同的产物。未来，我国须继续强化核心技术自主性，同时通过开放生态参与全球治理，将"中国标准"转化为"世界标准"。正如雷军所言，科技企业须在技术创新与社会责任间平衡，方能实现从"产品输出"到"价值引领"的跨越。这场科技长征的终点，不仅是技术的领先，更是人类智慧边界的全新探索。

项目 4

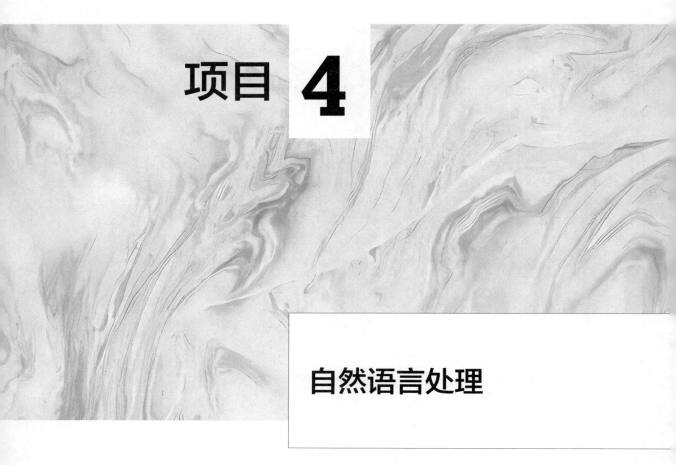

自然语言处理

　　语言是人类智慧的结晶，而自然语言处理则是让这结晶绽放璀璨光芒的技术。自然语言处理技术使计算机能理解和处理人类语言，实现智能交互、文本分析等功能。通过自然语言处理，语言的力量得以在数字世界延伸，为机器翻译、信息检索、智能客服、语音识别等领域带来变革，进一步推动人类社会的发展。

　　本项目将通过完成3个具体任务：电商评论词云生成、书籍主题词的提取与分类、MP3语音文件识别，来系统地介绍自然语言处理的基础知识——涵盖自然语言处理的定义、发展历史、应用场景、文本表示方法、中文分词，基于统计的语言模型、基于深度学习的语言模型以及语音识别等内容。通过对上述基础知识的学习和任务实践，读者将能够比较全面地了解自然语言处理的理论和技术。

学习目标

知识目标
1. 理解自然语言处理的定义、应用场景和发展历史。
2. 理解常用的文本表示方法。
3. 理解中文分词的概念和基本原理。
4. 理解N-Gram模型的基本原理。
5. 理解主题模型的基本概念。
6. 理解深度学习语言模型的基本原理。
7. 了解Transformer模型的概念。
8. 了解语音识别的发展历程、基本原理和应用场景。

能力目标
1. 能够使用词袋完成文本预处理。
2. 能够完成中文文本的分词。
3. 能够生成文本数据的词云。
4. 能够使用语言模型处理文本数据。
5. 能够完成语音文件的识别。

素质目标
1. 结合语言学、计算机科学和数学等多学科知识，培养跨学科整合能力。
2. 建立持续学习机制，培养快速适应新技术的能力。
3. 结合文本处理实战案例，培养自然语言现象分析与技术转化能力。
4. 通过开放性问题的拆解步骤，培养复杂问题结构化处理能力。

建议学时

6学时。

任务 4-1 电商评论词云生成

任务提出

当前，网上购物已经成为一种非常流行的购物方式。当在购物网站挑选商品时，人们通常会关注商品的评论，然而商品评论通常数量庞大，阅读这些评论会耗费大量时间。那么，在面对大量的评论时，有没有什么方法可以自动将其中的关键词提取出来，从而辅助快速判断呢？查阅资料发现，词云能够快速识别文本中的关键词，可用于辅助判断。

词云是由词组成的类似云的彩色图，如图 4.1 所示，其中每个词的重要性通过字体大小或颜色深浅来体现，从而突出显示指定文本中的关键词，帮助用户快速获取文本的主旨。

图 4.1 评论文本对应的词云

任务分析

　　本任务主要通过文本处理的方法提取电商评论中的关键词，并生成词云来展示提取的关键词，以辅助购物时的判断。这需要先对文本进行分词，然后通过词袋统计词语及其频率，最后生成词云，具体的任务分析如下。

1. 新建工作流。
2. 导入电商评论数据集文件"评论数据.xlsx"，并查看数据集中评论的具体内容。
3. 对电商评论文本实施分词、过滤停用词等文本预处理操作，完成文本的初步处理。
4. 借助词袋统计电商评论文本中出现的词及频率。
5. 生成词云，可视化展示词袋处理的结果。
6. 运行该工作流，检查各小部件是否正常工作，并保存输出结果。

 知识准备

微课 4-1

4.1　自然语言处理概述

自然语言处理概述

4.1.1　自然语言处理的含义

　　自然语言是指人们日常生活中进行交流时使用的各种语言和文字，例如汉语、英语、法语、德语、俄语等人类语言。这些语言通常是随着各个国家和民族的文化演化而自然地发展出来的，因此被称为自然语言，以区别于程序设计语言等人造语言。

　　而自然语言处理则是指用计算机等电子设备来处理和识别人类的语言文字。它研究如何使计算机等智能设备理解人类语言的理论与方法，是一门融语言学、计算机科学、数学于一体的交叉学科，是当前最热门的研究方向之一。

4.1.2　自然语言处理的发展历史

　　自 20 世纪 50 年代开始至今，自然语言处理已历经 70 余年的发展，其发展历史大致可以分成以下几个阶段。

1. 20 世纪 50 年代—20 世纪 60 年代：早期研究

　　1954 年，美国乔治敦大学与 IBM 公司合作的实验中展示了俄语文本自动翻译成英语的过程，这一实验被视为机器翻译诞生的标志。1956 年，约翰·麦卡锡在达特茅斯会议上正式提出了"人工智能"这一概念，标志着人工智能的诞生，这为自然语言处理带来了希望。

2. 20 世纪 60 年代—20 世纪 70 年代：基于规则的方法

　　20 世纪 60 年代，以艾弗拉姆·乔姆斯基为代表的符号派研究人员开始了对形式语言理论和生成句法的研究。以乔姆斯基的形式语言为基础，研究人员研究语言学、语音学，试图将句法原则和语言学专业知识转化为计算框架，并基于规则来建立词汇、分析句法、分析语义，在此基础上设计问答聊天系统和机器翻译系统。

3. 20 世纪 70 年代—20 世纪 90 年代：基于统计的方法

　　在 20 世纪 80 年代前后，研究人员找到了基于统计的方法，自然语言处理开始向基于统计方法的方向发展。弗雷德里克·杰利内克在 IBM 实验室工作期间，推动了统计方法在自然语言处理中的应用，为语音识别和机器翻译奠定了基础。

　　在这一时期，马尔可夫模型在语音识别中成功获得应用，标志着统计方法在自然语言处理中的重要性日益增长。

4. 20 世纪 90 年代—21 世纪初：基于机器学习与深度学习的方法

　　20 世纪 90 年代，机器学习开始流行，很多自然语言处理研究开始运用基于机器学习的方法。

进入 21 世纪之后，随着深度学习逐渐在图像分析方面发挥威力，自然语言处理研究者把目光转向了深度学习。2011 年罗南·科洛伯特等人用一个简单的深度学习模型在命名实体识别、词性标注等自然语言处理任务中取得了不错的成绩。

2013 年，以 Word2Vec 为代表的词向量模型开始普及。基于深度学习的方法经过 CNN、RNN、Transformer 等特征提取器的发展，目前已经成为自然语言处理的主流方法。

2019 年至 2022 年，谷歌公司的 BERT 模型、OpenAI 公司的 GPT 模型在很多指标上超越了人类。此后，各种为特定任务优化的大型预训练语言模型不断涌现。

4.1.3　自然语言处理的应用场景

随着人工智能相关技术的不断进步，自然语言处理的应用变得越来越广泛，在日常生活中也越来越常见。以下是一些常见的自然语言处理应用场景。

1．机器翻译

机器翻译指运用机器，通过特定的计算机程序将一种书写形式或声音形式的自然语言，翻译成另一种书写形式或声音形式的自然语言的过程。常用工具例如百度翻译、谷歌翻译、文档翻译工具等。百度翻译、谷歌翻译能够即时将一种语言翻译成另一种语言，而文档翻译工具用于将大量文档从一种语言翻译成另一种语言，如法律文件、技术手册等。图 4.2 所示为百度翻译的界面，它能够准确、高效地进行不同语言之间的翻译，并且支持文档翻译，使用起来十分方便。

图 4.2　百度翻译的界面

2．自动摘要

自动摘要指通过计算机程序自动从长文本中提取关键信息并生成摘要的技术。自动摘要技术的应用非常广泛，例如自动生成新闻报道、学术论文等的摘要，从而帮助用户快速获取信息，提高信息处理的效率。再如，在法律和金融领域可以使用自动摘要技术来简化复杂的文档，使其更易于理解。

3．文本分类

文本分类指用计算机对文本数据（或其他实体）按照一定的分类体系或标准进行自动分类标记。分类的类别可以是情感（如正面、负面、中性）、主题（如体育、政治、娱乐）、新闻类型（如国内新闻、国际新闻、财经新闻）、邮件类型（如垃圾邮件、正常邮件）等。文本分类任务广泛应用于各领域，包括信息检索、情感分析、新闻分类、垃圾邮件检测、主题检测等。

4．问答系统

问答系统是一种能够接收自然语言问句作为输入，并直接返回准确答案的信息检索系统。问答系统是信息检索系统的一种高级形式，它能用准确、简洁的自然语言回答用户用自然语言提出的问题，超越了传统搜索引擎的关键词检索模式，实现了从"大海捞针"到"精准定位"的飞跃。问答系统根据不同的分类标准，可以有多种类型。按领域分类，可以分为开放领域问答系统（如维基百科、百度百科等）、限定领域（如医疗、法律、金融等）问答系统。按交互方式分类，可以分为单轮会话型问答系统和多轮会话型问答系统。在单轮会话型问答系统中，用户提出一个问题，系统返回一个答案，交互过程结束；在多轮会话型问答系统中，用户和系统可以进行多轮对话，系统可以根据上下文信息提供更准确的答案或执行更复杂的任务。目前，问答系统在教育、医疗健康、智能家居、客户服务、搜索引擎等方面有着广泛的应用。

5. 智能推荐系统

智能推荐系统是一种利用人工智能技术为用户提供个性化推荐信息的系统，借助自然语言处理技术，结合用户的历史行为和偏好，可以为用户提供个性化的推荐服务。智能推荐系统往往需要收集用户行为数据，如登录信息、浏览历史、购买记录等，并按照一定的格式进行存储，然后对其进行分析和处理，以便构建用户画像，并基于用户画像进行个性化的推荐。智能推荐系统作为 AI 技术个性化服务的核心，已经在众多领域发挥重要作用，例如电商领域、视频平台、音乐平台、社交领域。如图 4.3 所示，由于用户之前搜索过水杯，所以在京东"发现好货"界面会推荐更多杯子及类似商品。

图 4.3 京东商品推荐界面

4.1.4 自然语言处理的组成部分

根据处理方向的不同，自然语言处理大致可以分成两部分，分别是自然语言理解（Natural Language Understanding，NLU）和自然语言生成（Natural Language Generation，NLG）。这两部分各有不同的侧重点和技术需求，分别简述如下。

1. 自然语言理解

自然语言理解是使计算机能够理解和解释人类语言的过程。这包括对语言中的词汇、语法、语义等各个方面的分析。例如，对给定的句子进行分词、词性标记、命名实体识别、句法分析、语义角色标注和多义词消歧等，都是自然语言理解的重要任务。通过这些任务，计算机可以获取句子中的关键信息，从而理解句子的含义以及上下文关系。

自然语言理解融合了语言学、计算机科学、认知心理学和人工智能等多个学科的知识。其中，语言学为其提供了语言的语法、语义和语用等基础知识；计算机科学则负责提供算法和模型以处理和理解自然语言数据；认知心理学揭示了人类如何理解和产生语言；人工智能则将这些学科的知识综合起来，推动机器在自然语言理解方面的进步。

2. 自然语言生成

自然语言生成则是按照一定的语法和语义规则生成自然语言文本，将计算机内部的信息以人类可以理解的形式表达出来的过程。这包括从计算机系统中的数据生成文本、句子或段落等。例如，文本生成、问答系统、对话系统等都是自然语言生成的应用场景。在这些场景中，计算机需要根据内部的数据或知识库，生成符合人类语言习惯和语法规则的自然语言文本。

自然语言生成的重要意义在于，使机器向人类传递信息的方式更加自然、高效，优化了人机交互体验。它能够将计算机内的复杂数据转化为可读文本，以辅助决策，提高人类工作效率。当前，基于大语言模型的自然语言生成在新闻报道、内容创作等领域展现出巨大潜力，推动了智能化应用的发展。

4.2 文本表示方法

文本表示方法

由于计算机无法直接识别文本符号，因此在进行自然语言处理时，面临的一个首要问题便是如何将文本符号转换为计算机能够处理的数据形式，而采用文本表示方法正是解决这一问题的途径。文本表示方法可以将文本符号转化为数学向量，使得计算机能够对文本数据进行处理。

文本表示方法在自然语言处理中扮演着至关重要的角色，是实现人机交互的重要桥梁。通过选择合适、有效的文本表示方法，可以使计算机更好地捕捉文本中的语义信息，从而提高自然语言处理任务的效率。

文本表示方法可以分为离散表示和分布式表示两种主要类型。其中，离散表示方法主要有词袋、独热编码、TF-IDF 等；分布式表示方法主要有 Word2Vec、GloVe、FastText 等。

4.2.1 词袋

词袋（Bag of Words，BoW）又称为词袋模型，是自然语言处理和信息检索中常用的一种文本表示方法。在词袋模型中，文本（如句子或文档）被表示为一个词汇表中词语的"袋子"，忽略了词语之间的语法和词序，仅关注词语的出现频率。词袋通过统计词语的出现频率，将文本转化为向量表示。

在词袋中，文本被表示为一个词频向量，其中每个维度对应一个特定的词，而该维度的值表示该词在文本中出现的次数或频率。例如，现有以下两个句子。

- 句子 1：我喜欢自然语言处理
- 句子 2：自然语言处理技术很有趣

如果对应的词汇表为["我"，"喜欢"，"自然语言"，"处理"，"技术"，"很"，"有趣"]，则词袋会将这两个句子转化为如下的词频向量。

- 句子 1：[1,1,1,1,0,0,0]
- 句子 2：[0,0,1,1,1,1,1]

可以看到，词频向量是一个数值向量，所以可以直接在计算机中参与各种运算，从而为实现自然语言处理的各种功能扫清障碍。

一般来说，词袋的构建过程可以分为以下几个步骤。

（1）分词：将文本切分为单词序列。

（2）构建词汇表：统计所有文本中的不重复单词（即唯一单词），形成词汇表。

（3）生成词频向量：根据词汇表，统计每个文本中单词的出现频率，生成对应的向量。

词袋是一个经典且基础的文本表示方法。它虽然看似简单，但在文本分类、情感分析、信息检索等自然语言处理任务中发挥着重要作用。此外，在处理大规模文本数据时词袋也表现出色，尤其是在计算效率和实现难度上具有明显优势。

然而，随着自然语言处理任务复杂度的提高，词袋的局限性也逐渐显现。由于词袋忽略了词序信息，无法捕捉句子中的语法结构。例如，"猫追老鼠"和"老鼠追猫"在词袋中的表示是相同的，尽管它们的语义完全不同。除此之外，词袋也无法理解词之间的语义关系。例如，"高兴"和"开心"在词袋中被视为完全不同的词，尽管它们的语义非常接近。

4.2.2 独热编码表示

独热编码（One-Hot Encoding）又称一位有效编码，独热编码把词汇表中每个词表示为一个长向量，称为独热向量。该向量的维度是词汇表的大小，向量中只有一个维度的值为 1，其余维度的值均为 0，这个非 0 的维度就代表了当前的词。在自然语言处理任务中，独热编码通常用于表示词汇表中的每个单词，将每个单词视为一个独立的特征，并为其分配一个唯一的向量。因此，独热编码是一种稀疏的表示方式。

假设某个词汇表中包含 100 个代表常见动物名字的单词，如果用独热编码表示，则独热向量的长度也将是 100。假如前 3 个单词分别是"猫""狗"和"鸟"，那么这 3 个单词的独热向量如下。

- 猫：[1,0,0,0,0,0,...,0]
- 狗：[0,1,0,0,0,0,...,0]
- 鸟：[0,0,1,0,0,0,...,0]

由上可知每个单词都被表示为一个 100 维的向量，其中只有一个元素为 1，其余 99 个元素均为 0，并且为 1 的元素所在的维度就是这个动物名字在词汇表中的位置。

独热编码的优点在于直观易懂，能够快速建立，并且不需要复杂的预处理步骤，也适用于大多数机器学习算法。但是，它也存在着高维、稀疏和正交性等问题。词汇表中有多少个单词，独热向量的维度就有多大，在大词汇表中会出现维度过高、有效数据过于稀疏的问题，进而造成参数过多的现象，这不仅提高了计算复杂度，还可能影响模型的性能，这就是所谓的维度灾难。

由于独热编码将每个单词视为独立的特征，因此它无法处理一词多义的问题。并且，独热编码完全忽略了单词之间的语义关系和上下文信息，这使得它无法捕捉词之间的相似性，从而丢失上下文信息。

例如，在前文表示动物名字的独热编码例子中，"猫"和"狗"都是哺乳动物，外形特征具有一定的相似性，但在独热编码中它们之间没有任何联系。从图 4.4 可以看出，"猫"和"狗"的独热编码的点积结果为 0，这表明它们在向量空间中正交，因此无法反映两者之间的语义相似性。

图 4.4　独热编码的点积结果为 0

词语之间的相似性在自然语言处理中扮演着至关重要的角色，是自然语言理解的重要基础。因此，无法反映词语之间的相似性是独热编码的重要缺点之一。

4.2.3　分布式表示

为了克服独热编码表示方法的缺点，研究人员提出了分布式表示（Distributed Representation）方法。在分布式表示方法中，词语被表示为一个定长的、连续的、稠密的低维向量，称为词向量或词嵌入。这个向量的每一维都有特定的含义，从而将语义信息融合进了词向量中，而且向量之间的距离可以反映词语之间的语义相似性，使得基于衡量向量距离的方法（如欧氏距离、余弦距离等）可以用来度量词语间的相似度。语义上相近或相似的词，在向量空间中的距离也会更接近，而语义相反的词的距离则会更远。

这里通过一个例子对比独热编码表示和分布式表示。为了简单起见，假设某个词汇表中只有 4 个词语（中国男人、中国女人、美国男人、美国女人），如果采用独热编码表示，则编码的结果如下。

- 中国男人：[1,0,0,0]
- 中国女人：[0,1,0,0]
- 美国男人：[0,0,1,0]
- 美国女人：[0,0,0,1]

如果采用分布式表示，则可以将 4 个词语中的 2 个特征"国籍""性别"提取出来，并分别用数值表示，例如用"0""1"表示，然后可以得到表 4.1。

表 4.1 分布式表示方法

特征	编码值	
	0	**1**
国籍	中国	美国
性别	男	女

从表格中可以看出，采用分布式表示方法，可以将中国男人、中国女人、美国男人、美国女人分别编码成如下的形式。

- 中国男人：[0,0]
- 中国女人：[0,1]
- 美国男人：[1,0]
- 美国女人：[1,1]

可以看到，对比独热编码，分布式表示的编码结果维度更低、更稠密。当词汇表中的词语非常多时，分布式表示方法对于维度的缩减将更为明显，不会出现独热编码那样的维度灾难问题。通常在处理大词汇表数据时，分布式表示的编码一般会将维度控制在 100 维以内，即特征数量通常控制在 100 个以内，不会出现独热编码动辄成千上万维，甚至几十万维的情况。

当然，在实际应用中一般不是像上面案例中简单地用 "0" "1" 这样的整数编码，更普遍的情况是用多个不同实数进行编码表示，例如 "猫" "狗" "鸟" 的分布式表示编码可以是如下的形式。

- 猫：[0.24,0.21,−0.06,0.1,…]
- 狗：[0.20,0.34,−0.17,0.18,…]
- 鸟：[0.11,0.07,0.33,0.09,…]

通过这些编码，可以进一步理解分布式表示中 "分布" 一词的含义：词语的特征信息分布到对应向量的多个维度分量中，其中每个维度分量仅包含部分信息，区别于独热编码将信息集中到一个维度上。

生成分布式词向量的方法多种多样，有基于矩阵分解的方法，如潜在语义分析等；有基于神经网络的方法，如 Word2Vec、GloVe、FastText 以及 ELMo、BERT 等。

2013 年，托马斯·米科洛夫及其团队在谷歌发布了 Word2Vec 模型，其特点是将所有的词向量化，并且能够生成低维、稠密的词向量，从而可以定量地度量词之间的关系，挖掘词之间的潜在联系。Word2Vec 生成的词向量具有丰富的语义信息，广泛应用于各种自然语言处理任务中，如情感分析、词性标注、语言翻译、词语相似度计算等。

4.2.4 词云

词云（Word Cloud）又称文字云，是一种文本数据可视化表示方法，其通过将文本中出现频率较高的关键词以视觉上突出的方式展示，帮助用户快速理解文本的主旨和关键内容。

词云由词组成，每个词的重要性通常通过字体大小或颜色深浅来体现。通常，出现频率较高的词以较大的字体呈现，而出现频率较低的词则以较小的字体显示，并且不同的词会配以不同的颜色，如图 4.5 所示。

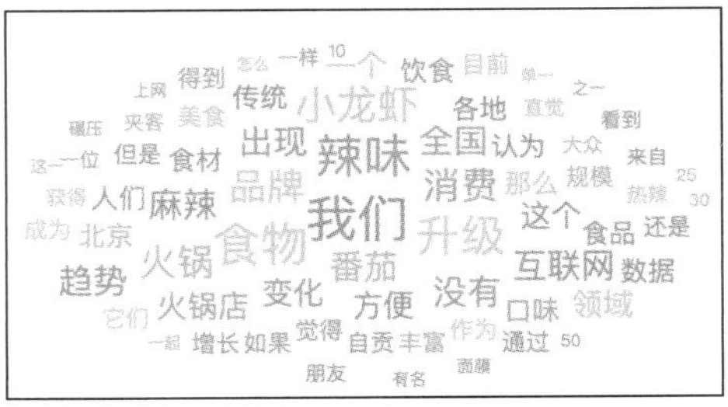

图 4.5 一个有关餐饮的词云

词云能够过滤掉大量的文本信息，使浏览者只要一眼扫过词云，就能够领略文本的主旨，从而帮助人们快速把握和理解文本的主要内容和主题。词云特别适合应用于以下场景。

- 大量文本数据：词云能够直观地展示大量文本中的关键词，适用于用户画像、话题热度分析等。
- 快速感知重点：通过视觉上的突出，词云能够帮助用户快速感知文本的重点内容。
- 数据可视化：在数据报告中，词云可以用于展示关键指标或总结性内容，使报告更加直观易懂。

4.3 中文分词与常用工具

微课 4-3

在 4.2.1 节介绍词袋时提到，词袋构建过程中的第一步便是分词。那么，什么是分词？在中文自然语言处理中，分词起着什么样的作用呢？

所谓中文分词是指将中文语句中的词语按照使用时的含义切分出来的过程，也就是将一个汉字序列切分成一个个有单独含义的词语。分词是中文等东亚语言进行自然语言处理时的特有操作，因为以英文为代表的拉丁语系语言在书写时，词与词之间通常以空格作为天然的分隔符，例如：

中文分词与常用工具

Natural language processing is a direction of AI research.

而中文由于继承古代汉语的传统，词与词之间没有天然分隔符。古代汉语中除了联绵词、人名、地名等，词通常就是单个汉字，所以当时没有分词书写的必要。但是，现代汉语中双字或多字词居多，一个汉字不再等同于一个词，而词又是承载语义的最小单元，所以词的准确划分对于句子含义的理解至关重要。例如：

南京市/长江大桥
南京/市长/江大桥
结婚/的/和尚/未/结婚/的
结婚/的/和/尚未/结婚/的

因此，准确识别词与词之间的边界，也就是分词，对于中文自然语言处理来说至关重要。

中文分词主要包含细粒度分词和粗粒度分词两种，在不同的应用场景需要用到不同的粒度。细粒度分词是指将原始语句切分成最基本的词语，而粗粒度分词是指将原始语句中的多个基本词组合成一个词，进而组成语义相对明确的实体。

举例如下。

原始句子：浙江大学坐落在西湖旁边
细粒度：浙江/大学/坐落/在/西湖/旁边
粗粒度：浙江大学/坐落/在/西湖旁边

实际开发时当然不可能手动进行分词，为了自动地完成分词任务，研究人员提出了多种中文分词算法。这些中文分词算法大致可以分为以下 3 类。

- 基于词典：基于字典、词库匹配的分词方法（字符串匹配、机械分词法）。
- 基于统计：基于词频统计的分词方法。
- 基于规则：基于知识理解的分词方法。

限于篇幅，这里不详细展开介绍这 3 类算法的原理和操作步骤。对于大部分开发人员来说，通常可以直接使用现有的分词工具完成中文分词的任务，这样能节约精力，提高开发效率。

下面介绍几款常用的中文分词工具，以供参考。

1. jieba

jieba 是一个开源的中文分词工具，主要用于将中文文本切分成词语或词汇单位。jieba 的分词功能强大，应用广泛，作为一个 Python 库，经常应用于自然语言处理和文本分析领域。

jieba 支持精确模式、全模式、搜索引擎模式、Paddle 模式等不同的分词模式，支持自定义词典，具备关键词提取等功能，并且实现了基于前缀词典和动态规划的分词算法，因此在速度上表现出色。另外，其在 Python 环境下的安装方法也很简单，直接使用 pip 命令即可。

2. pyltp

pyltp 是哈尔滨工业大学社会计算与信息检索研究中心推出的一款基于 Python 封装的自然语言处理工具。它提供了哈尔滨工业大学 LTP（Language Technology Platform）工具包的接口，使得 LTP 的强大功能可以通过 Python 接口方便地集成到各种自然语言处理应用中。

pyltp 支持的中文处理功能包括中文分词、词性标注、命名实体识别、依存句法分析、语义角色标注等。pyltp 的安装可以使用 pip 命令，如 pip install pyltp。需要注意的是，pyltp 的安装可能涉及一些依赖项和模型文件的下载，因此在实际安装过程中可能会遇到一些问题。如果遇到安装困难，可以尝试下载 pyltp 的轮子文件（其扩展名为.whl）进行安装，或者参考官方文档中的安装指南。

3. THULAC

THULAC 是由清华大学自然语言处理与社会人文计算实验室研制并推出的一套中文词法分析工具包，具有中文分词和词性标注功能。THULAC 采用先进的机器学习算法，通过训练大量中文文本数据，学习词语的边界和语义信息。在分词过程中，THULAC 会根据学习到的知识，对输入的中文句子进行逐词切分，并输出分词结果。

THULAC 通常提供命令行接口或 API 供用户使用。用户可以通过这些接口将需要分词的中文文本输入THULAC 中，并获取分词结果。具体的使用方式可能因 THULAC 的版本和平台而有所不同，用户可以参考THULAC 的官方文档或教程进行学习和使用。

4. HanLP

HanLP 由一系列模型与算法组成，旨在普及自然语言处理在生产环境中的应用。它具备功能完善、性能高效、架构清晰、语料时新、可自定义、完全开源等特点，并支持多种程序设计语言，如 Java、Python、C++等。HanLP 已经被广泛应用于 Lucene、Solr、Elasticsearch、Hadoop、Android 等平台，为各种业务系统提供了优质、可靠的自然语言处理服务。

HanLP 提供了丰富的自然语言处理功能，包括但不限于：中文分词、词性标注、命名实体识别、依存句法分析、情感分析、文本分类、关键词提取、自动摘要、拼音转换等。HanLP 的底层算法经过精心优化，极速分词模式下可达 2000 万字/秒，词典加载速度极快，只需 500 毫秒即可快速启动，因此广泛应用于各种需要自然语言处理的场景中。

 任务实现

任务演示

电商评论词云生成

根据任务分析的步骤，结合知识准备部分的理论知识点，通过橙现智能软件搭建工作流，实现电商评论数据集"评论数据.xlsx"词云生成的具体操作如下。

1. 新建工作流

打开橙现智能软件，选择"新建"选项，新建一个工作流，如图 4.6 所示。

图 4.6 新建工作流

2. 导入数据集

在橙现智能软件界面左侧的"数据"模块中找到"文件"小部件，将其拖曳到右侧的画布区域中，或者直接在画布区域中的空白处右击，在弹出的快捷菜单中选择"文件"，从而将"文件"小部件添加到画布区域中，如图 4.7 所示。

双击"文件"小部件，在弹出的窗口中单击文件夹按钮，找到数据集"评论数据.xlsx"，将其导入。然后在"列"界面，将"情感"列的"角色"设置为"目标"，将"评价"列的"角色"设置为"元数据"，如图 4.8 所示。

图 4.7 添加"文件"小部件

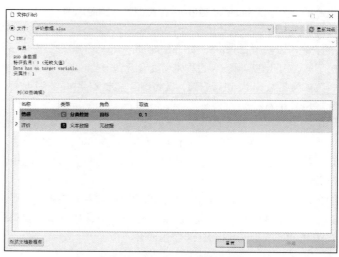

图 4.8 "文件"小部件配置界面

3. 添加"语料库"小部件

在软件界面左侧的"文本挖掘"模块中找到"语料库"小部件，将其拖入画布区域，然后将"文件"小部件和"语料库"小部件连接起来，如图 4.9 所示，或者直接单击"文件"小部件的右侧虚线并拖动，在合适位置松开鼠标左键，在弹出的界面中选择"语料库"小部件。

双击"语料库"小部件，在弹出窗口的"使用的文本特征"中选择"评价"，如图 4.10 所示，然后关闭窗口。

图 4.9 添加"语料库"小部件

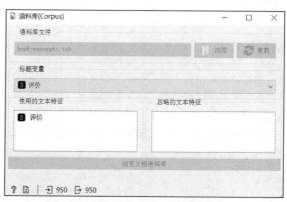

图 4.10 "语料库"小部件配置界面

4. 查看文本数据

在软件界面左侧的"文本挖掘"模块中找到"语料查看器"小部件，将其拖入画布区域，然后将"语料库"小部件和"语料查看器"小部件连接起来，或者直接单击"语料库"小部件的右侧虚线并拖动，在合适位置松开鼠标左键，在弹出的界面中选择"语料查看器"小部件。"语料查看器"小部件添加完成后的工作流如图 4.11 所示。

双击"语料查看器"小部件，在弹出的窗口中可以查看数据集"评论数据.xlsx"中的全部评论文本数据，如图 4.12 所示。

图 4.11　添加"语料查看器"小部件

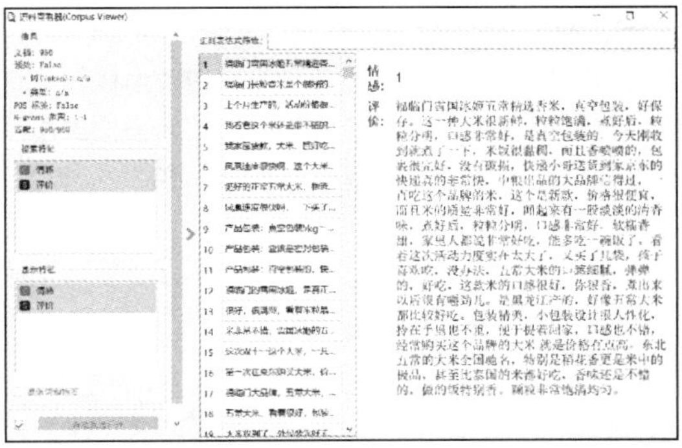

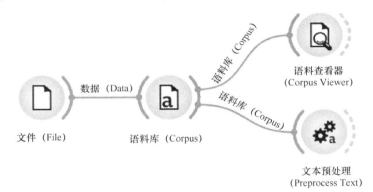

图 4.12　"语料查看器"小部件界面

5. 进行文本预处理

在软件界面左侧的"文本挖掘"模块中找到"文本预处理"小部件，将其拖入画布区域，然后将"语料库"小部件和"文本预处理"小部件连接起来，或者直接单击"语料库"小部件的右侧曲线并拖动，在合适位置松开鼠标左键，在弹出的界面中选择"文本预处理"小部件。"文本预处理"小部件添加完成后的工作流如图 4.13 所示。

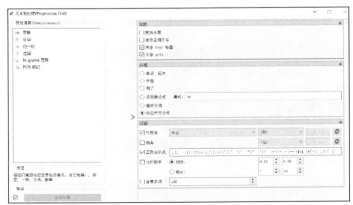

图 4.13　添加"文本预处理"小部件

双击"文本预处理"小部件，在弹出窗口的"预处理器"中依次选择"变换""分词""过滤"。在"变换"选项卡中勾选"去除 html 标签"和"去除 urls"；在"分词"选项卡中选择"结巴中文分词"；在"过滤"选项卡中勾选"停用词"，并在右侧下拉菜单中选择"中文"，最后勾选"正则表达式"，全部设置好后的界面如图 4.14 所示。

图 4.14　"文本预处理"小部件配置界面

6. 用词袋统计词频

在软件界面左侧的"文本挖掘"模块中找到"词袋"小部件，将其拖入画布区域，然后将"文本预处理"小部件和"词袋"小部件连接起来，或者直接单击"文本预处理"小部件的右侧虚线并拖动，在合适位置松开鼠标左键，在弹出的界面中选择"词袋"小部件。"词袋"小部件添加完成后的工作流如图4.15所示。

图4.15 添加"词袋"小部件

双击"词袋"小部件，弹出该小部件的配置界面，在配置界面中将"词频"设置为"个数(Count)"，其余保持默认设置，如图4.16所示。

图4.16 "词袋"小部件配置界面

7. 生成词云

在软件界面左侧的"文本挖掘"模块中找到"词云"小部件，将其拖入画布区域，然后将"词袋"小部件和"词云"小部件连接起来，或者直接单击"词袋"小部件的右侧虚线并拖动，在合适位置松开鼠标左键，在弹出的界面中选择"词云"小部件。"词云"小部件添加完成后的工作流如图4.17所示。

图4.17 添加"词云"小部件

双击"词云"小部件，在弹出的窗口中即可看到数据集"评论数据.xlsx"的文本中都有哪些词及对应的词频，如图 4.18 所示。

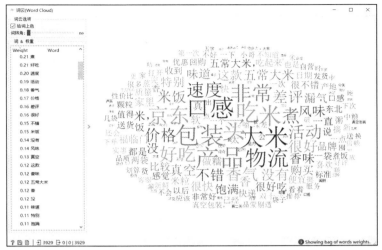

图 4.18 "词云"小部件显示界面

8. 导出词云并保存工作流

首先，导出生成的词云及词频数据。在图 4.18 所示的"词云"小部件界面的左下角有 3 个按钮，分别是"查看帮助""保存图像""报告"。单击"保存图像"按钮，将词云保存成图像。单击"报告"按钮，弹出图 4.19 所示的界面，单击该界面左下角的"Save"按钮，将词云及词频数据导出为 PDF 或 HTML 格式文件。

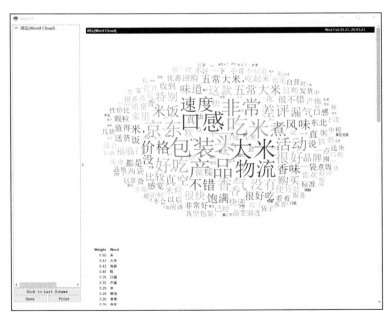

图 4.19 词云报告生成界面

然后，单击橙现智能软件左上角菜单栏中的"文件"菜单，在弹出的下拉菜单中单击"保存"，接着在弹出的对话框中选择保存路径，并填写文件名为"电商评论词云生成工作流程"，最后单击保存按钮，保存该流程。

至此，完成了电商评论词云生成任务，成功地从评论文本中提取并统计了有意义的词及对应的词频，生成了词云。这些提取出来的词和词频也是后续做文本分类、情感分析、文档聚类等任务的基础。

 任务总结

通过电商评论词云生成任务，读者了解了什么是自然语言处理以及自然语言处理的发展历史、应用场景和组成部分等内容，掌握了文本表示的常用方法，了解了中文分词的基本概念以及常用的中文分词工具，在学习时应着重注意以下几点。

- "自然语言"一词的由来是对照于人造语言的，例如 C 语言、Java 等程序设计语言以及"0"和"1"构成的机器语言，这些人造语言都是用于控制机器工作的，相对而言，自然语言是人类在漫长的历史发展中自然演化出的语言。
- 自然语言处理的核心目的是让计算机理解和处理人类语言，实现人机之间的更为有效和便捷的通信交互，从而提升机器的信息处理效率和智能化水平。
- 以 ChatGPT 的出现为标志事件，当前自然语言处理最热门的研究方向就是基于大型语言模型的自然语言理解和生成，这也是目前最有可能产生显著应用价值的人工智能领域。
- 独热编码虽然存在一定的局限性，但其原理直观易懂，操作简便快捷，因此在众多领域仍得到了广泛应用，尤其在分类问题的处理上，其重要性也不可忽视。
- 中文由于特殊的书写习惯使得分词处理要远比其他语言更为复杂和具有挑战性，而分词又是中文自然语言处理的基础环节，分词的结果往往会直接影响后续处理环节的效果。因此，对于中文分词应给予更多的关注。

巩固练习

一、单选题

1. 以下哪个不是自然语言？（　　　）
   A. 汉语　　　　　　　B. 英语　　　　　　　C. 程序设计语言　　　D. 德语
2. 自然语言处理的英文缩写是（　　　）。
   A. NNLM　　　　　　B. NLP　　　　　　　C. GPL　　　　　　　D. NPL
3. GPT 模型是由哪个公司推出的？（　　　）
   A. 谷歌　　　　　　　B. OpenAI　　　　　　C. 百度　　　　　　　D. 深度求索
4. 以下哪个不是自然语言处理的应用场景？（　　　）
   A. 机器翻译　　　　　B. 自动摘要　　　　　C. 问答系统　　　　　D. 图像识别
5. 以下哪个不是分布式词向量的特点？（　　　）
   A. 定长　　　　　　　B. 低维　　　　　　　C. 稀疏　　　　　　　D. 稠密
6. 独热向量中只有一个维度的值为 1，其余维度的值为（　　　）。
   A. 0　　　　　　　　　B. 1　　　　　　　　　C. 2　　　　　　　　　D. 3
7. 目前，自然语言处理的主流方法是（　　　）。
   A. 基于规则的方法　　　　　　　　　　B. 基于统计的方法
   C. 基于深度学习的方法　　　　　　　　D. 以上都不是
8. 以下哪个不是词袋的构建过程？（　　　）
   A. 分词　　　　　　　　　　　　　　　B. 大写转小写
   C. 构建词汇表　　　　　　　　　　　　D. 生成词频向量
9. 文本表示方法可以分为离散表示和（　　　）两种主要类型。
   A. 连续表示　　　　　B. 间断式表示　　　　C. 分布式表示　　　D. 以上都不是

10. 词云是一种文本数据（　　　）表示方法。

    A. 可视化　　　　　　　B. 数据化　　　　　　　C. 简略化　　　　　　　D. 以上都不是

二、多选题

1. 自然语言处理是一门融合（　　　　）的交叉学科。

    A. 语言学　　　　　　　B. 计算机科学　　　　　C. 数学　　　　　　　　D. 社会学

2. 词云的应用场景有（　　　　）。

    A. 建立用户画像　　　　B. 快速感知重点　　　　C. 数据可视化　　　　　D. 多义词消歧

3. 自然语言生成的应用场景有（　　　　）。

    A. 机器翻译　　　　　　B. 文本生成　　　　　　C. 问答系统　　　　　　D. 对话系统

4. 生成分布式词向量的方法有（　　　　）。

    A. Word2Vec　　　　　B. GloVe　　　　　　　C. FastText　　　　　　D. ELMo

5. 常用的中文分词工具有（　　　　）。

    A. jieba　　　　　　　　B. pyltp　　　　　　　C. THULAC　　　　　　D. HanLP

三、判断题

1. 当前自然语言处理在很多方面发挥着重要作用。（　　　）

2. 图灵测试建立了一个判断机器是否能够以一种无法与人类行为区分的方式进行智能行为的标准。（　　　）

3. 乔姆斯基是符号派研究人员的代表。（　　　）

4. GPT 模型是谷歌公司提出的一种大语言模型。（　　　）

5. 独热编码是一种稠密的词向量表示方式。（　　　）

6. Word2Vec 是一种生成分布式词向量的算法。（　　　）

7. 词云通过将文本中出现频率较高的关键词以视觉上突出的方式展示，帮助用户快速理解文本的主旨和关键内容。（　　　）

8. 问答系统是一种自然语言生成的应用场景。（　　　）

9. 中文分词是指将中文语句中的词按照使用时的含义切分出来的过程。（　　　）

10. 中文分词主要包含细粒度分词和粗粒度分词两种。（　　　）

四、简答题

1. 概述什么是自然语言处理，以及自然语言处理包含哪两部分。

2. 概述独热编码有哪些优缺点。

任务拓展

1. 现有一个包含书籍名称和书籍内容简介的数据集"书籍简介.xlsx"（见配套资源），请使用橙现智能软件搭建工作流，仿照着前文任务实现的步骤和方法，完成该数据集的文本初步处理工作，要求输出提取的词及词频情况，并生成词云以供观察。

2. 现有一个数据集"某平台商品评论.csv"（见配套资源），其中包含 2000 条某平台的商品评论文本，请使用橙现智能软件搭建工作流，仿照着前文任务实现的步骤和方法，提取该数据集的高频词并生成词云。

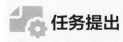

任务 4-2　书籍主题词的提取与分类

任务提出

在任务 4-1 的"任务拓展"中，通过习题 1 完成了数据集"书籍简介.xlsx"的文本预处理工作，得到了词频数据。在此基础上，如果想要查找包含某一主题词的书籍（见图 4.20），该如何实现呢？这就需要用到语言模型的知识了。

图 4.20　包含选定主题词"成功"的书籍

 任务分析

本任务主要在完成数据集"书籍简介.xlsx"文本预处理之后得到的词频数据的基础上，运用语言模型的知识，提取书籍中的主题词并做分类，具体的任务分析如下。

1. 新建工作流。
2. 导入数据集文件"书籍简介.xlsx"，并查看数据集中的内容。
3. 在分词、过滤停用词的基础上，运用 N-Gram 模型对数据进行进一步的处理。
4. 在词袋提取的词频数据基础上，应用主题模型提取书籍中的主题。
5. 选定一个主题，查看其中包含的主题词。
6. 选定一个主题词，查看包含该主题词的书籍信息。
7. 运行该工作流，检查各小部件是否正常工作，并保存输出结果。

 知识准备

微课 4-4

基于统计的语言模型

4.4　基于统计的语言模型

语言模型在自然语言处理中发挥着至关重要的作用，对自然语言处理结果的质量有着决定性的影响。那么，什么是语言模型呢？

简单来说，语言模型是一种基于数学和统计的模型，是对自然语言进行建模所得的。语言模型基于大量的文本数据，学习并掌握了自然语言中的词或句子出现的概率分布。它的主要任务是计算一个句子或者一系列单词出现的概率。

语言模型有多种类型，大致可以分成两大类：基于统计的语言模型和基于神经网络的语言模型。本节介绍两种常用的基于统计的语言模型：N-Gram 模型和主题模型。

4.4.1　N-Gram 模型

N-Gram 模型（N-Gram Model），中文称为 N 元语法模型或 N 元文法模型，是一种经典的基于统计的语言模型，在自然语言处理领域中有着广泛的应用。N-Gram 模型通常用于预测给定文本序列中的下一个单词出现的概率，也可以用于计算一个单词序列出现的概率。

N-Gram 指的是由连续的 *N* 个词（或字符）组成的序列。N-Gram 模型利用连续的 *N* 个词（或字符）组成的序列来预测下一个词（或字符）出现的概率。这种模型假设一个词（或字符）的出现概率仅与它前面的 *N* 个词（或字符）有关，而与其他任何词（或字符）都不相关，并且整句出现的概率是各个词（或字符）出现概率的乘积。通过统计训练语料库中 N-Gram 的出现频率，可以计算出每个 N-Gram 的条件概率，从而用于文本生成、查询扩展、相关性评估、文本分类等自然语言处理任务。

N-Gram 模型中的 *N* 可以取不同的值，常见的有一元模型（*N*=1，记作 Unigram）、二元模型（*N*=2，记作 Bigram）和三元模型（*N*=3，记作 Trigram）等。当 *N* 取不同值时，模型对句子的处理方式也会有所不同。

例如，对于句子"我喜欢吃苹果"，当 *N* 取 1、2、3 时，模型的处理情况如下。

当 *N*=1 时：

- Unigram 将句子拆分成单个的词；
- 提取的词有"我""喜欢""吃""苹果"。

当 *N*=2 时：

- Bigram 将句子拆分成相邻两个词的组合；
- 提取的词组有"我-喜欢""喜欢-吃""吃-苹果"。

当 *N*=3 时：

- Trigram 将句子拆分为相邻 3 个词的组合；
- 提取的词组有"我-喜欢-吃""喜欢-吃-苹果"。

在实际应用中，随着 *N* 值增大，模型需要存储的 N-Gram 组合数量呈指数级增长，导致计算和存储成本急剧上升，因此，*N* 的取值一般很少有大于 3 的情况。

N-Gram 模型在文本分类、文本生成、语音识别和机器翻译等多种自然语言处理场景中都有着广泛的应用，该模型具有结构简单、实现成本低、可解释性强、能有效捕捉局部上下文关系等优点。

但是，N-Gram 模型也存在以下局限性和问题。

- 数据稀疏问题：对于罕见的 N-Gram，可能因为在训练数据中出现次数过少导致概率估计不准确，特别是对于较大的 *N* 值，数据稀疏问题更加严重。
- 长距离依赖缺失问题：N-Gram 模型主要基于局部上下文进行概率估计，对于长距离的语言依赖关系难以有效捕捉。
- 缺乏语义理解、泛化能力差等问题：例如，无法识别同义词（如"快乐"与"愉快"）或一词多义（如"苹果"指水果还是品牌）。

为了解决这些问题，研究人员通常会结合其他方法，如深度学习、语义分析等，以提高语言处理的准确性和效果。

4.4.2　主题模型

主题模型（Topic Model）是以无监督学习的方式对文本数据集的潜在语义结构（Latent Semantic Structure）进行聚类的统计语言模型，用来在一系列文档中发现隐含的抽象主题。主题模型是一种应用十分广泛的生成模型（Generative Model），在信息检索、文本挖掘、自然语言处理中都有广泛的应用。主题模型克服了传统信息检索中文档相似度计算方法的缺点，能够在海量的数据中找出文字间的语义主题。

直观来讲，如果一篇文章有一个中心思想，那么一些特定词语会更频繁地出现。例如，一篇文章是讲狗的，那么"狗"和"骨头"等词出现的频率会高一些，而另一篇文章是讲猫的，那么"猫"和"鱼"等词出现的频率则会高一些。但更真实的情况是，一篇文章通常包含多个主题，而且每个主题所占比例各不相同。例如，一篇文章 10% 的内容和猫有关，90% 的内容和狗有关，并且假设文档中每个主题的关键词分布均匀且文档总词数固定，则"狗"相关词的出现次数约为"猫"相关词的 9 倍。主题模型便是试图用数学框架来分析文档的工具，其可以自动分析每个文档，统计出文档中包含的词语，然后根据统计的信息来断定当前文档含有哪些主题，以及每个主题所占的比例各为多少。

目前主流的主题模型算法包括潜在语义分析（Latent Semantic Analysis，LSA）、概率潜在语义分析（Probabilistic Latent Semantic Analysis，pLSA）、潜在狄利克雷分配（Latent Dirichlet Allocation，LDA）及其变体。近年来也涌现出结合深度学习的主题模型，如通过词向量扩展的 LDA2Vec 和基于预训练的 BERTopic。但所有主题模型都基于相同的基本假设：

- 每个文档包含多个主题；
- 每个主题包含多个单词。

在上述主题模型算法中，最经典的、最常用的算法之一是 LDA，其他的算法大多参考了 LDA 的思想去设计。

LDA 模型认为一个离散数据集合（如文档集合）是由隐含在数据集合背后的主题集合生成的，这个集合的每一个主题都是词的概率分布。LDA 模型是典型的有向概率图模型，具有清晰的层次结构，包含文档、主题、词这 3 层，因此又被称为三层贝叶斯概率模型。其中，文档生成主题服从狄利克雷分布，主题生成词服从多项式分布。因此，在 LDA 模型的视角下，每一篇文档由一些主题所构成的概率分布组成，而每一个主题又由很多单词所构成的概率分布组成。

此外，LDA 模型是基于词袋假设的，也就是在该模型中不考虑词出现的顺序而只考虑它们出现的次数。在应用的过程中，传统的 LDA 模型可能存在强制分配隐含主题的问题，例如对短文本（如微博发文信息），LDA 可能强行将少量词分配到多个主题，导致主题语义模糊。另外，由于自动分配隐含主题，也可能会造成主题模型数据过于稀疏的问题。

4.5 基于深度学习的语言模型

微课 4-5

RNN 模型

如前文所述，传统基于统计的语言模型（如 N-Gram 模型等），存在结构简单、无法捕捉长距离依赖关系等问题。为了解决这些问题，研究人员逐渐将目光转向了深度学习技术，基于神经网络的语言模型逐渐成为主流。基于深度学习的语言模型如 RNN、LSTM、Transformer 等在自然语言处理领域迅速得到了广泛应用。

4.5.1 RNN 模型

在项目 3 中曾讲到，传统神经网络由输入层、隐藏层、输出层这 3 层组成，如图 4.21 所示，层与层之间通过权重连接，模型通过训练"学"到的知识就蕴含在权重参数中。

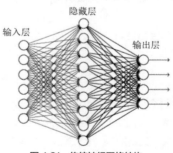

图 4.21 传统神经网络结构

但是，这样的神经网络只在层与层之间建立了权重连接，同一层的神经元之间并没有横向连接，神经网络的结构是静态的，每个输入也都是独立处理的。这使得神经网络缺乏记忆能力，无法有效处理序列数据中的依赖关系。另外，传统神经网络的输入和输出都是固定的，从而导致这样的神经网络不适用于处理长度可变的序列数据。

因此，传统神经网络在处理序列数据时存在明显的局限性。而 RNN 由于特殊的网络结构，具备处理序列数据的能力，成为自然语言处理中的一种主流模型。

RNN 与传统神经网络相比，最大的不同之处就是 RNN 在不同时刻的隐藏层之间也建立了权重连接。

RNN 的结构如图 4.22 所示（左侧为简化形式，右侧为展开形式），其中 U、V、W 表示连接权重，x_{t-1}, x_t, x_{t+1} 表示不同时刻的输入，o_{t-1}, o_t, o_{t+1} 表示不同时刻的输出，s_{t-1}, s_t, s_{t+1} 表示不同时刻的隐藏层状态。

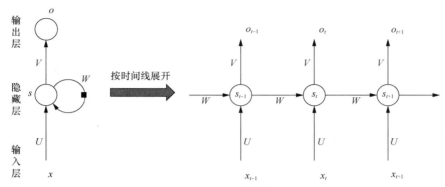

图 4.22　RNN 的结构

从图 4.22 中可以看到，RNN 除了从输入到输出的纵向连接之外，不同时刻的隐藏层之间也建立了权重连接，并且不同时刻的连接权重是一样的（图中的 W），即权重共享。

t 时刻隐藏层的状态 s_t 由如下公式得出。

$$s_t = f(Ux_t + WS_{t-1} + b)$$

不同时刻之间产生关联

式中，$f()$ 为激活函数，b 为偏置项。

由此可知，RNN 中某一时刻的状态不仅与当前输入有关，还和前一时刻的状态有关，不同时刻之间产生了关联。这一特性使得 RNN 具备了一定的记忆能力，而模型的记忆能力对于自然语言的处理来说是至关重要的，因为词语的具体含义往往和语序及上下文有关。

词语的语序不同，其含义往往也会不同，例如以下几个词语。

“计算”与“算计”、“蜜蜂”与“蜂蜜”、“故事”与“事故”
“好吃嘛”“吃嘛好”“嘛好吃”

词语的上下文不同，其含义也很可能不同，例如下面两个句子中的“水分”一词的含义完全不同。

“植物靠它的根从土壤中吸收水分”与“他说的话里有很大的水分”

那么，RNN 是如何处理自然语言文本的呢？

这里以“好吃嘛”这个短句子为例，讲解 RNN 处理自然语言文本的总体步骤，如图 4.23 所示。

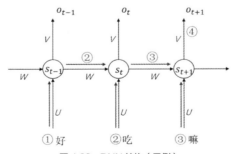

图 4.23　RNN 结构（示例）

RNN 是按照时刻，或者可以理解为词序列的顺序，逐步处理每个词语的，步骤如下：

① 识别“好”，并将状态传递给下一序列；

② 结合上一序列的状态中“好”的信息，识别“吃”，并将状态传递给下一序列；

③ 结合上一序列的状态中“好”和“吃”的信息识别“嘛”；

④ 输出对"好吃嘛"的识别结果。

需要说明的是，上面的示例步骤只是对 RNN 处理词序列过程的简易、形象的描述，以方便理解，实际处理过程要复杂很多。

通过上面的例子可以看到，RNN 可以随着输入词序列的推进而不断迭代，并能将"记忆"的信息不断传递给下一时刻的序列，基于这一特性，RNN 能够比较好地处理序列数据，从而助力其成为自然语言处理中的主流模型之一。

除了图 4.23 所示的标准结构外，针对不同的应用场景，RNN 还有很多不同的结构变体，也就是 RNN 的不同拓扑结构。

下面介绍几种常用的 RNN 拓扑结构。

结构 1：输入为序列数据，输出为非序列数据，即多对一（N to 1）结构，如图 4.24 所示。

N to 1 结构在 RNN 中很常见，通常用于处理输入为可变长度的序列数据，而相应的输出为固定长度的向量，该向量一般用于表示某种类别判断情况。其主要应用场景有以下几个。

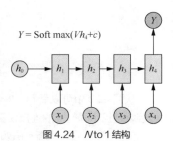

$Y = \text{Soft max}(Vh_4 + c)$

图 4.24　N to 1 结构

- 判别一段文字的主题类别。
- 判断评论句子的情感倾向。
- 判断一段视频的内容类别。

例如，输入一个电影的评论"电影细节丰富，情感表现十分细腻，很好看"，输出为"积极的评论"，或者输入一个餐饮评论"这家店的菜真难吃"，输出为"消极的评论"。

结构 2：输入为非序列数据，输出为序列数据，即一对多（1 to N）结构，如图 4.25 所示。

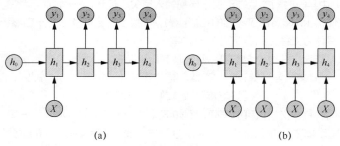

(a)　　　　　　　　　　　(b)

图 4.25　1 to N 结构

1 to N 结构也是一种常见的结构，它表示输入为定长数据，输出为变长序列。该结构有两种常见的形式，一种是输入数据仅在初始时刻输入一次，如图 4.26（a）所示；另一种是在每个时刻均输入相同的数据，如图 4.26（b）所示。其主要应用场景如下。

- 从给定词语生成文本。
- 从图像生成文字。
- 从类别生成语音或音乐。

例如，根据给定的提示词"大鹅"生成一首有关大鹅的诗歌，或给定事物名称"大熊猫"，给出有关大熊猫各种情况的详细介绍。再如看图说话，输入一幅图像（此时输入的 X 是图像的特征），输出一段描述文字。

结构 3：输入为序列数据，输出也为序列数据的结构，即 $N\text{-}M$ 结构。这种结构又叫 Encoder-Decoder（编码器-解码器）模型，或 Seq2Seq 模型，如图 4.26 所示。

N to M 结构的原理是先编码后解码。在图 4.26 中，左侧的编码器用多个环节将输入的不定长序列编码成内部表示，得到向量 c，再用右侧的解码器对 c 进行解码，生成新的不定长序列并输出。"N to M"表示输入的序列和输出的序列长度可以不相等。

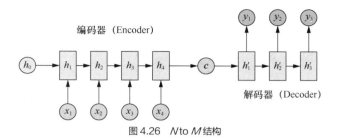

图 4.26　*N* to *M* 结构

N to *M* 结构的主要应用如下。

- 机器翻译。
- 文本摘要生成。
- 对话生成。

机器翻译是 *N* to *M* 结构的典型应用场景。

例如，使用 RNN 进行中英文文本翻译，将"自然语言处理"翻译成英文，则 *N* to *M* 结构中的编码器首先将"自然语言处理"编码成一个计算机内部向量，该向量有可能是[0.05,0.11,−0.31,0.09,…]，这个内部向量对于人类来说可能难以理解，但是计算机可以理解，然后解码器会将该向量转换成"Natural Language Processing"，最后输出翻译的结果。

RNN 自诞生以来便得到广泛关注和研究，尤其在自然语言处理、时间序列分析以及语音识别等领域展现出了巨大的潜力。其独特的循环结构能够捕捉序列数据中的时间依赖性，对于处理具有时序特征的任务来说至关重要。RNN 通过共享参数，降低了模型的复杂度，提高了训练效率。同时，RNN 可以处理不同长度的输入序列，具有较强的灵活性。以上均是 RNN 的优势。

然而，随着研究的深入，RNN 的局限性也逐渐暴露出来。其中，梯度消失与梯度爆炸问题成为制约 RNN 性能提升的关键因素。这些问题导致 RNN 在处理长序列数据时难以捕捉长距离依赖关系，从而限制了其在某些复杂任务中的应用。

4.5.2　LSTM 模型

如前文所述，RNN 由于梯度消失等原因只能有短期记忆，导致其在处理长距离依赖关系时"力不从心"。例如，在图 4.27 所示的单词预测场景中，第一个句子需要预测的单词"sky"与预测所依赖的关键信息"clouds"距离很近，属于短期依赖，使用具有短期记忆的模型即可满足要求，因此，RNN 能很好地进行预测。

微课 4-6

LSTM 模型

① The clouds are in the sky

关键信息离得很近

② I grew up in France, I am fifteen years old... I speak fluent French

关键信息离得很远

图 4.27　单词预测

但是，第二个句子需要预测的单词"French"则与预测所依赖的关键信息"France"距离比较远，属于比较长期的依赖，此时 RNN 的预测能力会大大下降，往往不能准确地进行预测。

为了解决上述问题，泽普·霍赫赖特和于尔根·施密德胡伯等研究人员提出了 LSTM 模型。LSTM 通过精妙的门控制将加法运算引入网络中，在一定程度上解决了梯度消失的问题，能够做到长一点的短时记忆，由于对应的英文为 Long Short-Term Memory，所以一般缩写为 LSTM。从根本上讲，LSTM 仍然是一种 RNN 模型，是标准 RNN 模型的一种高级变形。

为什么 LSTM 能够做到长一点的短时记忆呢？要回答这个问题就要从 LSTM 的结构入手进行分析。

从 4.5.1 节可知，RNN 具有一种重复神经网络模块的链式形式，但是在标准 RNN 的结构中，这个重复的模块只有一个非常简单的结构，如一个 tanh 层。因此，标准 RNN 的结构可以表示成图 4.28 所示的形式。

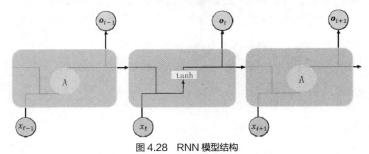

图 4.28　RNN 模型结构

LSTM 同样具有重复模块的链式形式，但是 LSTM 重复的模块拥有不同于 RNN 的结构：相比 RNN 只有单个神经网络层，LSTM 中有 4 个，并且以一种非常特殊的方式进行交互，如图 4.29 中所示。

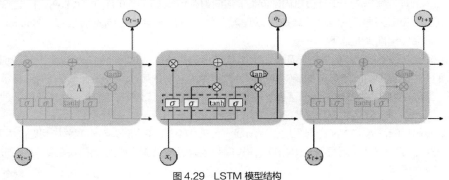

图 4.29　LSTM 模型结构

对比图 4.28 和图 4.29 可以看出，对于每一个时刻的输入 x_{t-1}、x_t、x_{t+1}，在 RNN 的每个模块中只被处理 1 次，而在 LSTM 的每个模块中则会被处理 4 次。这样改进带来的效果是，数据处理得更加深入、更加细致了，从而使得模型的性能得到显著的提升，例如 LSTM 的记忆能力更强、记忆时间更长。当然，付出的代价就是网络的结构复杂了很多，参数多了很多。

LSTM 中的 4 个神经网络层主要用于判断信息有用与否，这种结构被称为 cell（细胞）。cell 中的这 4 个神经网络层按照功能的不同被分成了 3 部分，LSTM 的提出者于尔根·施密德胡伯结合相应的功能，给它们起了 3 个形象的名字，分别是遗忘门、输入门和输出门，如图 4.30 所示。

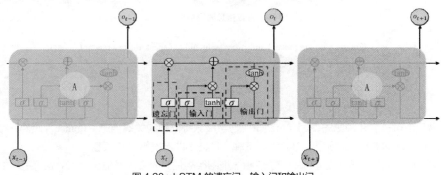

图 4.30　LSTM 的遗忘门、输入门和输出门

这 3 种门的主要功能如下。

- 遗忘门决定从细胞状态中丢弃什么信息。当某个信息进入网络中，遗忘门会根据规则来判断其是否

有用，只有符合规则的信息才会留下，不符合规则的信息则通过遗忘门被遗忘。遗忘门会根据输入的信息输出一个在 0 到 1 之间的数值，1 表示"完全保留"，0 表示"完全舍弃"。

- 输入门确定什么样的新信息被存放在细胞状态中。这里包含两个部分：第一，sigmoid 层决定什么值将要被更新；第二，tanh 层创建一个新的候选值向量，并将其加入细胞状态中。
- 输出门首先运行一个 sigmoid 层来确定细胞状态的哪个部分将被输出，然后把细胞状态通过 tanh 层进行处理（得到一个在-1 到 1 之间的值）并将它和 sigmoid 层的输出相乘，最终仅仅会输出确定输出的那部分。

如前文所述，每一个门的实质其实就是神经网络层，即小型的神经网络，因此每一个门发挥功能的关键就在于其中的权重。而这些权重无疑需要海量的数据才能训练得到最优值。

目前已经证明，LSTM 是解决长序列依赖问题的有效技术，并且这种技术的普适性非常高，导致带来的可能性变化非常多。各个研究者根据 LSTM 纷纷提出了自己的变体版本，这就让 LSTM 可以处理千变万化的垂直问题。

当前，LSTM 已经广泛应用于自然语言处理、时间序列预测、医疗健康以及其他领域，并且都取得了显著的成功，例如文本生成、机器翻译、语音识别、股票价格预测、疾病发展趋势预测、音乐合成等。随着技术的不断进步和创新，LSTM 将在更多领域发挥更大的作用。

4.5.3　Transformer 模型

2017 年，谷歌公司的阿希什·瓦斯瓦尼（Ashish Vaswani）等人组成的团队在论文 *Attention is All You Need* 中，提出了基于 Attention 机制的 Transformer 模型，随后这一开创性的深度学习模型被广泛地应用于自然语言处理中，并逐渐发展成为该领域的核心架构。

近年来，大语言模型的迅速兴起，标志着自然语言处理领域迈入了一个全新的发展阶段，基于 Transformer 的大语言模型如 BERT、GPT 系列等更是将神经网络语言模型的发展推向了一个新的高度。这些模型通过海量数据的训练，实现了对自然语言的深刻洞察和高效生成，并在很多任务上取得了惊人的效果。

Transformer 模型是继 RNN 模型、LSTM 模型之后，又一个革命性的创新成果，其颠覆性的架构使得自然语言处理应用的性能大幅提升，极大地推动了自然语言处理研究的发展，对于当前自然语言处理来说具有极为重要的意义。

由于 Transformer 模型涉及比较多的深度学习以及数学知识，有关 Transformer 模型结构更多的细节已经超出本书的知识范围，这里不再继续展开讲解，如有需要，请读者自行查阅相关资料。

任务实现

根据任务分析的步骤，结合知识准备部分的理论知识点，通过橙现智能软件搭建工作流，实现书籍主题词提取与分类任务，具体操作如下。

任务演示

书籍主题词提取与分类

1. 新建工作流

打开橙现智能软件，选择"新建"选项，新建一个工作流，如图 4.31 所示。

图 4.31　新建工作流

2. 导入数据集

在橙现智能软件界面左侧的"数据"模块中找到"文件"小部件，将其拖曳到右侧的画布区域中，或者直接在画布区域中的空白处右击，在弹出的快捷菜单中选择"文件"并单击，从而将"文件"小部件添加到画布区域中，如图 4.32 所示。

双击"文件"小部件，在弹出的窗口中单击文件夹按钮，找到数据集"书籍简介.xlsx"将其导入。然后在"列"界面，将"Feature1"列和"Feature2"列的"角色"设置为"忽略"，将"title"列和"Description"列的"角色"设置为"元数据"，如图 4.33 所示。

图 4.32　添加"文件"小部件

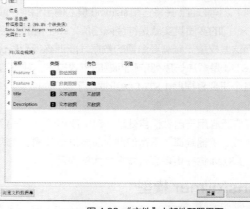

图 4.33　"文件"小部件配置界面

按照任务 4-1 中任务实现的操作方法依次添加"语料库""语料查看器"两个小部件，操作完成后的工作流如图 4.34 所示。双击"语料库"小部件，在弹出窗口的"使用的文本特征"中选择"title"和"Description"，如图 4.35 所示。

图 4.35　"语料库"小部件配置界面

图 4.34　添加"语料库"小部件和"语料查看器"小部件

双击"语料查看器"小部件，在弹出的窗口中可以查看数据集"书籍简介.xlsx"中的全部书籍名字及对应的简介，如图 4.36 所示。

图 4.36　"语料查看器"小部件界面

3. 进行文本预处理

在软件界面左侧的"文本挖掘"模块中找到"文本预处理"小部件，将其拖入画布区域，然后将"语料库"小部件和"文本预处理"小部件连接起来，或者直接单击"语料库"小部件的右侧曲线并拖动，在合适位置松开鼠标左键，在弹出的界面中选择"文本预处理"小部件。"文本预处理"小部件添加完成后的工作流如图 4.37 所示。

双击"文本预处理"小部件，在弹出窗口的"预处理器"中依次选择"变换""分词""过滤"和"N-grams范围"。在"变换"选项卡中勾选"去除 html 标签"和"去除 urls"；在"分词"选项卡中选择"结巴中文分词"；在"过滤"选项卡中勾选"停用词"，并在中间下拉菜单中选择"中文"，接着勾选"正则表达式"；在"N-grams 范围"选项卡中设置范围为 1～1。全部设置好后的界面如图 4.38 所示。

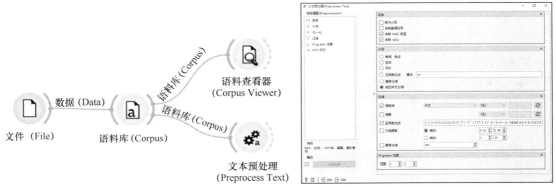

图 4.37 添加"文本预处理"小部件   图 4.38 "文本预处理"小部件配置界面

4. 用词袋统计词频

在软件界面左侧的"文本挖掘"模块中找到"词袋"小部件，将其拖入画布区域，然后将"文本预处理"小部件和"词袋"小部件连接起来，或者直接单击"文本预处理"小部件的右侧虚线并拖动，在合适位置松开鼠标左键，在弹出的界面中选择"词袋"小部件。"词袋"小部件添加完成后的工作流如图 4.39 所示。

双击"词袋"小部件，在弹出窗口的"词频"中选择"个数"，其余保持默认设置，如图 4.40 所示。

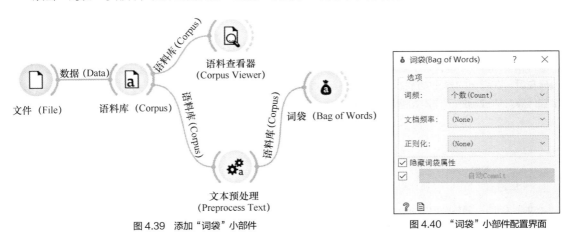

图 4.39 添加"词袋"小部件   图 4.40 "词袋"小部件配置界面

5. 应用主题模型提取主题

在软件界面左侧的"文本挖掘"模块中找到"主题模型"小部件，将其拖入画布区域，然后将"词袋"小部件和"主题模型"小部件连接起来，或者直接单击"词袋"小部件的右侧虚线并拖动，在合适位置松开鼠标左键，在弹出的界面中选择"主题模型"小部件。"主题模型"小部件添加完成后的工作流如图 4.41 所示。

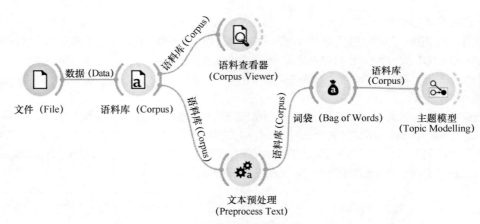

图 4.41　添加"主题模型"小部件

双击"主题模型"小部件，在弹出窗口的左上角选择一种主题模型，这里选择"Latent Dirichlet Allocation"，并设置"主题数目"为 3，如图 4.42 所示，图中右侧区域为模型提取出的 3 个主题所包含的主题词预览。

图 4.42　"主题模型"小部件设置界面

6. 生成词云

在软件界面左侧的"文本挖掘"模块中找到"词云"小部件，将其拖入画布区域，然后将"主题模型"小部件和"词云"小部件连接起来，或者直接单击"主题模型"小部件的右侧虚线并拖动，在合适位置松开鼠标左键，在弹出的界面中选择"词云"小部件，并将"文本预处理"与"词云"小部件进行连接。"词云"小部件添加完成后的工作流如图 4.43 所示。

图 4.43　添加"词云"小部件

双击"词云"小部件，在弹出的窗口中即可看到在"主题模型"小部件中选中的主题词都有哪些。例如，在第 5 步"主题模型"小部件的配置中选择了第二个主题，其主题词如图 4.44 所示。

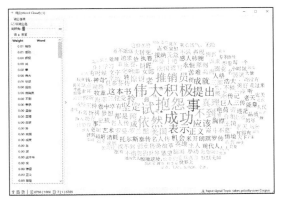

图 4.44 "词云"小部件显示界面

7. 分类查看书籍

将"词云"小部件与"文本预处理"小部件连接起来，然后在"词云"小部件之后添加一个"语料查看器"小部件并将二者连接起来，如图 4.45 所示。

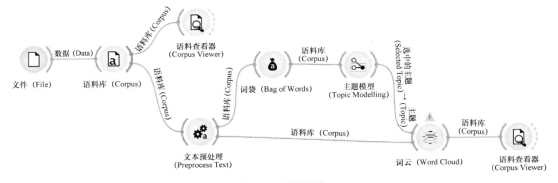

图 4.45 完整工作流

在"词云"小部件中选定任意主题词后，便可以在"语料查看器"中查看包含该主题词的书籍。

例如，在"词云"小部件中选定"成功"这个主题词，双击"语料查看器"小部件可以看到包含"成功"主题词的书籍，如图 4.46 所示。选择其他主题词也可以看到包含对应主题词的书籍，当然也可以同时选择多个主题词，并查看同时包含这些主题词的书籍。

图 4.46 "语料查看器"小部件显示界面

8. 导出结果并保存工作流

首先，导出主题词的方法与任务 4-1 中的方法一样，这里不再赘述。然后，通过"保存数据"小部件导出包含选定主题词书籍的分类结果，即在"语料查看器"小部件之后添加"保存数据"小部件，如图 4.47 所示。之后双击"保存数据"小部件，在弹出的对话框中单击"另存为"按钮，便可以将结果保存成需要的格式，如图 4.48 所示。

图 4.47 添加"保存数据"小部件

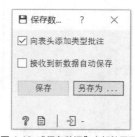

图 4.48 "保存数据"小部件界面

最后，单击橙现智能软件界面左上角菜单栏中的"文件"菜单，在弹出的下拉菜单中选择"保存"，之后在弹出的对话框中选择保存路径，并填写文件名为"书籍主题词提取与分类工作流程"，单击"保存"按钮，保存该流程。

至此，完成了书籍主题词提取与分类任务，在"语料查看器"小部件中，可以看到包含任意选定主题词的书籍都有哪些，从而实现书籍分类功能，根据需要还可以将结果导出并保存。

 任务总结

通过书籍主题词提取与分类任务，读者了解了基于统计的语言模型 N-Gram 的基本原理和主题模型的基本概念，也了解基于深度学习的语言模型，包括 RNN、LSTM 以及大语言模型中常用的 Transformer 模型。此外，在学习时还应着重注意以下几点。

- N-Gram 模型虽然不如基于深度学习的各种语言模型功能强大，但是在拼写纠错、文本生成、查询扩展、相关性评估、文本分类及抄袭检测等场景仍有着比较广泛的应用，因此有必要认真学习该模型的原理。
- RNN 的网络结构相比之前的神经网络结构要更为复杂，本任务中仅对 RNN 结构和原理进行简单介绍，若读者想要深入了解则需要查阅更多、更详细的资料。
- LSTM 模型中 3 种门的公式推导超出本书的知识内容，但是这些公式是深入理解 LSTM 模型的重要依据，请感兴趣的读者自行查阅资料学习。
- LSTM 模型是 RNN 模型的高级变形，前者性能明显比后者更为优越，因此 LSTM 模型的应用更为广泛，甚至很多时候提到 RNN 模型默认指的是 LSTM。

 巩固练习

一、单选题

1. 语言模型是一种基于数学和统计的模型，是对（　　）进行建模所得的。

    A. 机器语言   B. 自然语言   C. 程序设计语言   D. 高级语言

2. N-Gram 模型是一种基于（　　）的语言模型。

    A. 规则   B. 统计   C. 深度学习   D. 逻辑

3. N-Gram 模型中的 *N* 取值为 1 时是一元模型，其英文名为（　　）。

    A. Unigram   B. Bigram   C. Trigram   D. Qargram

4. RNN 的中文全称是（　　）。

    A. 多层感知机   B. 循环神经网络   C. 卷积神经网络   D. 生成对抗网络

5. LSTM 在一定程度上解决了（　　）的问题。

    A. 梯度消失   B. 梯度爆炸   C. 梯度不变   D. 以上都不对

6. 在 RNN 的各种拓扑结构中，输入为序列数据，输出为非序列数据的被称为（　　）结构。

    A. *N* to 1   B. 1 to *N*   C. *N* to *M*   D. Seq2Seq

7. 长短期记忆网络的英文缩写是（　　）。

    A. NNLM   B. RNN   C. LSTM   D. GRU

8. 2017 年谷歌研究团队提出的 Transformer 模型基于（　　）机制。

    A. Attention   B. Transform   C. Encoder   D. Deocder

9. 最经典的、最常用的主题模型之一是（　　）。

    A. 潜在狄利克雷分配（LDA）   B. 潜在语义分析（LSA）

    C. LDA2Vec   D. 概率潜在语义分析（pLSA）

10. LSTM 模型通过精妙的（　　）将加法运算引入网络中，能够做到长一点的短时记忆。

    A. 时序控制   B. 输入控制   C. 门控制   D. 以上都不对

二、多选题

1. N-Gram 模型在（　　）等多种自然语言处理场景中有着广泛的应用。

    A. 文本分类   B. 文本生成   C. 语音识别   D. 机器翻译

2. LSTM 网络中包含 3 种门结构，分别是（　　）。

    A. 输入门   B. 输出门   C. 遗忘门   D. 逻辑门

3. 以下基于 Transformer 的大语言模型有（　　）。

    A. GPT   B. BERT   C. Diffusion   D. HMM

4. 以下基于深度学习的语言模型有（　　）。

    A. LSTM   B. RNN   C. Transformer   D. N-Gram

5. 传统神经网络的结构中通常包含（　　）。

    A. 输入层   B. 隐藏层   C. 输出层   D. 逻辑层

三、判断题

1. LSTM 网络结构中的每一个门其实就是神经网络层。（　　）

2. RNN 中某一时刻的状态仅仅与当前时刻的输入有关，和前一时刻的状态没有关系。（　　）

3. 由于 RNN 特殊的结构，使其具备了一定的记忆能力。（　　）

4. N-Gram 指的是由连续的 *N* 个词（或字符）组成的序列，N-Gram 模型便利用连续的 *N* 个词（或字符）组成的序列来预测下一个词（或字符）的出现概率。（　　）

5. 词语的具体含义一般和语序及上下文没有关系。（　　）

6. 霍赫赖特和施密德胡伯等研究人员提出了 LSTM 模型。（　　）

7. RNN 不具备处理序列数据的能力。（　　）

8. Transformer 模型是继 RNN 模型、LSTM 模型之后，又一个革命性的创新成果，其颠覆性的架构使得自然语言处理应用的性能大幅提升，极大地推动了自然语言处理研究的发展。（　　）

四、简答题

1. 描述一下什么是语言模型。

2. 概述 LSTM 模型中遗忘门的主要功能。

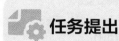

任务拓展

现有一个包含 40 个作业文件的数据集压缩包"作业数据"（见配套资源），请将其解压后使用橙现智能软件搭建工作流，仿照着前文任务实现的步骤和方法，在橙现智能软件中选择合适的模型小部件，检测其中哪些作业之间可能存在着抄袭现象。

任务提出

随着自然语言处理与语音识别技术的不断突破，智能音箱、智能语音助手等语音识别产品在生活中变得越来越普遍。那么，机器是如何识别语音的呢？对于语音文件"学习空间.mp3"，如图 4.49 所示，怎样才能识别出音频数据中包含的文字信息呢？这就需要用到语音识别的知识了。

图 4.49　语音文件"学习空间.mp3"

任务分析

本任务主要识别"学习空间.mp3"语音文件，将其中的音频数据转换成文字。将音频数据经过初步处理后，借助语音识别模型完成识别任务，为了降低难度通常选择语音识别开源库，例如 Kaldi，具体的任务分析如下。

1. 打开 Hugging Face 的 Kaldi 语音识别项目主页。
2. 选择语种为中文，并找到对应的语音识别模型。
3. 设置解码方式选项，确定语音文件的解码方法。
4. 设置添加标点选项，使得输出结果中带有标点符号。
5. 通过文件上传选项上传"学习空间.mp3"语音文件。
6. 运行该项目，观察输出结果。

 ## 知识准备

微课 4-7

4.6　语音识别概述

4.6.1　语音识别简介

语音对话是人与人之间交流最重要、最常用的方式之一，能够直接通过自然的语音对话，实现与机器人等智能电子产品的交流更是人类一直以来的梦想。这一梦想随着自然语言处理技术和语音识别技术的发展，正逐步成为现实。21 世纪以来，语音识别技术作为人机交互的接口技术发展十分迅猛，应用也越来越广。

语音识别概述

语音识别，也被称为自动语音识别（Automatic Speech Recognition，ASR），其目标是将人类语音信息转换为计算机可读的相应文本或命令，并进行输出，如图 4.50 所示。

语音识别技术属于人工智能研究方向的一个重要分支，涉及许多学科，如计算机科学、语言学、声学、生理学、心理学等，是多学科交叉的产物，也是人机自然交互技术中的关键。

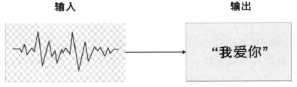

输入　　　　　　　　　　　输出

图 4.50　语音识别示意

语音识别技术应用广泛，包括自动客服、语音翻译、语音命令控制、语音验证码等，在很多领域极大地改变了人机交互方式，提高了人类生活和工作效率。随着语音识别技术的不断进步，语音识别将在家电、通信、工业等领域发挥更大的作用。

4.6.2　语音识别发展历程

1. 20 世纪 50 年代至 20 世纪 60 年代

早期语音识别技术的起源阶段。在这一阶段，研究者们开始研究如何将语音信号转换为文本信息，主要采用人工编写规则和模板的方法。这一时期的语音识别主要是在实验室环境下，识别单个说话者的有限词汇。

2. 20 世纪 70 年代至 20 世纪 80 年代

基于隐马尔可夫模型（Hidden Markov Model，HMM）的语音识别技术出现。在这一时期，研究者们开始使用 HMM 来描述语音信号，并基于这种模型开发了一系列的语音识别算法。在语音识别系统中，HMM 被用来构建语音信号的时序特征，其核心思想是通过观测到的语音信号（观测序列）来推断背后隐藏的语音状态（如音素、单词等，形成状态序列），从而实现语音的识别和理解。

3. 20 世纪 90 年代至 21 世纪 00 年代

语音识别的研究迈入了深入研究语音识别算法的阶段。在这一阶段，研究者们开始研究各种不同的语音识别算法，如神经网络、支持向量机、决策树等，为语音识别的产业应用打下基础。2006 年，深度学习之父杰弗里·辛顿提出了深度置信网络，在这种网络中辛顿解决了深度神经网络训练过程中容易陷入局部最优解的问题，自此拉开了深度学习的序幕。之后，深度学习模型逐步应用于语音识别中，并取得了不错的效果。

4. 21 世纪 10 年代至今

深度学习驱动语音识别技术飞速发展。在这一时期，随着深度学习技术不断发展，各种模型不断推出，语音识别技术得到了巨大的提升。当前，深度学习技术已经成为语音识别领域的主流技术，大幅提高了语音识别精度。

这一时期，语音识别技术开始应用于智能音箱、智能手机等消费电子产品中，以及语音翻译、智能客服、语音搜索等领域。例如，2011 年苹果首次在 iPhone 4S 上加入智能语音助手 Siri，如图 4.51 所示。

图 4.51　iPhone 4S 内置的 Siri 语音助手

4.6.3　语音识别的基本原理

语音识别是一项复杂的任务，涉及的环节较多。语音识别的整个处理过程主要包括语音信号的采集、预处理、特征提取、模型匹配及解码输出等步骤。首先通过麦克风等设备采集语音信号；然后进行滤波、降噪等预处理；之后提取语音信号中的特征信息，如频率、时长等；再利用深度学习等算法训练好的模型进行匹配；最后将匹配结果转换为文本输出。

图 4.52 所示为语音识别的基本原理，从图中可以看到语音识别主要涉及信号处理、特征提取、声学模型、语言模型、发音字典等环节或模块。简单来说，语音识别需要将经过预处理的语音信号送入特征提取模块进行特征预处理，然后利用声学模型和语言模型以及发音字典对语音信号进行解码后，输出最终的识别结果。

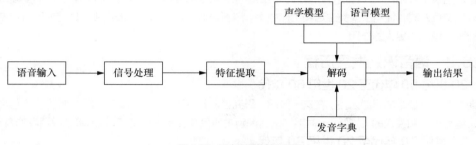

图 4.52　语音识别的基本原理

其中，各个环节或模块的作用如下。

1. 信号处理

信号处理过程包括格式转换、压缩编解码、音频数据抽取、声道选择、采样率调整等步骤。作为语音识别的前提与基础，信号处理过程至关重要，因为在最终进行模型匹配的时候，会将输入语音信号的特征参数同模型库中的特征参数进行对比，因此只有在信号处理阶段得到能够表征语音信号本质的特征参数，才能够比较好地将这些特征参数进行匹配。

同时，该环节通常会对语音信号进行降噪。降噪是为了排除人体发声以外频率的信号与 50Hz 电流频率的干扰，一般用带通滤波器进行滤波实现降噪。

除此之外，该环节还涉及数据格式的归一化等处理。

2. 特征提取

特征提取是语音识别的关键一步。直接对原始波形进行识别并不能取得很好的识别效果，所以完成语音信号处理之后，就要进行特征提取，以提取出来的特征作为参数，为模型计算做准备。

特征提取是指从预处理后的语音信号中提取能代表其特点的关键信息，这些特征信息对于后续的模型匹配至关重要。用于特征提取的参数有多种，其中常用的包括梅尔频率倒谱系数（Mel-Frequency Cepstral Coefficient，MFCC）、线性预测倒谱系数等（Linear Predictive Cepstral Coefficient，LPCC）。

梅尔频率倒谱系数是一种基于人耳听觉特性的特征参数。其通过将语音信号转换为梅尔频率刻度上的频谱，然后计算频谱的倒谱系数，得到一组能够反映语音信号特性的特征向量。MFCC 在语音识别中表现出色，因为它能够较好地模拟人耳对声音的感知特性。MFCC 是在梅尔频率域提取出来的倒谱参数，其特征提取流程如图 4.53 所示。

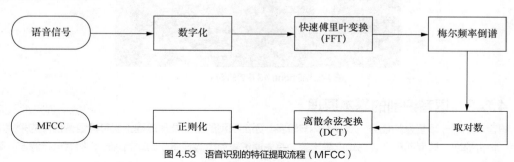

图 4.53　语音识别的特征提取流程（MFCC）

线性预测倒谱系数则是通过线性预测分析得到的一组特征参数,它反映了语音信号的频谱包络特性。LPCC 在语音识别中也具有一定的应用价值,尤其是在噪声环境下。

3. 声学模型

声学模型是语音识别中非常重要的一个模块,声学模型对不同基本单元的区分能力直接关系到语音识别结果的好坏。声学模型负责将声学和发音学的知识整合,以特征提取环节提取的特征作为输入,计算音频对应音素之间的概率。简单来说就是声学模型主要负责把声音转换成音素,类似于将汉字转换为拼音,所以优化声学模型需要用到音频数据。

目前声学模型的主流算法是混合高斯模型+隐马尔可夫模型(即 GMM-HMM)。HMM 模型负责对时序信息进行建模,在给定 HMM 的一个状态后,GMM 模型负责对属于该状态的语音特征向量的概率分布进行建模。

同时,随着深度学习的发展,通过深度神经网络来完成声学建模,形成所谓的 DNN-HMM 构架来取代传统的 GMM-HMM 构架,在语音识别上也取得了很好的效果。

4. 语言模型

语言模型的核心功能在于描绘人类语言表达的模式与习惯,特别是深入揭示词语间在排列组合上的内在逻辑与关联性。在语音识别及解码的流程中,词内部的转移规律依赖于发音词典的指引,而词语间的转移则依据语言模型进行推断。因此,一个优质的语言模型不仅能显著提升解码过程的效率,还能在相当大的程度上提高语音识别的准确性。

语言模型可以分为基于规则的模型和基于统计的语言模型两类。其中,基于统计的 N-Gram 语言模型是比较简单也比较常用的模型,目前很多公司用的就是该模型。此外,还有基于深度学习的语言模型。

简单来说,语言模型就是根据语法和字词的知识,计算一些可能的词组成句子的概率。一般自然语言的统计单位是句子,所以语言模型也可以看作句子的概率模型。如图 4.54 所示,由单词"what""is""language""model"可以组成几个不同的句子,但可能只有一两个句子是符合语法且真实存在的句子,而语言模型就是用于判断这些句子是真实句子的概率。

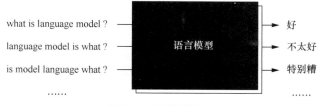

图 4.54 语言模型的作用

5. 发音字典

发音字典也称为词典,其在中文语境下体现为拼音与汉字的对应关系,而在英文环境中则表现为音标与单词的匹配。字典的核心功能在于,根据声学模型所识别出来的音素信息,来找到对应的汉字或者单词,从而在声学模型和语言模型之间搭建起一座桥梁,将两者有效地联系起来。

值得注意的是,词典本身并不涉及复杂的算法,它更像是一座详尽无遗的知识宝库,力求全面覆盖日常生活中可能遇到的每一个字词。"词典"这个命名可以说十分形象,它就像一本《新华字典》,能够为声学模型计算出来的"拼音"配上所有可能的汉字。

4.6.4 语音识别的应用场景

语音识别作为一种重要的人机交互方式,已经在多个领域得到了广泛的应用。随着技术的不断进步和完善,语音识别将在工业、家电、通信、汽车、电子、医疗等领域发挥更大的作用。

目前,语音识别的常见应用场景包括但不限于以下几个。

1. 智能家居

在智能家居领域，语音识别使得用户可以通过语音控制家庭设备，如智能音箱、智能灯、智能电视、智能窗帘等，这种技术提高了人们生活的便利性和智能化程度。

2. 智能语音助手

语音识别在手机智能语音助手中的应用极大地提升了用户体验。用户可以通过语音指令轻松完成拨打电话、发送短信、查询天气、设置提醒等操作，不需要手动输入，既方便又快捷，常用的手机智能语音助手有苹果的 Siri、华为的小艺等。

3. 智能驾驶

语音识别在智能驾驶方面的应用也日益广泛。它使驾驶员能够通过语音命令控制车载系统，如调整车内环境、播放音乐、查询导航信息等，提高了驾驶的便利性和安全性。

此外，语音识别还能实现驾乘人员与车载系统的自然语言对话，为驾乘人员提供更人性化的帮助。在智能驾驶系统中，语音识别技术结合 AI 语言模型，可以实时采集和处理车辆数据，提供智能决策支持，优化路线规划，实现智能语音交互，从而提升智能驾驶系统的性能和稳定性。

4. 社交聊天

在社交聊天方面，语音识别使得用户可以直接通过语音输入进行交流，降低了使用门槛，提高了便利性。例如微信语音输入，如图 4.55 所示；再如玩游戏时，可以将语音转换成文字，让用户在进行游戏娱乐的同时，也可以直观地看到聊天内容，如图 4.56 所示。

图 4.55 微信语音输入

图 4.56 游戏中语音自动转文字

5. 会议纪要生成

语音识别可以用于会议纪要撰写，将会议、庭审、采访等场景的音频信息转换为文字，有效降低了人工记录的成本并提升了效率。图 4.57 所示为科大讯飞公司研发的语音识别生成会议纪要的应用。

图 4.57 科大讯飞智能会议纪要应用

语音识别在会议纪要生成方面的应用，实现了会议内容的实时录音与文字转化。语音识别技术能准确地将会议中的语音信息转换为文字，并通过自然语言处理技术对内容进行整理、归纳，自动生成结构化的会议纪要。这不仅提高了会议记录的准确性和效率，还为企业节省了大量人力成本。随着技术的不断发展，语音识别在会议纪要生成方面的应用将更加成熟，为各行各业带来更加高效、便捷的文档处理体验，助力企业提升决策效率和信息管理能力。

随着算法的不断优化和计算能力的提升，语音识别技术将朝着更高精度、更低延迟、更强鲁棒性的方向发展。未来，语音识别将变得更加精准、更加智能，其应用也将变得越来越广泛，市场也将更加广阔。

4.7　开源语音识别库 Kaldi 简介

语音识别的原理比较复杂，对于非专业人士来说，应用难度很大。通常，人们可以采用开源的语音识别工具完成语音识别任务，从而降低任务难度，提高工作效率。Kaldi 便是当前流行的开源语音识别工具。如今，大量的语音团队都在使用 Kaldi 来开发智能解决方案，人们所熟知的"小爱同学""Siri"等语音产品，背后都离不开 Kaldi。

Kaldi 中集成了多种语音识别模型，包括隐马尔可夫模型和基于深度学习的神经网络模型。它主要由 C++ 代码编写而成，在此之上使用 bash 和 Python 脚本做了一些工具。Kaldi 支持多种语音信号处理、语音识别、声纹识别和深度神经网络等功能，其目的在于为语音识别研究者提供一个灵活且可扩展的平台。Kaldi 由丹尼尔·波维（Daniel Povey）开发和维护，因此，丹尼尔·波维被称为"Kaldi 之父"。

新一代 Kaldi 项目则是从语音识别开源项目 Kaldi 发展而来的，它同样由"Kaldi 之父"、IEEE Fellow、小米集团首席语音科学家丹尼尔·波维领衔的团队研发。该团队专注于开源语音基础引擎研发，从神经网络声学编码器、损失函数、优化器和解码器等各方面重构语音技术链路，旨在提高智能语音识别任务的准确率和效率。

新一代 Kaldi 既是一个开源的语音识别库，也是一个开箱即用的软件工具，兼具易用性和实用性。使用者可以在 Hugging Face 上找到该项目，不用注册和登录便可以直接使用它来完成语音文件的识别。

 任务实现

根据任务分析的步骤，结合知识准备部分的理论知识点，通过 Hugging Face 上的开源语音识别库 Kaldi，实现语音识别的具体操作如下。

任务演示

语音文件识别

1. 打开 Hugging Face 网站

打开 Hugging Face 镜像网站，网站页面如图 4.58 所示。

图 4.58　Hugging Face 网站页面

2. 在"Spaces"中选择"Automatic Speech Recognition"

单击图 4.59 所示的"Automatic Speech Recognition"即可进入新一代 Kaldi 项目页面。

图 4.59　选择 Automatic Speech Recognition

新一代 Kaldi 项目页面如图 4.60 所示，其中有多个参数需要设置。

图 4.60 新一代 Kaldi 项目页面

3. 选择语言种类及语音识别模型

在 "Language" 选项卡中可以看到，Hugging Face 可以识别的语言有多种，包括中文（包括方言、普通话）、英语、日语、韩语等，这里选择 "Chinese"。接着，在 "Select a model" 中选择语音识别模型 "csukuangfj/sherpa-onnx-paraformer-zh-2024-03-09"，如图 4.61 所示。

图 4.61 语言种类及语音识别模型选择页面

4. 选择解码方法

在 "Decoding method" 选项卡中任意选择一种解码方法即可，这里选择 "greedy_search"。另外，"Number of active paths for modified_beam_search" 中保持默认设置，如图 4.62 所示。

图 4.62 解码方法选择页面

5. 添加标点符号

在 "Whether to add punctuation(Only for Chinese)" 中单击 "Yes"，如图 4.63 所示，从而在语音识别的结果中添加标点符号。

图 4.63 选择添加标点符号页面

6. 上传需要识别的 MP3 语音文件

单击"Upload from disk"选项卡，然后单击空白区域，如图 4.64 所示，在弹出的窗口中选择需要识别的 MP3 语音文件，将语音文件上传到该项目中。

图 4.64　上传语音文件页面

7. 运行语音识别项目

单击"Submit for recognition"启动 Kaldi 语音识别项目，只需等待几秒即可得到识别结果，如图 4.65 所示。

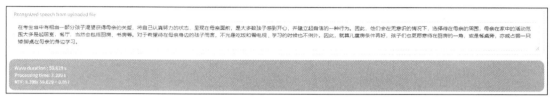

图 4.65　语音识别结果

至此，我们完成了"学习空间.mp3"语音文件的识别任务，成功地识别出了该语音文件中包含的文字信息。

任务总结

通过 MP3 语音文件识别任务，读者了解了什么是语音识别以及语音识别的发展历程、应用场景等内容，也了解了语音识别的主要环节和模块，包括信号处理、特征提取、声学模型、语言模型、发音字典等，以及语音识别开源库 Kaldi 的基本情况。此外，在学习时还应着重注意以下几点。

- 语音识别是人工智能的重要研究方向，是实现人与智能机器设备通过自然语言进行沟通交流的重要方式，也是最为方便、最为自然、最容易被大众接受的方式之一，未来语音识别技术必将获得更深入的发展和更广泛的应用。
- 语音识别由于涉及计算机科学、语言学、声学、生理学、心理学等许多学科，是一个典型的多学科交叉产物，因此涉及的知识点比较多，学习起来相对困难，读者需要多花时间、多查询资料，以便理解。
- 对于初学者或者非专业开发人员，可以借助开源语音识别库进行语音识别的实践，以降低学习和应用的难度。

 巩固练习

一、单选题

1. 语音识别，也被称为（　　　），其目标是将人类语音信息转换为计算机可读的相应文本或命令。
   A. 语音处理　　　　　B. 语音转换　　　　　C. 自动语音识别　　　D. 语音转文字
2. 能够直接通过自然的（　　　），实现与机器人等智能电子产品的交流是人类一直期待的事情。
   A. 文字对话　　　　　B. 语音对话　　　　　C. 感觉触摸对话　　　D. 高级语言
3. 以下哪个是语音识别中常用的特征参数？（　　　）
   A. PCA　　　　　　　B. SIFT　　　　　　　C. MFCC　　　　　　D. SURF

4. 目前，声学模型的主流算法是（　　　）。

    A. CNN-HMM　　　　B. GMM-HMM　　　　C. RNN-HMM　　　　D. GAN-HMM

5. N-Gram 模型是一种基于（　　　）的语言模型。

    A. 低通滤波器　　　　B. 高通滤波器　　　　C. 带通滤波器　　　　D. 以上都不对

二、多选题

1. 语音识别属于人工智能方向的一个重要分支，涉及许多学科，如（　　　）。

    A. 生理学　　　　　　B. 计算机科学　　　　C. 语言学　　　　　　D. 声学

2. 语音识别的整个处理过程主要包括（　　　）。

    A. 语音信号的采集　　B. 信号处理　　　　　C. 特征提取　　　　　D. 模型匹配及解码输出

3. 语音识别的应用有（　　　）。

    A. 自动客服　　　　　B. 语音翻译　　　　　C. 语音命令控制　　　D. 语音验证码

4. 语音识别常用的特征参数有（　　　）。

    A. 梅尔频率倒谱系数　　　　　　　　　　　B. 非线性预测倒谱系数

    C. 梅尔时域倒谱系数　　　　　　　　　　　D. 线性预测倒谱系数

5. 语音识别采用的语言模型可以分为（　　　）两类。

    A. 基于规则的模型　　B. 基于逻辑的模型　　C. 基于判断的模型　　D. 基于统计的模型

三、判断题

1. 特征提取结果的好坏对于语音识别的最终效果来说无关紧要。（　　　）

2. "能听会说"是人类长久以来对智能机器人的期望。（　　　）

3. 语音识别技术的目标是将人类语音信息转换为计算机可读的相应文本或命令。（　　　）

4. 当前，深度学习技术已经成为语音识别领域的主流技术。（　　　）

5. 语音识别属于人工智能方向的一个不太重要的分支，应用也不广泛。（　　　）

四、简答题

1. 简述语音识别主要涉及哪些环节。

2. 列举一些语音识别应用场景。

任务拓展

1. 现有一个语音文件"超强记忆力.mp3"（见配套资源），请仿照着前文任务实现的步骤和方法，借助 Hugging Face 上的 Kaldi 开源库实现对该 MP3 语音文件的识别。

2. 现有一段四川话语音文件"四川话.mp3"（见配套资源），请仿照着前文任务实现的步骤和方法，借助 Hugging Face 上的 Kaldi 开源库实现对该 MP3 语音文件的识别，注意语言类型需要选择为中文方言，然后选择合适的语音识别模型。

拓展阅读

中文在 AI 时代的独特优势

    当全球科技圈被AI聊天机器人刷屏，人们惊叹它们能写诗作对时，也惊喜地发现这些智能程序用起成语来比很多中国人还地道，写七律比英语十四行诗更流畅。这背后藏着中文绵延五千年的文明密码——中文特有的方块字结构、声调韵律和文化基因，恰好为人工智能提供了天然的语义训练场。在这场AI科技革命中，中文作为一门拥有悠久历史和深厚文化底蕴的自然语言，展现出了其在人工智能时代的独特优势。

一、中文结构的天然优势

中文非常的规整，无论是书写还是发音，它的尺寸都是一样的，即书写所占空间的大小和发音的时间长短都非常整齐，这种规整对于计算机的处理来说是非常方便的。例如，模型在进行语音识别时，中文每个音节（对应一个汉字）的发音时长相对稳定，且具有清晰的声韵结构，这样就相对比较容易区分出一句话中每一个字的发音。而相比之下，英文中从单音节词到多音节复合词都有，导致每个单词发音的长度往往都是不一样的。

而且汉字作为表意文字的代表，其"形、音、义"三位一体的特征为多模态AI提供了天然优势。例如，计算机视觉系统可以通过字形解析语义（如"森"由3个"木"组成），语音系统通过音节进行识别，语义网络通过部首组合理解概念关联。这种立体化的信息承载方式，使中文在图像识别、语音合成、语义理解等交叉领域展现出独特潜力。

二、中文的信息密度高

中文的信息密度比英文高。根据有关研究，现代中文书面语的信息熵约为9.65比特/字，而英文约为4.03比特/词。因此相比英文单词，一个汉字往往能承载丰富的含义。例如"日"字，简单的一个字就代表着太阳，而由"日"字组成的词语，如"日常""日子""日历"等，能表达出非常精确和丰富的含义。

中文的这种特性使其在信息传递上更加高效，同样的内容，用中文表达往往比用其他语言更为简洁。在人工智能时代，尤其是在自然语言处理领域，中文的高信息密度意味着AI在处理中文信息时，可以用更少的资源完成更多的任务，从而提高效率。

三、中文文化底蕴深厚

中文还有着深厚的文化底蕴。历经几千年的发展，中文积累了海量的文学作品、历史典籍、哲学思想等。这些文化资源是AI学习的宝贵财富，能够帮助AI更好地理解人类的情感、价值观和思维方式。例如，从《论语》《诗经》到唐诗宋词，再到现代文学作品，这些丰富的文本资源可以让人工智能学习到不同时期、不同风格的语言表达方式，从而提高其自然语言处理能力和文化素养。

从文化符号的角度来看，中文中的成语、歇后语、俗语、典故等都是独特的文化瑰宝。例如"守株待兔"这个成语，通过一个简单的故事，传达出了深刻的道理。AI学习这些文化元素后，可以更好地与人类进行文化交流，为人类提供更有深度和文化内涵的服务。

项目 **5**

AIGC与大模型应用

近年来人工智能技术快速发展，以ChatGPT为代表的新型人工智能大语言模型的迭代演进，引发全球范围内的广泛关注与产业变革。越来越多的企业开始将AI技术应用到生产流程，以提高工作效率和生产力。人工智能生成内容（Artificial Intelligence Generated Content，AIGC）是指通过AI技术自动生成文字、图片、视频等内容。

AIGC在各领域都有着广泛的应用，例如在新闻、广告、营销等领域，可以帮助企业快速生成大量高质量的内容；在教育、医疗等领域，可以帮助企业提供个性化、精准的服务；在金融、银行等领域，可以帮助企业进行数据分析，提供决策辅助。

然而，许多读者仍然会在如何充分利用AI技术，特别是AIGC技术，提升学习与工作效率上感到困惑。AIGC是否还有更加丰富的应用场景？为何AI生成的内容大都不尽如人意？如何更好地应用AIGC赋能工作的业务流程？这都是本项目要解决的问题。

在本项目中，读者将通过完成3个具体的任务——利用提示工程辅助写作、使用AIGC制作视频故事绘本和使用DeepSeek构建课程学习智能体，来系统地学习AIGC与大模型的基础知识，通过任务实践，读者将能够从典型的应用场景掌握AIGC与大模型的使用方法。

学习目标

知识目标
1. 掌握大模型的基本概念与特点。
2. 了解大模型对科技发展的影响。
3. 掌握提示工程的设计原则。

能力目标
1. 能够熟练应用提示工程辅助写作。
2. 能够应用AIGC工具进行图片与视频设计。
3. 能够结合自身专业特色完成大模型技术在专业领域的应用调研。

素质目标
1. 培养创新意识和解决问题的能力，利用AIGC来探索新的工作方法和流程。
2. 提升跨学科学习和应用能力，将AIGC应用到不同的专业领域。
3. 增强批判性思维，能够评估AIGC的质量和适用性。

建议学时

8学时。

任务 5-1 利用提示工程辅助写作

任务提出

A 同学是一位管理学硕士研究生，组会上要做主题为"对于企业创新战略或创新模式的分析"的演讲，A 同学选定的具体题目是"基于波特五力模型和企业价值链的 B 公司创新模式分析"。现需利用大模型技术辅助完成该任务。

提示工程是一种优化模型输入（即提示）的技术，它可以通过设计更有效的提示来提高大模型的性能和效率。本任务目的在于掌握构思与写作场景中应用提示工程的方法与策略。

任务分析

本任务主要通过文心一言，使用提示工程辅助写作，使读者掌握常用的编写提示词的原则与策略。具体的任务分析如下。
1. 对齐双方沟通频道。
2. 写大纲。
3. 大纲要点逐个击破。
4. 总结收尾。

知识准备

5.1 AIGC 的基本概念

人类拥有看、听、读、写、说、画等能力，通过这些能力处理从外界获取的信息，并输出文字、语言、图片、视频等内容或作品。AIGC 其实就是对人类能力的模仿，是一种利用人工智能技术自动生成文本、图像、音频、视频等各种形式内容的技术。

5.2 AIGC 的应用场景

在当今这个飞速发展的数字化时代，AIGC 正以其独特的魅力和潜力，逐步渗透到生活的方方面面。从文本创作到图像生成，从音乐制作到视频剪辑，AIGC 的应用场景正变得越来越多样化。

5.2.1 娱乐媒体内容制作

目前，AIGC 在娱乐媒体内容创作领域扮演着辅助生产的重要角色。它涵盖文字续写与纠错、文字转语音、语音转文字、图像智能编辑以及视频智能剪辑等多种功能，不仅减少了创意实现的烦琐、机械的工作，还通过内容创造满足了用户的娱乐需求，激发了他们的创作灵感。

随着 AIGC 技术的日益成熟，一些专业内容生产者的角色正面临被替代的风险。数据处理能力和计算能力的飞跃将推动 AI 生成效果的大幅提升，使其能够根据用户的具体需求，生成个性化且具备专业水准的定制内容终稿。这些 AI 生成的内容不仅达到了专业内容生产者的标准，还融入了新颖独特的创意，从而有望取代部分文字作者、翻译、插画师、配音演员、音乐制作人以及视频编辑等职业人员。

AIGC 作为继专业生成内容（Professional Generated Content，PGC）、用户生成内容（User Generated Content，UGC）和 AI 辅助生成内容之后的新型内容生成方式，正逐渐崭露头角，这 4 种内容生成方式构成的内容生成的 4 个阶段，如图 5.1 左侧所示。在国际上，AIGC 也被称为人工智能合成媒体（AI-Generated Media 或 Synthetic Media），是通过人工智能算法对数据和媒体进行生产、操作和修改的综合性技术。

近年来，AI 绘画作品的兴起和一级市场的投资活跃，标志着 AIGC 迎来了爆发式发展。2022 年，在美国科罗拉多州举办的博览会艺术比赛中，一件完全由 AI 生成的绘画作品《太空歌剧院》（见图 5.1 右侧）荣获了"数字艺术/数字修饰照片"类别的最高奖项。值得注意的是，该作品的创作者并无绘画基础，而是借助 AI 绘图软件 Midjourney，在 80h 内完成了这幅杰作。AI 绘画技术的迅猛发展令人瞩目，从 2022 年的初步尝试到能够生成专业级图像，仅用了短短数月时间。目前，国外已涌现出 Stable Diffusion、Midjourney 等多个成熟的 AIGC 平台。

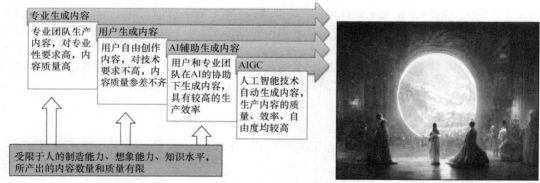

图 5.1　内容生成 4 阶段与 AI 绘画作品

5.2.2 文本生成

1. 对话机器人、新闻稿撰写方面得到广泛应用

文本生成作为 AIGC 的早期应用领域之一，已经在多个方面展现出了巨大的潜力，包括对话机器人的构建、内容的续写、新闻稿的撰写以及诗歌小说的创作等。

在对话机器人方面，近年来如问答型、闲聊型、任务型、知识图谱型机器人以及多轮对话机器人等，在智能客服场景中发挥着重要作用，极大地降低了企业的人力成本。

新闻稿撰写方面，文本生成同样在全球范围内得到了广泛应用。许多新闻机构利用 AIGC 技术来生成稿件，特别是在体育、天气、股市交易变动以及公司业绩报道等结构性新闻报道场景中。例如，基于腾讯云对话机器人开发的银行咨询助手可以实现与用户的实时业务交互；自然语言生成领域的佼佼者 Automated

Insights，在 2014 年一年内就成功生成了 10 亿篇新闻文章，每秒可撰写多达 2000 篇新闻报道，用户涵盖雅虎、美联社等知名机构，具体应用如图 5.2 所示。

图 5.2　腾讯云对话机器人与雅虎生成的体育新闻

2. 内容续写、文学创作方面达到专业水平

内容续写作为文本生成的一个关键分支，旨在基于给定的文本材料，创造性地拓展出新的内容。内容续写的应用范围极为广泛，涵盖文学创作、商业写作、教学内容写作等多个领域，为内容的多样化与个性化提供了无限可能。在内容续写方面，谷歌的 Wordcraft 与 OpenAI 的 GPT-4 无疑是两颗璀璨的明星。

Wordcraft，这款由谷歌于 2021 年推出的创新工具，将作者与 AI 紧密地联系在一起，通过对话的形式共同编辑故事，如图 5.3 左侧所示。它支持续写、扩写、改写以及生成大纲等多种功能，不仅极大地提升了写作效率，还激发了作者的无限灵感。在 Wordcraft 的助力下，作者可以更加轻松地探索故事的多种可能性，将创意转化为文字，为读者带来更加丰富、精彩的阅读体验。

在文学创作方面，AI 的创作能力同样令人瞩目。早在 2017 年，微软研发的 AI "小冰"便生成了人类历史上第一部人工智能诗集《阳光失了玻璃窗》，如图 5.3 右侧所示，其中收录了 139 首充满现代感的诗歌。随后，AI 创作的小说《1 The Road》也在 2018 年成功出版，进一步证明了 AI 在文学创作方面的潜力。到了 2022 年，谷歌子公司 DeepMind 更是推出了剧本写作平台 AI Dramatron，它能够从一句话表述的戏剧冲突中，自动生成剧本的标题、角色、场景以及对话，为剧本创作带来了全新的可能。

图 5.3　Wordcraft 与微软 "小冰"生成的人工智能诗集

如今，越来越多的 AI 文学创作平台开始进入公众视野，它们不仅能够创作剧本、诗歌、小说等传统文学形式，还能够生成对联等富有文化底蕴的内容。这些 AI 作品不仅展现了 AI 在文学创作方面的独特魅力，也为传统文学的创作与传播带来了全新的视角与可能。

5.2.3　音频生成

1. 语音生成的广泛应用

语音生成作为一种将文本内容转化为语音输出的创新手段，已经在众多领域展现出了其较高的应用价值。从新闻阅读、有声书的制作，到出行导航的指引、通知播报的传达，再到视频配音的呈现，语音生成以其独特的方式，改变信息的传播方式，提升用户体验。

目前，众多科技"巨头"如国外的谷歌、微软、亚马逊，以及国内的腾讯、阿里、百度、科大讯飞等，都已经推出了各自的语音生成平台，致力于为用户提供在不同场景下流畅、逼真的语音输出。这些平台不仅支持多种语言的转换，还提供了丰富的语音素材，让用户可以根据自己的需求，选择最合适的语音风格。

谷歌 Text-to-Speech（见图 5.4 左侧）便是其中的佼佼者。它基于 DeepMind 的先进语音合成技术，为用户提供了 40 多种语言、220 多种语音的选择，以及丰富的参数调整功能，让语音输出更好地满足用户的个性化需求。另外，谷歌 Text-to-Speech 还支持用户上传自己录制的音频，通过训练自定义语音模型，生成与用户声音高度相似的语音输出，为用户带来了更加亲切、自然的听觉体验。

而科大讯飞在线语音合成（见图 5.4 右侧）同样不容小觑。它提供了超过 100 种发音人的选择，支持多语种、多方言以及中英混合的语音输出，为用户提供了更加灵活、多样的语音配置选项。同时，科大讯飞还通过先进的技术手段，实现了只需用户上传 15min 录音，便能生成专属声音的功能，进一步提升了用户的个性化体验。

总的来说，语音生成技术正在以其独特的优势，改变人们的生活方式，提升信息的传递效率。

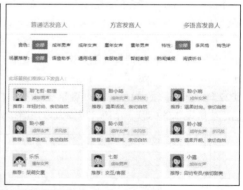

图 5.4　谷歌 Text-to-Speech 与科大讯飞在线语音合成

2. 歌曲生成已有商业级模型

歌曲生成作为人工智能在音乐创作领域的突破性应用，涵盖从作词、作曲到编曲的全方位流程。歌曲生成不仅能够根据旋律自动生成歌词，还能由歌词激发旋律的创作，甚至能够生成不同曲风的旋律、和弦以及进行音乐的续写。这些功能使歌曲生成得以广泛应用于音乐欣赏、游戏音效设计、实体场景配乐等多个领域，为音乐创作与呈现带来了前所未有的创新与变革。

在歌曲生成领域，天工乐府（见图 5.5 左侧）无疑是一颗璀璨的明星。2022 年，昆仑万维推出了这款商业级的作曲 AI 模型，它支持超 30 种语言的歌词生成，能够创作出多种曲风的旋律，并实现多轨道编曲、Vocal 生成以及智能缩混等功能。天工乐府的强大能力已经得到了实践的验证，它在全球多个音视频平台上成功发行了近 20 首由 AI 生成的歌曲，展现了人工智能在音乐创作方面的巨大潜力。

另一项引人注目的成果来自 Playform AI。这家公司与音乐专家携手合作，利用 AI 技术续写了贝多芬的

《第十交响曲》，如图 5.5 右侧所示。他们不仅完成了两个完整的、超过 20min 的乐章，还在 2021 年成功地将这部作品呈现在了波恩贝多芬管弦乐团的舞台上。这一壮举不仅展示了 AI 在音乐创作方面的能力，也向世人证明了人工智能与音乐艺术的完美结合所能带来的震撼与感动。

图 5.5　天工乐府与 AI 续写的贝多芬《第十交响曲》

5.2.4　图像生成

在 2022 年下半年，AI 领域迎来了一次令人瞩目的飞跃——由文本生成图像的技术迅速走红，多款相关应用因此大热，图像生成效果如图 5.6 所示。当前，面向公众开放的图像生成模型主要包括 Stable Diffusion、DALL-E 2 以及 Midjourney 等。值得注意的是，在这 3 款模型中，仅 Stable Diffusion 是开源的，这也使得它成为使用人数最多的模型，全渠道用户数量已突破 1000 万大关。此外，谷歌在 2022 年 5 月也推出了一款由文本生成高清图像的模型——Imagen。在其官方网站上，谷歌展示了 Imagen 生成的高清图像，并自信地宣称这些图像的质量已经全面超越了 DALL-E 2。Stable Diffusion、DALL-E 2 以及 Midjourney 等面向公众开放的模型，已然为用户提供了丰富的图像生成选择。这些模型的出现，不仅极大地推动了 AI 图像生成技术的发展，也为用户带来了更加便捷、高效的图像创作体验。

图 5.6　图像生成

5.2.5　视频生成

AIGC 在视频生成领域的应用正变得日益广泛和深入，它正在改变视频内容的创作、编辑、分发和消费方式。以下是一些 AIGC 的关键应用场景和技术进展。

广告制作：AIGC 技术可以快速生成高质量的广告视频，提高广告制作的效率和效果。通过输入产品图片和广告文案，AI 即可自动生成吸引人的广告视频。

社交媒体内容：在社交媒体平台上，用户可以利用 AIGC 技术将静态图片转化为动态视频，增加内容的趣味性和互动性。这种内容形式更容易吸引用户的关注和分享。

电影动画制作：在电影和动画制作中，AIGC 技术可以用于角色设计、场景构建和特效制作等。通过 AI 生成逼真动画效果，可以大大提高电影和动画的制作质量和效率。

教育与培训：在教育领域，AIGC 技术可以生成各种教学视频和模拟实验视频，帮助学生更好地理解和掌握知识点。这种视频内容具有直观、生动、易于理解的特点。

5.3　大语言模型概述

微课 5-1

大语言模型概述

大模型（Large Language Model，LLM）是指具有大量参数和复杂结构的机器学习模型，能够处理海量数据，完成各种复杂的任务。大语言模型是在大量语料库上训练的机器学习模型，使用监督或半监督学习在大量未标记文本上训练数十亿个参数。

随着大语言模型技术的不断进步，它对科技领域以及整个社会生态都产生了深远的影响。大语言模型不仅在自然语言处理、机器学习、人工智能等领域引发了革命性的变化，而且在商业、教育、医疗、媒体等多个领域中也扮演着越来越重要的角色。

5.3.1　对自然语言处理领域的影响

在自然语言处理领域，大语言模型可以作为一种通用的语言任务解决方案，能够通过特定的提示方式完成不同类型的任务，并且能够取得较为优异的效果。更进一步地，随着大型语言模型的崛起，许多曾经占据研究核心地位的传统任务（如基于规则或特征工程的文本处理）的研究价值正逐渐降低，部分任务（例如自动摘要生成，这一曾被视为自然语言处理领域重要里程碑的任务）甚至在一些学者和业内人士的眼中，已接近其技术发展的"天花板"，被认为在某种程度上达到了终点。这一变化不仅反映了技术进步带来的行业洗牌，也预示着研究范式的深刻变革。

面对这一趋势，学术界和工业界的研究范式开始全面转向大语言模型技术，研究焦点迅速从"如何针对特定任务设计精巧的解决方案"转移到"如何进一步挖掘和深化大语言模型的综合能力"，包括但不限于提升模型的准确性、泛化能力、可解释性，以及如何在保持高效性的同时，更好地融入人类社会的伦理规范和价值观。

5.3.2　对信息检索领域的影响

信息检索领域正经历一场深刻的变革，其核心在于传统搜索引擎正面临来自人工智能信息助手的严峻挑战，特别是以 ChatGPT 为代表的新型信息获取方式。这场变革不仅彻底改变了用户与机器之间的互动模式，还深远地影响了信息检索技术的未来发展轨迹。

在过去，传统搜索引擎依赖于用户输入的关键词或短语来检索相关信息，这种方式虽然高效，但在处理复杂问题或需要深入理解内容时，往往力不从心，难以提供令人满意的答案。然而，随着大语言模型的兴起，这一现状得到了根本性的改变。基于大语言模型的信息系统允许用户以自然语言对话的形式提出问题，系统则能够凭借其强大的语言理解和生成能力，提供精确且深入的回答。这种全新的交互方式极大地提升了用户体验，并为信息检索领域开辟了新的发展方向。

科技"巨头"微软敏锐地捕捉到了这一趋势，并迅速推出了结合大语言模型的搜索引擎 New Bing。这一创新产品深度融合了大语言模型与传统搜索技术，旨在为用户提供更加智能、个性化的搜索体验。New Bing 不仅能够理解用户的复杂需求，还能根据用户的反馈和上下文信息动态调整搜索结果，从而提供更加精准、有用的信息。这一产品的推出，标志着信息检索领域正逐步向更加智能化、人性化的方向发展。

然而，尽管大语言模型在信息系统中展现出了巨大的潜力，但其精确性和实时性方面仍存在不足。由于大语言模型主要依赖训练数据和算法来生成回答，其准确性往往受到数据质量和算法性能的限制。此外，由于需要处理大量的信息，大语言模型在实时性方面也面临一定的挑战。这些问题使得大语言模型目前还无法完全取代传统搜索引擎，仍须进一步优化。

针对大语言模型与搜索引擎的优势和局限性，信息检索领域的研究主要聚焦于两个新兴方向。一是检索增强的大语言模型，即通过引入检索机制来提升模型的信息获取能力和准确性。这一方向的研究旨在利用检索技术来弥补大语言模型在信息获取方面的不足，从而提高其整体性能。二是大语言模型增强的搜索系统，即利用大语言模型的自然语言理解能力来优化传统搜索过程和结果展示。这一方向的研究旨在发挥大语言模型在信息处理上的优势，以提供更加智能、个性化的搜索体验。

5.3.3 对计算机视觉领域的影响

计算机视觉领域正步入一个技术革新的关键时期，其核心目标在于更有效地应对跨模态或多模态任务带来的挑战。为实现这一目标，科研人员正全力投入研究类似于 ChatGPT 的"视觉－语言"联合对话模型，这类模型旨在打破传统计算机视觉任务的局限，通过深度融合视觉与语言信息，实现更为智能、灵活的信息处理与理解。

GPT-4 不仅在自然语言处理方面表现出色，更首次实现了对图文多模态信息的支持，使得模型能够同时处理和理解文本与图像信息，为"视觉－语言"联合对话模型的发展奠定了坚实的基础。借助 GPT-4 的强大功能，科研人员得以更深入地探索图像、视频等模态信息与文本语义空间的结合方式，从而推动多模态模型的不断进步。

此外，基于下一个词元预测的思路也为多模态领域的基础模型架构带来了革命性的变化。这种思路强调通过预测下一个词元（无论是文本中的下一个单词还是图像中的下一个元素）来推动模型的学习和优化。例如，OpenAI 推出的 Sora 模型就是基于图像块序列建模的思路构建的。Sora 模型通过将图像分割成多个小块，并将这些小块序列化为文本形式的标记，实现了图像与文本信息的无缝对接。这种方法不仅显著提升了模型对图像信息的理解能力，还为多模态模型的发展提供了新的方向和思路。

5.3.4 人工智能赋能科学研究

人工智能赋能科学研究（如 AI4Science）已成为学术界广泛关注的热点。大语言模型凭借其卓越的建模能力，已深入渗透至数学、化学、物理学、生物学等多个科学领域，为科学研究注入了新的活力与可能性。在这些科学领域内，大语言模型作为科研人员的得力助手，可提供解题灵感和论文撰写支持，助力科研人员攻克难题，如数学家陶哲轩等顶尖学者在科研活动中就频繁使用大语言模型；同时，在新材料发现、生物制药等关键领域，大语言模型也展现出了巨大的推动作用，加速了科学发现的进程。

随着大语言模型训练数据规模的不断扩大和覆盖范围的持续扩展，其在人类科学研究中的地位日益凸显。大语言模型技术不仅推动了特定学科领域的快速发展，而且对整体的科研范式产生了深远的影响，引领科学研究向更加智能化、高效化的方向发展。

5.3.5 大语言模型的生态系统

大语言模型的生态系统具有复杂而精细的架构，它可以划分为多个层次，每一层都扮演着不可或缺的角色，共同推动大语言模型技术的不断发展和广泛应用。这些层次包括场景层、应用层、功能层、模型层、平台层、算力层和社区层，它们之间紧密相连，共同构建了一个完整且高效的大语言模型生态系统，如图 5.7 所示。

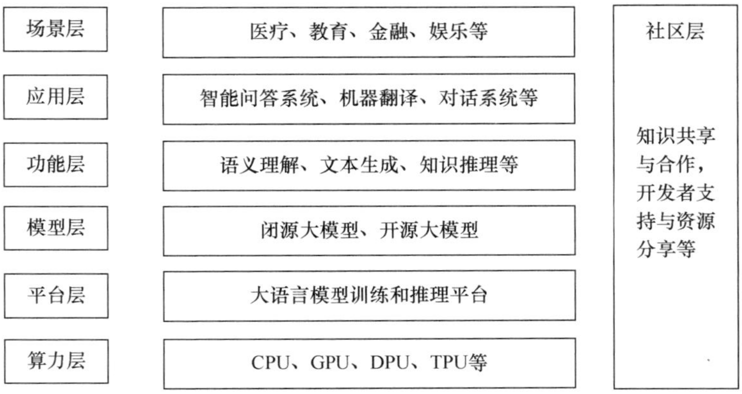

微课 5-2

大语言模型的生态系统

场景层	医疗、教育、金融、娱乐等	社区层
应用层	智能问答系统、机器翻译、对话系统等	知识共享与合作，开发者支持与资源分享等
功能层	语义理解、文本生成、知识推理等	
模型层	闭源大模型、开源大模型	
平台层	大语言模型训练和推理平台	
算力层	CPU、GPU、DPU、TPU等	

图 5.7 大语言模型生态系统

（1）场景层：作为大语言模型应用的起点，场景层关注的是如何将大语言模型技术应用于各种实际场景和领域中。无论是教育、医疗、金融，还是娱乐等领域，大语言模型都能通过其强大的自然语言处理能力，为用户提供更加智能化、个性化的服务。场景层的丰富性，为大语言模型的应用提供了广阔的空间和无限的可能。

（2）应用层：基于场景层的需求，应用层开发出了各种具体的应用程序或服务。这些应用程序和服务涵盖自然语言处理、智能问答系统、机器翻译、文本摘要、对话系统等多个领域，为用户提供了便捷、高效的信息处理和交流方式。应用层通过调用底层的语言模型，实现了各种复杂的功能，满足用户多样化的需求。

（3）功能层：大语言模型所具备的各种功能和能力的集合。这些功能包括但不限于文本生成、语义理解、情感分析、知识推理等。功能层的多样性，使得大语言模型能够应对各种复杂的自然语言处理任务，为用户提供更加精准、智能的服务。

（4）模型层：大语言模型的具体实现和架构，它决定了大语言模型的性能和效果。基于不同的深度学习模型或统计机器学习方法，模型层可以构建出各种具有不同特点和优势的大语言模型。这些模型在结构、参数和训练算法等方面存在差异，但共同构成了大语言模型的核心部分。

（5）平台层：为大语言模型的训练和推理提供了必要的基础设施和工具，包括云计算平台、深度学习框架以及自然语言处理工具包等；此外，平台层为用户提供了便捷、高效的模型训练和部署服务。平台层的存在，降低了大语言模型应用的门槛，使得更多的用户能够享受到自然语言处理技术的便利。

（6）算力层：大语言模型实现的基础，它决定了模型训练和推断的速度和质量。随着计算机硬件技术的不断发展，算力层不断升级和完善，为大语言模型的训练和推理提供了强大的支持。同时，算力层的优化和升级也推动了大语言模型技术的不断进步和发展。

（7）社区层：大语言模型研究和开发的重要力量，包括学术界的研究人员、工业界的工程师、开源社区的贡献者等多个群体。他们通过分享研究成果、交流经验和合作开发等方式，共同推动了大语言模型技术的发展和应用。社区层的存在，为大语言模型技术的不断创新和进步提供了源源不断的动力。

5.4 常见的大语言模型

5.4.1 ChatGPT

GPT（Generative Pre-Trained Transformer），是一种基于互联网的、可用数据来训练的、文本生成的深度学习模型。ChatGPT 是由 OpenAI 于 2022 年 11 月推出的一个人工智能聊天机器人程序，该程序基于大语言模型 GPT-3.5，使用指令微调（Instruction Tuning）和人类反馈强化学习（RLHF）训练而成。

ChatGPT 被英伟达 CEO 称为 AI 的"iPhone 时刻"，以 ChatGPT 为代表的生成式 AI 让每个人命令计算机解决问题成为可能。对于生产工具、对话引擎、个人助理等各类应用，ChatGPT 均可扮演协助人、服务人甚至超越人的角色。凭借此革命性突破，ChatGPT 在搜索引擎与各类工具软件中率先掀起应用热潮，引起了广大用户对 ChatGPT 相关技术的关注与学习。海量下游应用也因此捕捉到新的技术与产业机会，希望通过各类大语言模型与工程化能力，将类 ChatGPT 产品能力输送到原有的应用中，关于应用革命的序幕就此拉开。

大语言模型与搜索引擎有着本质的不同，大模型通过理解问题直接给出答案；搜索引擎则是给出需要查询信息的参考链接，答案需要用户查看参考链接的内容并自行进行总结。

大语言模型的优点如下：上下文理解能力强，能够理解复杂的语义和语境，这使得它们能够生成更准确、更连贯的回答；语言生成能力强，可以生成更自然、更流利的语言，减少生成输出时的错误；学习能力强，可以从大量的数据中学习，并利用学到的知识和模式来提供更精准的答案和预测。这些优点使得大模型在解决复杂问题和应对新的场景时表现更加出色。

大模型经过训练，可以执行简单任务，如预测句子中的下一个单词。更进一步，它们也能够理解人类语言的大部分结构和含义，并具备丰富的常识，能够在训练中"记住"大量的事实。人们将大模型想象成一个巨大而灵活的人类大脑，只要它们有足够的数据和处理能力，就可以学会执行各种任务。因此，当与大模型互动时，记住你正在与一种令人瞩目的人工智能应用进行交流。

5.4.2 文心一言

文心一言（见图5.8）是百度推出的一款基于文心大模型的生成式对话产品，旨在通过与用户的互动帮助人们获取信息、知识和灵感。它具备五大核心能力，包括文学创作、商业文案创作、数理逻辑推算、中文理解和多模态生成。

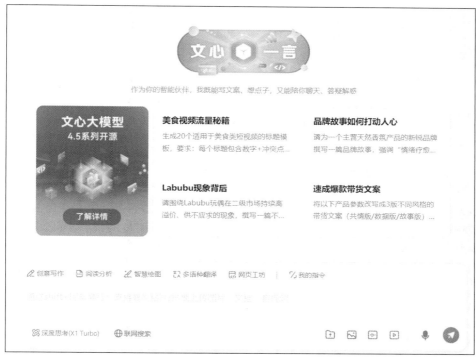

图 5.8 文心一言

文心一言采用有监督精调、人类反馈强化学习等技术，使其在中文语义理解方面表现出色。文心一言不仅是一个智能对话助手，还能够提供图像识别、智能翻译等多种功能，适用于教育、智能客服、智能家居等多个领域。此外，文心一言还被嵌入百度搜索服务中，进一步提升了用户的搜索体验。

目前，已有超过 450 家企业宣布加入文心一言生态圈，共同开发应用。文心一言于 2023 年 3 月面向公众开放，并在 8 月 31 日全面面向全社会开放。百度智能云为文心一言提供服务窗口，通过 API 为企业客户提供支持。未来，随着模型算法的持续优化和高质量训练数据的输入，文心一言有望在中文 AI 及多模态领域不断进步。

5.4.3 讯飞星火

讯飞星火（见图5.9）是科大讯飞推出的一款新一代认知智能大模型，以中文为核心语言，具备多种核心能力，包括文本生成、语言理解、知识问答、逻辑推理、数学推理、代码生成和多模态交互等。

讯飞星火能够基于自然对话方式理解与执行任务，适用于教育、办公、汽车等多个领域。讯飞星火在多个领域展现了强大的应用能力，例如，在教育领域，通过智慧教育产品实现了 B 端和 C 端的闭环格局；在工业领域，通过赋能企业数字化发展，提升了企业的竞争力和用户体验。

此外，讯飞星火还推出了多个面向不同用户群体的应用产品，如 iFlyCode 编程助手、星火科研助手等，帮助用户提高工作效率并解决生活中的痛点。

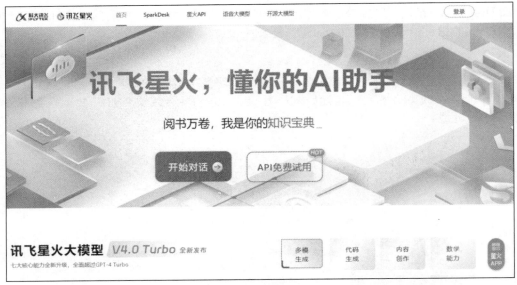

图 5.9　讯飞星火

5.4.4　Kimi

　　Kimi（见图 5.10）是由北京月之暗面科技有限公司开发的一款多功能智能助手，基于自主研发的网络结构与技术构建。Kimi 主要提供智能搜索、文件速读、资料整理、辅助创作、编程辅助等功能，可以帮助用户迅速获取信息、处理各类文档，高效完成任务。Kimi 支持网页 Web 平台、手机 App、微信小程序以及浏览器插件，用户能在多场景便捷使用。

图 5.10　Kimi

　　Kimi 凭借创新的技术实现超长上下文处理，自主搜索能力出色，还具备多模态能力。其功能丰富，涵盖从复杂文本分析、代码理解与编写到日常语言交流、图片理解等领域。Kimi 不仅能精准理解和处理自然语言，还能对图片进行识别和分析，助力用户在工作、学习、生活等多方面突破效率瓶颈。

5.4.5　通义千问

　　通义千问（见图 5.11）是阿里云推出的一个超大规模的语言模型，具备多轮对话、文案创作、逻辑推理、多模态理解和多语言支持等功能。该模型在 2023 年 4 月 11 日正式发布，并迅速成为我国大语言模型产品中的重要一员。通义千问不仅能够与人类进行多轮交互，还能够处理复杂的指令和任务，如文案创作、代码编写等。

图 5.11　通义千问

通义千问的性能在多个基准测评中超越了 GPT-3.5，并且正在加速追赶 GPT-4。此外，阿里云还发布了通义千问的多个版本，包括 2.0 和 2.5 版本，这些版本在理解能力、逻辑推理、指令遵循等方面都有显著提升。通义千问还坚持开源路线，推出了多个参数规模不同的开源模型，支持多种语言和多种场景的应用。

通义千问的应用非常广泛，涵盖智能办公、智能购物和智能居家等多个场景。例如，在智能办公场景中，用户可以通过自然语言与通义千问交互，完成差旅预订、路线规划等任务；在智能购物场景中，通义千问可以提供购物建议和商品推荐。此外，通义千问还接入了天猫精灵，实现了语音交互功能。

5.4.6　智谱华章

北京智谱华章科技股份有限公司（简称智谱华章）是一家由清华大学计算机系知识工程实验室孵化的公司，成立于 2019 年，致力于打造新一代认知智能大模型。该公司专注于大模型技术的研发，并希望对标OpenAI。智谱华章的核心产品包括基于自研大模型的生成式 AI 助手"智谱清言"、高效率代码模型 CodeGeeX、多模态理解模型 CogVLM 和文生图模型 CogView 等，智谱华章官网页面如图 5.12 所示。此外，智谱华章还推出了 GLM-4 模型，该模型在多个应用场景中实现了复杂长文本处理和多模态能力。

图 5.12　智谱华章官网页面

智谱华章在社会服务方面也取得了显著成效，例如，在北京冬季奥林匹克运动会期间为听障人士提供手语数字主播，并开发了手语词典和手语数字人应用场景。公司还推出了自主智能体 AutoGLM，能够模拟人类操作手机，执行各种任务。智谱华章通过其完整的模型生态和全流程技术支持，推动各行业持续创新与变革，加速迈向 AGI 的时代。

5.4.7 豆包

豆包（见图 5.13）是由字节跳动公司开发的一款多功能人工智能工具，基于豆包大模型构建。它主要提供聊天机器人、写作助手、英语学习助手等功能，可以帮助用户回答各种问题并进行对话，以获取信息。豆包支持网页 Web 平台、PC 客户端、iOS 以及安卓平台。

图 5.13 豆包

豆包基于字节跳动自研的云雀大模型开发，具备多种功能，包括文本生成、知识问答、推理计算、阅读理解等。此外，豆包还支持文生图、文生视频等功能，不仅能够处理自然语言相关的任务，还能生成图像和视频内容。

5.4.8 DeepSeek

DeepSeek（见图 5.14）是由深度求索公司自主研发的大语言模型。深度求索公司开发了一系列大语言模型，包括 DeepSeek-V3 和 DeepSeek-R1 等，在智能对话、知识问答、代码生成等多个领域展现出强大的功能。DeepSeek 模型支持多种平台，包括腾讯云平台等，方便开发者进行调用和部署。

DeepSeek-V3 是深度求索公司极具代表性的模型，采用混合专家架构，总参数量达 6710 亿，每次推理激活 370 亿参数。它运用了多头潜在注意力（Multi-Head Latent Attention，MLA）和 DeepSeek MoE 架构，搭配无辅助损失的负载均衡策略以及多词元预测训练目标。该模型在知识问答、长文本处理、代码生成、数学推理等方面表现出色，在美国数学竞赛（AIME 2024）和中国高中数学联赛（CNMO2024）中超越了所有开源和闭源模型，而且训练成本较低。另外，DeepSeek-V3 开源模型权重，支持本地部署，便于开发者定制优化。

DeepSeek-R1 是开源的推理大模型，性能可与 OpenAI 的闭源旗舰模型 o1 相媲美，但其训练成本仅为后者的 1/20。DeepSeek 在技术上不断创新、突破，从模型架构到算法都有自研成果，能够以较低算力训练出高性能模型。未来，深度求索公司计划为模型添加多模态功能，如图像、音频处理，持续优化模型的推理和思考能力，推动 AI 技术的普惠化。

图 5.14　DeepSeek

5.5　提示工程

提示工程

提示工程（Prompt Engineering）也叫指令工程，旨在探讨如何设计出最佳提示词，用于指导语言模型生成符合任务需求的高质量输出内容。Prompt（提示词）即发送给大模型的指令，例如"讲个故事""制定一份北京 3 天的旅游攻略"等。

如果拿提示词和软件设计开发工作做对比的话，Prompt 就是 AGI 时代的程序设计语言，在 AGI 时代，人工智能系统能够理解和执行复杂的指令。Prompt 作为一种与 AGI 沟通的工具，就像程序设计语言一样，通过特定的指令和参数来指导 AI 的行为和输出。

提示工程可以认为是 AGI 时代的软件工程，软件工程关注的是如何系统地设计、开发、测试和维护软件。同样，提示工程关注的是如何高效地构建、优化和迭代 Prompt，以便更好地利用 AGI 的能力，实现预期的功能。

提示工程师可以认为是 AGI 时代的程序设计人员，程序设计人员使用程序设计语言来开发软件，而提示工程师则使用 Prompt 来引导和优化 AGI 的行为。他们需要具备对 AGI 的理解，以及如何设计有效的 Prompt 来完成任务。

在这个框架下，提示工程师的角色将变得越来越重要，他们需要具备以下能力：深入理解 AI，了解 AGI 的工作原理和潜在能力；设计出既准确又高效的 Prompt，以实现复杂任务；迭代优化，根据 AGI 的反馈和行为，不断优化 Prompt，提高任务完成质量；融合跨学科知识，结合心理学、语言学、计算机科学等多学科知识，更好地与 AGI 沟通。

大语言模型和未来的 AGI 系统，拥有处理和生成复杂信息的能力，它们可以被视为拥有广泛知识和技能的智能体。提示工程就像是解锁这些智能体潜力的钥匙，通过精心设计的提示，可以引导模型展现出其深层的智能和能力。随着 AGI 技术的发展，提示工程和提示工程师将越来越受到重视。OpenAI 的 CEO 萨姆·奥尔特曼（Sam Altman）将其描述为"惊人的高杠杆技能"，世界经济论坛将提示工程师誉为"未来的工作"，未来人人都将直接或间接地成为提示工程师，提示设计技能也将成为个体技能。

下面我们依次向大模型输入以下 3 个提示，体会大模型输出内容的区别。文心一言的反馈如图 5.15 所示，读者可以看到，在不同的提示设置下，大模型会反馈不同的生成内容。

1. 写一首关于大模型的诗。
2. 写一首关于大模型的诗，要包含标题和正文。
3. 写一首关于大模型的七言律诗，要包含标题和正文，正文共 8 句，注意严格遵守七言律诗的格式并押韵。

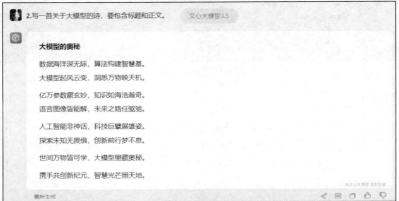

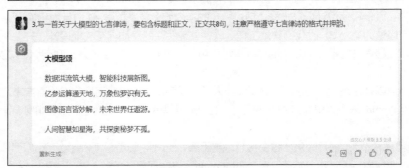

图 5.15　文心一言的反馈

　　为了更好地激发大模型的能力，满足需求，用户需要掌握一些编写提示词的原则与策略，具体包括以下内容。

1．编写清晰的提示

（1）让大模型扮演专家角色。

大模型在训练阶段接触的数据良莠不齐，好的角色定位能有效提升输出内容的质量。

原提示：帮我制订一份减肥饮食计划。

优化后的提示：现在请你扮演一个营养学专家，并帮我制订一个减肥饮食计划。

（2）提供充分的背景/细节信息。

为大模型设置更加具体身份信息，并完善提问者的相关背景/细节信息。

现在请你扮演一个营养学专家，以下是你身份的相关信息。

教育背景：博士学位，食品卫生与营养学专业，北京大学医学部

职业资格：注册营养师（中国营养学会）

职业经历：你加入了中国营养学会，专注于对肥胖问题的研究。在营养学领域有超过 15 年的经验，尤其专注于对减肥饮食的科学研究。你曾在美国斯坦福大学医学中心担任访问学者，研究肠道微生物与肥胖之间的关系。

研究领域：研究工作集中在减肥饮食的多个方面，如高蛋白饮食对肥胖成年人减重的影响

我的信息如下。

身高：165cm

性别：男

体重：80kg

血压：150mmHg

平时运动习惯：一般周末会剧烈运动 2h，其他时间基本不运动

饮食习惯：口味偏重，喜欢辛辣

减脂目标：半年内瘦 7.5kg

请你结合我的基本信息，帮我制订一个一周的减脂饮食计划，注意要列出每种食物的具体分量，并解释这样计划的理由。

（3）用分隔符号区分不同的输入部分。

分隔符号可以帮助模型区分输入文本的不同部分，例如问题、上下文、指令或不同的话题，从而减少模型对输入文本的误解，使模型能更清楚地识别每个部分的目的；分隔符号使模型可以更准确地针对特定部分进行处理，从而提高整体的响应质量和准确性；分隔符号使得文本预处理更为简单，因为模型可以基于这些符号来分隔和分类文本。分隔符号有助于模型进一步理解文本中各部分内容的相互关联，充分理解用户意图。

###现在请你扮演一个营养学专家，以下是你身份的相关信息。

教育背景：博士学位，食品卫生与营养学专业，北京大学医学部

职业资格：注册营养师（中国营养学会）

职业经历：你加入了中国营养学会，专注于对肥胖问题的研究。在国内外多个知名机构进行了卓有成效的研究工作，并且与多个国际营养学研究团队有过合作……

研究领域：

研究工作集中在减肥饮食的多个方面，如高蛋白饮食对肥胖成年人减重的影响

###

我的信息如下。

身高：165cm

. . . .

###

请你结合我的基本信息，帮我制订一个一周的减肥饮食计划，注意要列出每种食物的具体分量，并解释这样计划的理由。

（4）指定大模型的输出格式。

现在请你扮演一个营养学专家，以下是你身份的相关信息。

###教育背景：博士学位，食品卫生与营养学专业，北京大学医学部

职业资格：注册营养师（中国营养学会）

###

我的信息如下。

身高：165cm

###

请你结合我的基本信息，帮我制订一个一周的减肥饮食计划，注意要列出每种食物的具体分量，并解释这样计划的理由，最终以表格形式输出。

练习任务：生成产品描述。

不清晰的提示："写一段关于这个产品的文字。"

清晰的提示如下。

请根据以下信息，撰写一段针对消费者群体的产品描述。产品是一款智能手表，目标用户是健身爱好者。描述应包括以下部分。

产品名称：FitTrack Pro
主要功能：心率监测、GPS 追踪、睡眠分析
设计特点：防水、轻巧、耐用
输出格式：一段 200～300 字的产品介绍，语言风格积极、吸引人

生成示例如下。

FitTrack Pro 是专为健身爱好者设计的智能手表。它不仅具备精准的心率监测功能，还能通过 GPS 追踪您的运动路径，帮助您更科学地规划训练。此外，FitTrack Pro 还能分析您的睡眠质量，让您更好地了解自己的身体状况。手表采用防水设计，轻巧耐用，无论游泳还是户外探险，都是您理想的伴侣。FitTrack Pro，让健康生活触手可及。

通过这样的清晰提示，模型更有可能生成符合要求的输出。一个好的提示工程指令应当足够详细，让模型能够理解任务的具体要求，同时又不至于过于复杂，以免模型产生混淆。

再次生成示例如下。

追求健康，掌控生活——FitTrack Pro 智能手表，专为健身爱好者量身打造。这款手表集合了心率监测、GPS 追踪和睡眠分析三大核心功能，让您在每一次锻炼中都能获得精准的数据支持。无论是跑步、骑行还是游泳，FitTrack Pro 都能陪伴您左右，记录您的每一次进步。FitTrack Pro 的设计充分考虑了您的需求：防水功能让您无惧汗水和雨水的挑战，轻巧的机身确保长时间佩戴的舒适性，耐用材质让手表在激烈运动中也能保持完好。选择 FitTrack Pro，就是选择了一个可靠的健康管理伙伴。让 FitTrack Pro 助您一臂之力，迈向更健康、更活力的生活！

小结：
- 技巧并无定式，核心要点是让模型能充分理解用户的意图；
- 没得到理想回复时多问几次，反复确认；
- 可以让模型扮演专家角色；
- 若需要创建新角色，则最好新建一个对话。

2. 提供参考示例

不改变模型参数，仅通过上下文就能学习（1mn-Context Learning）是大语言模型涌现能力的直观体现之一，即所谓的 Zero-Shot、Few-Shot。

（1）零样本提示（Zero-Shot）。

示例：请将文本中隐含的情感分成中性、负面或正面三类。
－文本：这部电影的视觉效果非常出色，场景非常逼真，让我感觉像是置身其中。
情感：
－文本：整部电影的氛围非常压抑，让我感到有些不适，但它讲述的故事引人入胜。
情感：
－文本：对于这部电影，我觉得它太沉闷了，情节发展得太慢了。
情感：
－文本：ICL 的应用场景非常广泛，例如在情感分析任务中，只需加一些具有代表性的样本即可。
情感：

（2）少样本提示（Few-Shot）。

针对无法通过零样本提示完成的任务，读者可通过给出少量的样本示例辅助大模型做出正确判定。

示例：请根据前两个示例文本，将下述未分类文本分成垃圾短信或正常短信，注意只有垃圾短信和正常短信两个类别。

文本：南口阿玛施新春第一批限量春装到店啦！春暖花开淑女裙、冰蓝色公主衫气质粉小西装、冰丝女王长

半裙。

    类别：垃圾短信

    文本：商业秘密的秘密性是维系其商业价值和垄断地位的前提条件之一。

    类别：正常短信

    文本：此类皮肤特别容易招惹粉刺、黑头等。

    类别：

3. 让模型一步步思考

思维链（Chain-of-Thought）：将复杂问题拆解成一连串的小问题去解决，通过一系列中间推理步骤，能显著提升大语言模型进行复杂推理的能力。读者可通过示例或加入特定提示让模型运用思维链去解决复杂问题。

ChatGPT 犯错示例：

这组数中的奇数加起来是偶数：15、32、5、13、82、7、1。

可见大模型给出了一个错误答案，原因可能是它并未进行具体演算，而是以接龙方式"张口就来"。

运用大模型的思维链能力：

这组数中的奇数加起来是偶数：4、8、9、15、12、2、1。

A：将所有奇数（9、15、1）相加得到25。

答案为 False。

这组数中的奇数加起来是偶数：17、10、19、4、8、12、24。

A：将所有奇数（17、19）相加得到36。

答案为 True。

这组数中的奇数加起来是偶数：16、11、14、4、8、13、24。

A：将所有奇数（11、13）相加得到24。

答案为 True。

这组数中的奇数加起来是偶数：17、9、10、12、13、4、2。

A：将所有奇数（17、9、13）相加得到39。

答案为 False。

这组数中的奇数加起来是偶数：15、32、5、13、82、7、1。

当给模型提供了计算过程示例后，其就可以给出正确的答案。

4. 采用系统的提示框架

好的提示词需要设计，提示词框架为提示词编写提供了方法论，能大幅提高模型输出效率。提示词框架是提示词的编写参考，但不是真理，实际编写过程中需要多尝试。

（1）ICIO 提示词框架。

指令（Instruction）是 ICIO 提示词框架的核心部分，它明确地描述了模型需要执行的任务，指令应该简洁、明确，确保模型能够理解任务的目标和要求。

背景（Context）是提供给模型的上下文信息，可以帮助模型更好地理解任务和生成响应，背景信息可以包括任务的背景、目的、相关知识和其他相关信息。

在 ICIO 框架中，输入数据（Input Data）是可选的，如果模型不需要特定的输入数据，这一部分可以省略。

输出指示器（Output Indicator）用于指出模型输出的类型或格式，它告诉模型如何组织和呈现输出结果，输出指示器应该与任务的需求相匹配，确保模型能够提供正确、有用的结果。

（2）使用 ICIO 框架。

```
Instruction:
```
"请结合我提供的减肥者信息，帮我制订一个科学合理的一周减肥饮食计划，注意要列出每种食物的具体分量。"

```
Context:
```
你是一个营养学专家，以下是你身份的相关信息。

教育背景：博士学位，食品卫生与营养学专业，北京大学医学部

Input Data：

减肥者的基本信息如下。

身高：165cm

Output Indicator

要涵盖周一到周日每天的饮食计划

5. 用结构化方式进行提示

结构化指对信息进行组织表达，使其遵循特定的模式和规则，从而方便读者有效理解信息。结构化提示指将提示词以结构清晰、层次递进的形式编写出来，就像发表的规范文章，阅读起来清晰易懂。

结构化提示的关键，一是提示词内容有框架、有层次；二是各层级内容以特定符号进行标记区分。

示例：

Instruction

请结合我提供的减肥者信息，帮我制订一个科学合理的一周减肥饮食计划，注意要列出每种食物的具体分量。

Context

Role：你是一个营养学专家，以下是你身份的相关信息。

教育背景：博士学位，食品卫生与营养学专业，北京大学医学部

职业资格：注册营养师（中国营养学会）

职业经历：你加入了中国营养学会，专注于对肥胖问题的研究。在国内外多个知名机构进行了卓有成效的研究工作，并且与多个国际营养学研究团队有过合作

（1）结构化提示词中的核心组成部分。

#Role：设置角色名称，一级标题，作用范围为全域

#Profile：设置角色简介，二级标题，作用范围为段落

#Description：角色简介

#Skills：角色拥有的技能

##Goals：清晰、明确地描述提示目标，让大模型聚焦角色完成指定工作时所遵循的限制条件

##Constrains：

##减肥者的基本信息如下。

##Workflows：角色的工作流程

（2）结构化提示词的优势。

- 优势一：结构清晰、层次丰富，既符合人类的沟通表达习惯，也符合大模型的认知习惯。
- 优势二：层级递进结构的形式与思维链逻辑一致，可定向唤醒大模型深度能力。
- 优势三：便于提示词模板化，可以像代码开发一样构建生产级提示词。

🔗 任务实现

基于前文提出的任务，设计提示词。

低效的提示词：请以"基于波特五力模型和企业价值链的 B 公司创新模式分析"为题写一篇演讲稿，字数 4000 字左右。

提示词优化策略：将复杂任务分解成多个子任务，可有效提升大模型的整体表现。

子任务 1：对齐双方沟通频道。

通过多轮对话让大模型的注意力放在任务领域内，以充分发挥大模型在该领域的潜力。

1. 你对"波特五力模型"和"企业价值链"有过了解吗？

2. 在学术圈中有哪些对这两个概念的研究？

3. 请推荐 10 篇引用率较高的与"波特五力模型"和"企业价值链"相关的文献，并对各文献的内容进行提炼总结。

4. 你认为波特五力模型与企业创新有什么关系？

5. 企业价值链与企业创新的关系又是什么？

文心一言反馈如下。

问题 1：你对"波特五力模型"和"企业价值链"有过了解吗？

是的，我对"波特五力模型"和"企业价值链"有所了解。

波特五力模型是由战略管理学者迈克尔·波特提出来的，他认为在一个行业中存在着 5 种力量，这 5 种力量包括：新进入者的威胁、行业中现有企业间的竞争、替代产品或服务的威胁、供应商的讨价还价能力以及用户的讨价还价能力。这 5 种基本力量的消长趋势以及综合强度决定了行业竞争的激烈程度和行业的获利能力。

企业价值链则是以企业内部价值活动为核心所形成的价值链体系。企业的价值活动可以分为基本活动和辅助活动两类。基本活动涉及产品实物形态的生产、营销和向买方的支付，以及产品支持和售后服务等；而辅助活动则是对企业基本活动有辅助作用的投入和基础设施建设。价值链展示了企业的设计、生产、营销、运输等为顾客创造价值的一系列活动、功能以及业务流程之间的连接情况。

问题 2：在学术圈中有哪些对这两个概念的研究？

在学术圈中，对波特五力模型和企业价值链的研究非常广泛和深入。波特五力模型被广泛应用于企业战略制定和市场分析，帮助企业洞察市场环境，把握机遇，化解威胁，从而保持竞争力。而企业价值链则揭示了企业内部价值活动的构成和连接方式，对于理解企业的竞争优势和制定有效的战略具有重要意义。

研究者们通过实证研究和案例分析，探讨了波特五力模型在不同行业和企业中的应用效果，以及企业价值链的优化和重构策略。这些研究不仅丰富了战略管理理论，也为企业的实践提供了有用的指导。

问题 3：请推荐 10 篇引用率较高的与"波特五力模型"和"企业价值链"相关的文献，并对各文献的内容进行提炼总结。

由于我无法直接提供具体的文献引用和全文内容，以下是我根据学术界的普遍关注和研究方向，为您推荐的一些与波特五力模型和企业价值链相关的文献主题及对其内容的提炼总结。

（注意：以下文献仅为示例，具体引用时需查找原文并核实信息）

文献一：波特五力模型在行业分析中的应用

内容提炼：本文探讨了波特五力模型在特定行业中的应用，分析了 5 种力量对该行业竞争格局的影响，并提出了相应的战略建议。

文献二：企业价值链的重构与优化

内容提炼：本文研究了企业价值链的重构和优化策略，通过案例分析展示了如何通过调整价值链上的活动来提高企业的竞争力和营利能力。

文献三：波特五力模型与企业战略制定

内容提炼：本文阐述了波特五力模型在企业战略制定中的应用，分析了如何通过识别和分析 5 种力量来制定有效的企业战略。

文献四：企业价值链的全球化趋势与挑战

内容提炼：本文研究了全球化背景下企业价值链的变化和挑战，提出了相应的应对策略和建议。

文献五：波特五力模型与企业创新的关系

内容提炼：本文探讨了波特五力模型对企业创新的影响，分析了 5 种力量如何推动企业创新并提升企业的竞争优势。

文献六：企业价值链与供应链管理

内容提炼：本文研究了企业价值链与供应链管理的关系，提出了如何通过优化价值链来提高供应链的效率和响应速度。

文献七：波特五力模型在新兴市场中的应用

内容提炼：本文分析了波特五力模型在新兴市场中的适用性，并提出了相应的战略建议。

文献八：企业价值链的数字化转型

内容提炼：本文研究了数字化转型对企业价值链的影响，提出了如何通过数字化技术来优化价值链上的活动并提高企业的竞争力。

文献九：波特五力模型与行业竞争格局的变化

内容提炼：本文探讨了波特五力模型在行业竞争格局变化中的应用，分析了 5 种力量如何随着市场环境的变化而发生变化，并提出了相应的战略调整建议。

文献十：企业价值链的协同创新与竞争优势

内容提炼：本文研究了企业价值链上的协同创新如何提升企业的竞争优势，提出了相应的协同创新策略和建议。

问题 4：你认为波特五力模型与企业创新有什么关系？

波特五力模型与企业创新之间存在着密切的关系。5 种力量中的每一种都可能推动企业进行创新以应对竞争压力或抓住市场机遇。

例如，新进入者的威胁可能迫使现有企业通过创新来巩固其市场地位；替代产品或服务的威胁可能推动企业研发新的产品或服务以满足消费者的需求；供应商的讨价还价能力可能促使企业寻找新的供应商或开发新的采购策略；用户的讨价还价能力则可能推动企业提高产品或服务的质量和性价比；而行业中现有企业间的竞争则可能激发企业的创新动力，通过创新来超越竞争对手。

因此，波特五力模型为企业提供了识别和分析创新机会和挑战的工具，帮助企业制定有效的创新战略。

问题 5：企业价值链与企业创新的关系又是什么？

企业价值链与企业创新之间同样存在着密切的联系。

首先，企业价值链上的各个环节都可能成为创新的源泉。例如，在生产环节中，企业可以通过改进生产工艺、提高生产效率来降低成本并提升产品质量；在营销环节中，企业可以通过创新营销策略、拓展销售渠道来增大市场份额并提高品牌知名度；在售后服务环节中，企业可以通过提供优质的售后服务来提高客户满意度和忠诚度。

其次，企业价值链的优化和重构也可以推动创新。通过重新配置价值链上的活动、优化流程和提高效率，企业可以降低成本、提高质量并提升竞争力。这种优化和重构过程往往需要创新思维的支持，以打破传统的思维模式和工作方式。

最后，企业价值链上的协同创新也是推动创新的重要方式。通过加强与其他企业或机构的合作与交流，企业可以共享资源、知识和经验，共同推动创新的发展。这种协同创新不仅可以提升企业的创新能力，还可以促进整个行业的进步和发展。

综上所述，企业价值链与企业创新之间存在着相互促进、相互依存的关系。通过优化价值链、挖掘创新源泉和加强协同创新，企业可以不断提升自身的创新能力和竞争力。

子任务 2：写大纲。

先让大模型结合具体内容写出大纲，然后逐一完成细节内容。

假设你现在是一位管理学硕士研究生，组会上要做主题为"对于企业创新战略或创新模式的分析"的演讲，选定的具体题目是"基于波特五力模型和企业价值链的 B 公司创新模式分析"。以下是 B 公司的基本情况。

###

B 公司是一家专注于提供软件即服务（SaaS）解决方案的创新型企业。该公司拥有一支技术精湛、经验丰富的研发团队，致力于开发和优化各种云基础设施服务，以满足不同行业客户的需求。在 B 公司的产品线中，费用报销系统是其核心产品之一，该系统旨在帮助企业简化报销流程，提高财务管理效率。

除了软件开发，B 公司还重视客户体验和服务质量，因此提供全面的技术支持服务。这些服务包括但不限于系统安装、配置、升级、故障排除和用户培训，确保用户能够顺畅地使用其费用报销系统。B 公司通过不断创新和优化，力求在竞争激烈的 SaaS 市场中脱颖而出，为客户提供高效、可靠、易用的软件服务。

此外，B 公司遵循严格的数据安全和隐私保护标准，以保护客户数据的安全性和隐私性。公司还积极参与行业交流，不断吸收最新的市场信息和技术动态，以保持其在行业中的领先地位。通过这些努力，B 公司已经在众多企业中建立了良好的声誉，并逐渐增大其市场份额。

###

请结合我们刚才的描述和我指定的背景信息，生成大纲。

文心一言反馈的大纲如下。

题目：基于波特五力模型和企业价值链的 B 公司创新模式分析

一、引言

研究背景与意义

简述 SaaS 市场的现状和发展趋势

强调 B 公司在 SaaS 市场中的地位及创新的重要性

研究目的与问题

明确本文旨在通过波特五力模型和企业价值链分析 B 公司的创新模式

提出研究的核心问题：B 公司如何在竞争激烈的 SaaS 市场中通过创新保持领先地位？

研究方法与数据来源

简述采用的研究方法（如文献综述、案例分析等）

说明数据来源（如公司年报、行业报告、市场调研等）

二、文献综述

波特五力模型概述

介绍波特五力模型的基本概念及在行业分析中的应用

企业价值链理论

阐述企业价值链的构成及在企业战略制定中的作用

创新模式研究

回顾相关文献中关于创新模式的研究，特别是针对 SaaS 企业的创新模式

三、B 公司概况

公司简介

详细描述 B 公司的基本情况，包括成立时间、主营业务、产品线等

产品与服务

介绍 B 公司的核心产品（费用报销系统）及其特点

阐述 B 公司提供的全面技术支持服务及其对客户体验的影响

市场地位与声誉

分析 B 公司在 SaaS 市场中的地位及市场份额

强调 B 公司在数据安全、隐私保护以及行业交流方面的努力与成就

四、基于波特五力模型分析 B 公司

新进入者的威胁

分析 SaaS 市场的进入壁垒（如技术、资金、品牌等）

评估新进入者对 B 公司的潜在威胁

行业中现有企业间的竞争

列举 B 公司的主要竞争对手及其优势与劣势

分析 B 公司与竞争对手之间的差异化竞争策略

替代产品或服务的威胁

探讨可能替代 B 公司产品或服务的其他解决方案

分析替代产品对 B 公司市场地位的潜在影响

供应商的讨价还价能力

分析 B 公司的主要供应商及其议价能力

探讨供应商对 B 公司产品成本和质量的影响

用户的讨价还价能力

评估 B 公司客户的议价能力及其对产品定价的影响

分析客户需求变化对 B 公司产品创新和服务优化的推动作用

五、基于企业价值链分析 B 公司

B 公司价值链构成

详细描述 B 公司的价值链，包括研发、生产（软件开发）、营销、销售、技术支持等环节

价值链上的创新活动

分析 B 公司在价值链各环节上的创新实践，如研发创新、营销创新等

探讨创新活动对 B 公司产品质量、成本、效率等方面的影响

价值链优化与协同创新

阐述 B 公司如何通过优化价值链来提高整体运营效率

分析 B 公司与供应商、客户、合作伙伴之间的协同创新实践及其效果

六、B 公司创新模式分析

创新模式概述

总结 B 公司在波特五力模型和企业价值链分析下形成的创新模式

创新模式的特点与优势

分析 B 公司创新模式的特点（如技术驱动、客户导向等）

探讨创新模式对 B 公司市场竞争力和可持续发展的影响

创新模式的挑战与对策

识别 B 公司创新模式面临的挑战（如技术更新快、市场竞争加剧等）

提出相应的对策和建议，以促进 B 公司创新模式的持续优化和发展

七、结论与展望

研究结论

总结本文的主要研究发现和结论

研究贡献与局限性

阐述本文的研究贡献及其对 B 公司和 SaaS 行业的启示

分析本文研究的局限性及未来研究方向

展望与建议

对 B 公司未来创新模式的发展进行展望

提出针对 B 公司和 SaaS 行业的建议，以促进其持续创新和发展

八、参考文献

列出本文引用的所有文献，确保格式规范、信息准确。

子任务 3：大纲要点逐个击破。

根据大纲模型逐一完成各章的编写，下面演示部分交互过程。

使用提示词"请帮我写 500 字左右的引言内容，注意结合 B 公司的基本情况，并加上参考文献和学者观点。"指导大模型生成内容。大模型反馈如下。

引言

在当今数字化时代，软件即服务（SaaS）已成为企业信息化建设的重要组成部分，其灵活、高效、易用的特点深受市场欢迎。B 公司，作为 SaaS 领域的佼佼者，专注于提供创新的云基础设施服务，致力于满足不同行业客户的多样化需求。其核心产品——费用报销系统，更是凭借其出色的性能和全面的技术支持服务，在市场上赢得了良好的口碑。

然而，随着 SaaS 市场的日益成熟和竞争的加剧，B 公司面临着前所未有的挑战。如何在激烈的市场竞争中保持领先地位，持续为客户提供高效、可靠、易用的软件服务，成为 B 公司亟需解决的问题。为此，本文引入波特五力模型和企业价值链理论，对 B 公司的创新模式进行深入分析。

波特五力模型由战略管理学者迈克尔·波特提出，他通过分析行业中的 5 种力量，帮助企业理解竞争环境，制定有效的竞争策略。而企业价值链理论则揭示了企业内部价值活动的构成和连接方式，为优化企业运营和提升竞争力提供了有力工具。

结合 B 公司的实际情况，本文旨在探讨其在波特五力模型下的竞争环境，以及如何通过优化企业价值链来推动创新。通过深入分析 B 公司的创新模式，本文期望能够为 B 公司未来的战略制定提供有益的参考和启示。

在撰写本文的过程中，笔者参考了大量相关文献，包括波特五力模型和企业价值链理论的经典著作，以及针对 SaaS 行业和企业创新模式的最新研究成果。这些文献为本文提供了坚实的理论基础和丰富的实证案例，使得本文的分析更加深入、全面。

[参考文献]

[1]　迈克尔·波特. 竞争战略[M]. 北京，中信出版社，2014.

[2]　彼得·德鲁克. 管理的实践[M]. 北京，机械工业出版社，2009.

[3]　[学者姓名]. SaaS 行业发展趋势与企业创新策略研究[J]. [期刊名称]，[年份].

使用提示词"请帮我完成文献综述的编写，字数要求 500 字以内，并加上参考文献。"指导大模型生成内容。大模型反馈如下。

文献综述

波特五力模型由迈克尔·波特于 20 世纪 80 年代提出，它通过分析行业中的 5 种基本竞争力量（潜在进入者的威胁、替代品的威胁、供应商的议价能力、购买者的议价能力以及行业内现有竞争者之间的竞争），帮助企业理解行业竞争态势，制定有效的市场战略。在 SaaS 行业中，波特五力模型同样适用，能够帮助企业识别关键竞争因素，如技术壁垒、客户需求变化等。

企业价值链理论由迈克尔·波特在其著作《竞争优势》中首次提出，它揭示了企业内部价值活动的构成和连接方式，包括研发、生产、营销、销售、服务等环节。通过优化价值链，企业可以降低成本、提高效率、增强竞争力。在 SaaS 领域，价值链的优化尤为重要，因为 SaaS 产品的核心价值在于服务，而服务的优化和创新能够显著提升客户满意度和忠诚度。

近年来，随着 SaaS 行业的快速发展，越来越多的学者开始关注 SaaS 企业的创新模式。他们指出，SaaS 企业的创新不仅体现在技术层面，更体现在商业模式、服务模式等多个方面。例如，一些 SaaS 企业通过提供定制化服务、建立生态系统等方式，实现了与客户的深度绑定和共赢发展。

[参考文献]

[1]　迈克尔·波特. 竞争战略[M]. 北京，中信出版社，2014.

[2]　迈克尔·波特. 竞争优势[M]. 北京，华夏出版社，2005.

[3]　[学者姓名]. SaaS 企业创新模式研究[J]. [期刊名称]，[年份].（注：此条为示例，实际撰写时应替换为具体文献）

使用提示词"请对波特五力模型进行简要介绍，并结合 B 公司基本情况进行分析。"指导大模型生成内容。大模型反馈如下。

波特五力模型简要介绍及结合 B 公司基本情况的分析

一、波特五力模型简要介绍

波特五力模型是由战略管理学者迈克尔·波特提出的，用于分析一个行业的竞争态势和营利能力的模型。它认为行业中存在着决定竞争规模和程度的 5 种力量，这 5 种力量综合起来影响着产业的吸引力以及现有企业的竞争战略决策。具体来说，这 5 种力量如下。

同行业内现有竞争者的竞争能力：指行业内各企业之间的竞争程度和方式，如价格战、品牌竞争等。

潜在竞争者进入的能力：新进入者可能带来新的生产能力和资源，对现有企业构成威胁。

替代品的替代能力：具有相同或类似功能的产品或服务对原产品的替代威胁，影响原产品的市场需求和价格。

供应商的讨价还价能力：供应商通过提高价格或降低质量来影响企业的营利能力。

购买者的讨价还价能力：购买者通过压低价格或要求更高质量的产品和服务来影响企业的利润。

二、结合 B 公司基本情况的分析

B 公司作为一家专注于提供软件即服务（SaaS）解决方案的创新型企业，其业务特点和市场环境使其面临独特的竞争态势。以下是对 B 公司基于波特五力模型的分析。

同行业内现有竞争者的竞争能力。

SaaS 市场竞争激烈，众多企业都在争夺市场份额。

B 公司通过提供高质量的费用报销系统和全面的技术支持服务，在市场中占据了一定的地位。

然而，竞争对手可能通过技术创新、价格策略等方式对 B 公司构成威胁。

潜在竞争者进入的能力。

由于 SaaS 市场的技术门槛和资金门槛相对较高，潜在进入者可能面临一定的障碍。

但随着技术的不断进步和市场的日益成熟，潜在进入者的威胁仍然存在。

B 公司需要持续关注市场动态和技术发展趋势，以便及时应对潜在进入者的挑战。

替代品的替代能力。

在 SaaS 市场中，替代品的威胁主要来自具有相同或类似功能的其他 SaaS 产品。

B 公司的费用报销系统需要不断创新和优化，以保持其竞争优势和满足客户需求。

同时，B 公司还需要关注市场上新出现的替代品，以便及时调整市场策略。

供应商的讨价还价能力。

B 公司的供应商主要包括云基础设施提供商、软件开发工具提供商等。

供应商的价格和质量对 B 公司的成本和产品质量具有重要影响。

B 公司需要与供应商建立长期稳定的合作关系，并通过技术创新和成本控制来减弱对供应商的依赖。

购买者的讨价还价能力。

在 SaaS 市场中，购买者通常具有较强的讨价还价能力，因为市场上存在多个供应商可供选择。

B 公司需要通过提供高质量的产品和服务、优化价格策略等方式来增强与购买者的议价能力。

同时，B 公司还需要关注购买者的需求变化和市场趋势，以便及时调整产品和服务策略。

综上所述，波特五力模型为 B 公司提供了分析市场竞争态势和制定竞争战略的重要工具。通过深入分析这 5 种力量的影响和作用方式，B 公司可以更好地了解自己所处的市场环境并制定相应的市场策略。

使用提示词"请对企业价值链进行简要介绍，并结合 B 公司基本情况进行分析。"指导大模型生成内容。大模型反馈如下。

企业价值链简要介绍及结合 B 公司基本情况的分析

一、企业价值链简要介绍

企业价值链是以企业内部价值活动为核心所形成的价值链体系，它展示了企业为顾客创造价值的一系列活动、功能以及业务流程之间的连接情况。企业的价值活动可以分为两类：基本活动和辅助活动。

基本活动：涉及产品实物形态的生产、营销、向买方的支付，以及产品支持和售后服务等。这些活动直接关联到产品的创造和交付，是形成企业核心竞争力的关键环节。

辅助活动：对企业基本活动有辅助作用的投入和基础设施建设，包括企业基础管理、人力资源管理、技术开发和采购等。这些活动为基本活动提供必要的支持，确保企业能够高效、稳定地运营。

企业价值链的分析有助于企业识别自身的竞争优势和劣势，优化业务流程，提高运营效率，从而增强市场竞争力。

二、结合 B 公司基本情况的分析

B 公司作为一家专注于提供软件即服务（SaaS）解决方案的创新型企业，其价值链分析如下。

基本活动分析。

生产与研发：B 公司致力于开发高效、易用的 SaaS 产品，如费用报销系统等。其研发团队具备强大的技术实力和创新能力，能够不断推出符合市场需求的新产品。

市场营销：B 公司通过线上线下的多种渠道进行市场推广，包括社交媒体、行业展会、合作伙伴关系等。同时，公司还注重品牌建设，通过提供优质的产品和服务来树立品牌形象。

客户服务：B 公司设有专门的客户服务团队，负责解答客户咨询、处理客户投诉，并提供技术支持和售后服务。这些服务有助于提高客户满意度和忠诚度。

辅助活动分析。

企业基础管理：B 公司具备完善的管理体系，包括财务管理、人力资源管理、项目管理等。这些管理活动为公司的稳定运营提供了有力保障。

人力资源管理：公司注重人才培养和引进，通过提供培训和发展机会来吸引和留住优秀人才。同时，公司还建立了激励机制，以激发员工的积极性和创造力。

技术开发：B 公司拥有一支强大的技术研发团队，致力于技术创新和产品升级。公司注重研发投入，不断引入新技术和新方法，以提高产品的竞争力和市场占有率。

采购：在采购方面，B 公司与多家供应商建立了长期稳定的合作关系，确保能够获取高质量、低成本的原材料和服务。同时，公司还注重采购风险管理，以确保供应链的可靠性和稳定性。

价值链优化建议。

加强研发创新：继续加大研发投入，推动技术创新和产品升级，以满足市场不断变化的需求。

优化市场营销策略：根据市场趋势和客户需求，调整市场营销策略，提高市场推广效果。

提升客户服务质量：加强客户服务团队建设，提高服务质量和响应速度，以提高客户满意度和忠诚度。

完善管理体系：持续优化管理体系，提高管理效率和水平，为公司的稳定发展提供有力支持。

综上所述，通过对 B 公司价值链的分析，我们可以清晰地看到公司在各个价值活动环节的表现和优势。同时，针对存在的问题和不足，公司可以制定相应的优化策略，以提高整体运营效率和市场竞争力。

子任务 4：总结收尾。

最后让大模型对演讲稿进行收尾。

1. 请根据你刚才的描述和 B 公司的基本情况，为 B 公司提供 3 个创新建议

2. 最后，请你为该演讲稿收尾。

创新建议

基于以上对波特五力模型、企业价值链的分析，以及对 B 公司基本情况的深入讲解，以下是为 B 公司提供的 3 个创新建议。

深化技术创新，打造差异化产品。

在竞争激烈的 SaaS 市场中，技术创新是 B 公司保持竞争优势的关键。建议 B 公司持续关注行业技术发展趋势，加大研发投入，推动产品和服务的创新升级。通过引入人工智能、大数据等先进技术，打造具有差异化竞争优势的产品，提高客户满意度和忠诚度。

优化客户体验，提升服务质量。

客户体验是 SaaS 企业成功的关键要素之一。B 公司应进一步优化客户服务流程，提升服务质量，确保客户能够及时获得高效、专业的支持。同时，通过收集和分析客户反馈，不断优化产品功能和界面设计，提升用户体验，增强客户黏性。

拓展合作伙伴关系，构建生态系统。

拓展合作伙伴关系，构建开放、共赢的生态系统，有助于 B 公司增大市场份额，提高品牌影响力。建议 B 公司积极与上下游企业、行业协会、科研机构等建立合作关系，共同推动行业发展和创新。通过资源共享、优势互补，实现互利共赢，提升整体竞争力。

收尾

本文通过对波特五力模型、企业价值链的深入分析，结合 B 公司的实际情况，对其市场竞争态势、内部运营状况以及创新策略进行了全面探讨。研究发现，B 公司在 SaaS 市场中面临激烈的竞争，但同时也具备独特的竞争优势和发展潜力。通过深化技术创新、优化客户体验以及拓展合作伙伴关系等策略，B 公司有望进一步提升市场竞争力，实现可持续发展。

未来，随着技术的不断进步和市场的不断变化，B 公司需要持续关注行业动态和技术发展趋势，灵活调整市场策略，不断创新产品和服务。同时，加强内部管理和团队建设，提高运营效率和服务质量，确保企业能够稳健前行，持续为客户创造价值。

总之，本文通过对 B 公司的深入分析，为其提供了有价值的参考和建议。希望 B 公司能够抓住机遇，迎接挑战，实现更加辉煌的未来发展。

 任务总结

通过本任务，读者深刻理解了提示工程在提升大语言模型使用效率中的关键作用。它不仅能够帮助大语言模型使用者更好地指导模型输出，还能提高模型的性能和准确性。在学习时读者还应着重注意以下几点。

- 当对大模型生成的结果不满意时，可以调整提示，不断让大模型进行改进。

- 编写提示词的原则与策略：编写清晰的提示、提供参考示例、让模型一步步思考、采用系统的提示框架和用结构化方式进行提示等。在实践中，灵活应用这些技巧有助于更有效地与模型互动，提高工作效率。

- 提示工程的效果评估：通过对比不同提示下的模型输出，评估提示工程对大模型使用效率的提升效果。结果表明，良好的提示设计可以显著提高模型的输出质量和用户的满意度。

巩固练习

一、单选题

1. AIGC 是指（　　　）。
   A. 人工智能处理数据　　　　　　　　　B. 人工智能生成内容
   C. 人工智能分析图像　　　　　　　　　D. 人工智能识别语音

2. 以下大语言模型中，属于百度推出的是（　　　）。
   A. ChatGPT　　　　　B. 文心一言　　　　　C. 讯飞星火　　　　　D. 通义千问

3. 提示工程中，让大模型扮演专家角色是为了（　　　）。
   A. 让模型更有成就感　　　　　　　　　B. 增加模型训练难度
   C. 降低模型训练难度　　　　　　　　　D. 模仿人类专家工作

4. 在编写提示词的原则与策略中，用分隔符号区分不同输入部分的目的不包括（　　　）。
   A. 减少模型对输入文本的误解　　　　　B. 提高模型训练速度
   C. 帮助模型更准确地处理特定部分　　　D. 便于模型理解文本各部分的关联

5. 以下大语言模型中，具备多轮对话、文案创作、逻辑推理等功能且坚持开源路线的是（　　　）。
   A. 智谱华章　　　　　B. DeepSeek　　　　　C. 通义千问　　　　　D. Kimi

6. 大语言模型生态系统中，为模型训练和推理提供基础设施和工具的是（　　　）。
   A. 场景层　　　　　　B. 平台层　　　　　　C. 算力层　　　　　　D. 社区层

7. 下列大语言模型中，在数学能力方面表现出色且开源模型权重支持本地部署的是（　　　）。
   A. DeepSeek　　　　　B. 讯飞星火　　　　　C. 豆包　　　　　　　D. 文心一言

8. 在提示工程中，针对无法通过零样本提示完成的任务，可采用的方法是（　　　）。
   A. 编写清晰的提示　　B. 让模型一步步思考　C. 少样本提示　　　　D. 采用系统的提示框架

二、判断题

1. AIGC 技术只能生成文本内容，无法生成图像、音频等其他形式的内容。（　　　）

2. 大语言模型在自然语言处理领域的发展，使得基于规则或特征工程的文本处理方法完全失去了研究价值。（　　　）

3. ChatGPT 是基于 GPT - 3.5 开发的人工智能聊天机器人程序，主要通过无监督学习训练而成。（　　　）

4. 提示工程中，提示词编写得越复杂，大模型生成的内容质量就越好。（　　　）

5. 文心一言具备文学创作、商业文案创作等能力，且已全面向全社会开放。（　　　）

6. 讯飞星火主要应用于教育领域，在其他领域没有应用价值。（　　　）

7. 在大语言模型生态系统中，场景层决定了应用层开发的具体应用程序或服务。（　　　）

8. 少样本提示是指不改变模型参数，仅通过上下文就能让大模型完成任务。（　　　）

9. DeepSeek-R1 模型的训练成本比 OpenAI 的闭源旗舰模型低很多，且性能可与之媲美。（　　　）

10. 结构化提示词的优势之一是便于提示词模板化，可像开发代码一样构建生产级提示词。（　　　）

三、填空题

1. AIGC 作为新型内容生成方式，在国际上被称为人工智能合成媒体，是通过人工智能算法对＿＿＿＿进行生产、操作和修改的综合性技术。

2. 大语言模型在信息检索领域的应用，使得传统搜索引擎面临挑战，目前信息检索领域的研究主要聚焦于检索增强的大语言模型和＿＿＿＿。

3. 提示工程中，ICIO 提示词框架包括指令、背景、输入数据和＿＿＿＿。

4. ＿＿＿＿是由北京月之暗面科技有限公司开发的多功能智能助手，具备超长上下文处理和多模态能力。

5. 在大语言模型生态系统中，＿＿＿＿为大语言模型的训练和推断提供了强大支持，决定了模型训练和推断的速度和质量。

任务拓展

应用文心一言，提交以下提示工程实践作业。

1. 利用提示工程完成一个你所学专业领域的一个研究课题的研究框架。

2. 利用提示工程实现解决一个实际问题的交互过程，例如如何做个人职业规划，如何做个人的健身计划等。

任务 5-2 | 使用 AIGC 制作视频故事绘本

任务提出

在当今的多媒体时代，视频故事绘本（见图 5.16）作为一种融合了视觉艺术和文学创作的新型教育媒介，具有一定的教育价值和娱乐性。然而，传统的故事绘本制作需要专业的美术和动画制作技能，这限制了其普及和广泛应用。为了打破这一壁垒，本任务将探索如何利用 AIGC 来制作视频故事绘本。

图 5.16　视频故事绘本

 任务分析

本任务主要通过豆包、即梦 AI 和剪映这 3 款软件，使用 AIGC 制作视频故事绘本，具体的任务分析如下。

1. 使用 AIGC 工具生成故事内容。

2. 使用 AIGC 工具生成视频分镜。

3. 使用 AIGC 工具生成分镜图片。

4. 使用 AIGC 工具生成故事配音。

5. 使用图文生成视频工具生成视频故事绘本。

 知识准备

5.6　AIGC 绘画的基本概念

不同于传统的艺术家绘画过程，AIGC 绘画通过人工智能技术自动生成数字图像，其本质是机器学习模型对视觉艺术创作过程的模拟与重构。常见的 AIGC 绘画类型是文本生成图像，用户只需输入提示词，AIGC 就能自动生成图像。

AIGC 绘画的核心技术包括 GAN、变分自编码器（VAE）等。这些技术通过大量图像数据的训练，使模型能够理解和掌握图像的构成元素、风格特征等信息，从而实现对图像的生成、编辑和优化。例如，GAN

通过生成器和判别器的对抗训练，生成高质量的图像；VAE 则通过编码器和解码器的组合，实现图像的生成和重构。

尽管 AIGC 绘画在多个领域展现出巨大的潜力，但也面临一些挑战，如审美标准、情感表达、版权和伦理问题等。此外，AIGC 绘画的生成结果受训练数据的影响较大，存在一定的局限性和不可预测性。

5.6.1 AIGC 绘画风格

AIGC 绘画风格主要包括写实、卡通、抽象艺术、油画、印象派、后印象派、超现实主义、极简主义、新古典主义、未来主义、波希米亚、复古、赛博朋克、动漫和水彩等，以下主要介绍前 4 种风格。

写实风格是一种以高度还原现实世界视觉特征为核心的创作风格，旨在通过精确的细节刻画、符合物理规律的光影表现、真实的材质质感以及人体或物体的自然比例结构，呈现接近摄影或人眼观察的视觉真实性。在 AIGC 绘画中，写实风格通过算法对现实世界的物理规则进行数学建模，结合海量真实图像数据训练，生成具有以假乱真效果的图像，如图 5.17 所示。目前，使用者普遍认为 AI 生成的写实风格作品具有高度的真实感和细节，能够达到电影级画面效果，例如，Midjourney 和 Stable Diffusion 等工具生成的写实风格作品在质量和效率上表现良好，受到使用者的好评。写实风格的 AIGC 绘画广泛应用于产品设计、平面设计、室内设计等领域，可以帮助设计师快速生成创意草图，缩短设计周期。此外，写实风格的作品也常用于商业广告、海报设计和包装设计中，以提高创意质量和效率。

图 5.17 Sora 生成的写实风格图像

卡通风格是一种以简化、夸张与符号化为核心的视觉表现风格，通过几何化造型、高饱和度色彩、动态线条及非写实元素，塑造具有趣味性、表现力或叙事性的图像。在 AIGC 绘画中，卡通风格通过算法对现实特征进行选择性抽象，强化视觉符号（如圆润轮廓、拟人化表情），弱化物理细节（如真实光影、复杂材质），最终生成符合人类审美共识的"萌系""幻想系"或"幽默系"作品。图 5.18 所示为使用豆包生成的卡通风格的大熊猫。卡通风格的 AIGC 绘画以其简洁、夸张和富有表现力的特点受到用户喜爱。目前，使用者认为这些作品色彩鲜艳、对比强烈，能够迅速吸引观众的注意力，适合用于儿童动画、广告和平面设计。

抽象艺术风格是一种脱离现实具象形态的创作风格，通过形状、色彩、线条、纹理等元素的自由组合与动态关系，传递情感、概念或哲学思考，而非模仿客观世界的视觉表象。在 AIGC 绘画中，抽象风格通过算法解构现实逻辑，利用数学规则（如分形、混沌理论）或随机性生成非具象图像，探索形式与意义的边界。抽象艺术风格的 AIGC 绘画以其独特的视觉效果和情感表达能力受到用户的认可。用户认为这些作品能够突破传统创作的限制，带来全新的艺术体验。图 5.19 所示为 AI 画作《爱德蒙·贝拉米的肖像》，在佳士得拍卖会该画最终售价近 300 万元，引发了人们对人工智能作画的热烈探讨。抽象艺术风格的 AIGC 绘画在艺术展览策划和设计中应用广泛，艺术家可以利用这些工具生成独特的抽象作品，作为展览的背景装饰，为展览增添独特的氛围。此外，抽象艺术风格的 AIGC 绘画还可以用于个性化定制和情感驱动的创作。

图5.18 使用豆包生成的卡通风格的大熊猫

图5.19 AI画作《爱德蒙·贝拉米的肖像》

油画风格是一种以油性颜料层叠、笔触质感与光影层次为核心的视觉表现风格，通过颜料厚涂、透明罩染、干湿技法结合等传统工艺，营造出厚重感、立体感与时间沉淀感。在 AIGC 绘画中，油画风格通过算法模拟油彩的物理特性（如流动性、笔触堆叠）与艺术史经典技法（如巴洛克光影、印象派色点），生成具有传统油画质感与数字媒介融合特征的作品，如图 5.20 所示。

图5.20 AI油画画作

5.6.2 AIGC 绘画工具

Midjourney 是一款基于人工智能技术的图像生成工具，能够根据用户输入的文本描述（提示词）自动生成高质量的图像。Midjourney 使用深度学习模型来学习图像特征并生成新的图像。Midjourney 网站如图 5.21 所示。Midjourney 的功能特点如下。

● 文本生成图像：用户输入描述性文本，AI 就能分析并生成对应图像，使创意轻松转化为视觉作品，不需要专业绘画技能。例如输入"宁静的夜晚，月光洒在古老的城堡上"，就能生成相应的夜景城堡图。

● 多样化风格：支持多种艺术风格，如现实主义、超现实主义、抽象艺术、卡通、油画、水彩画、插画等，还能模仿达·芬奇、达利和毕加索等画家的风格，也能识别特定镜头或摄影术语。

● 参数调整：用户可根据需要调整生成图像的尺寸、分辨率、风格、色调、质量等参数，还可通过局部重绘、平移和缩放等功能对图像进行更精细的调整。

● 快速生成与实时反馈：能在大约 1min 内生成相应的图像，给用户实时反馈，便于快速迭代和改进作品。

图 5.21　Midjourney 网站

　　Stable Diffusion（见图 5.22）是一种基于扩散模型（Diffusion Model）的先进图像生成工具，由 Stability AI 团队于 2022 年开源。它结合了多种深度学习技术，能够根据文本描述生成高质量的图像，广泛应用于艺术创作、设计、图像修复等领域。Stable Diffusion 的主要功能特点如下。

　　• 文本生成图像：用户输入文字描述，模型能理解文本内容并生成与之匹配的图像，如输入"宁静的乡村小路，两旁是金黄的麦田"，可生成相应的乡村风景图。

　　• 图像生成图像：给定一张初始图像，模型可根据文本描述对图像进行修改、拓展或生成全新图像，如对一张风景照片，根据描述添加特定元素或改变天气效果。

　　• 局部重绘与修复：支持对图像的指定区域进行修补或编辑，可处理图像中的瑕疵、填补空缺部分，也能根据需求对局部进行重新绘制以改变图像内容。

　　• 风格转换：能将一种图像风格应用到另一种图像上，或生成具有特定艺术风格的图像，如将写实风格的图像转换为卡通风格，或生成具有梵高绘画风格的作品。

图 5.22　Stable Diffusion

文心一格（见图 5.23）是百度依托飞桨、文心大模型推出 AI 艺术和创意辅助平台，可以帮助用户快速生成高质量的图像，其主要功能特点如下。

- 智能图像生成：用户输入简单文字描述或关键词，平台能迅速理解并生成多彩图像作品，从视觉、质感、风格、构图等角度智能补充，让想象力具象化，如输入"春日的森林，阳光透过树叶洒在草地上"，可生成相应的春日森林图。

- 多样化风格与主题：内置多种艺术风格和主题模板，涵盖油画、水彩、素描、动漫等，还能生成中国风、科幻、复古等不同主题的作品，满足多样创作需求。

- 图像编辑与优化：提供图像编辑功能，可对生成图像进行微调、裁剪、增强等；还能智能优化图像，提升清晰度和美观度，如对生成的风景图调整色彩饱和度、对比度等。

- 以图生图：支持上传参考图，依据图片中的动作、线稿或特定元素生成新图片，使生成结果更可控，例如上传一个人物线稿，生成彩色的人物插画。

- 图像修复：可以修复破损图片，填补缺失部分，改善整体质量，能处理从轻微划痕到严重撕裂等各种程度的损坏。

图 5.23　文心一格

通义万相（见图 5.24）是阿里云推出的 AI 创意作画和视频生成平台，基于阿里通义大模型，能够根据用户输入的文本描述或图片生成高质量的图像和视频内容，其主要功能特点如下。

图 5.24　通义万相

- 基础文生图：用户输入文字以描述画面内容，并选定水彩、扁平插画、二次元、油画、中国画、3D卡通和素描等创作风格，平台即可生成相应风格的图片。
- 相似图片生成：上传任意图片后，平台可进行创意发散，生成与上传图片内容、风格相似的 AI 画作。
- 图像风格迁移：上传原图和风格图，平台可自动把原图处理为指定的风格图。
- 文生视频：输入任意文字提示词，平台即可生成一段高清视频，支持中英文多语言输入，可通过灵感扩写功能智能丰富视频内容表现力，支持 16:9、9:16 等多种比例生成。
- 图生视频：支持将任意图片转化为动态视频，按照用户上传的图像比例或预设比例进行生成，同时可通过提示词来控制视频运动。

即梦 AI（见图 5.25）是字节跳动旗下推出的一站式 AI 创意创作平台，其主要功能特点如下。

- AI 图片创作：支持文生图和图生图，能根据用户输入的关键词或描述生成相应图片，还可对现有图片进行背景替换、风格转换、人物姿势保持等创意改造。
- AI 视频创作：提供从剧本构思到视频成片的一站式服务，用户输入故事梗概或关键描述，平台就能自动生成连贯且具有视觉冲击力的视频内容。支持故事创作模式，包含故事分镜生成、镜头组织管理、编辑等功能。
- 智能画布：集成 AI 拼图生成能力，支持局部重绘、一键扩图、图像消除和抠图等操作。支持本地素材上传，可在画布上自由拼接，并进行分图层 AI 生成等操作，确保创作风格统一和谐。
- 其他：有 AI 对口型功能，可为生成视频中的人物配音并匹配口型，提供多种音色，也支持用户上传自己的配音；提供多种运镜选择和速度控制功能；支持一键导出成片、批量导出素材等多种导出模式。

图 5.25　即梦 AI

5.7　AIGC 绘画提示词

AIGC 绘画提示词是指导 AI 生成图像的关键指令，通过精确描述画面内容、风格、细节等信息，帮助 AI 更好地理解和生成用户所需的艺术作品。AIGC 绘画提示词通常由以下几个部分组成。

- 核心主题：描述图像的主要内容，如"未来城市""古代武士"。
- 修饰词：用于补充核心主题的细节，如"日落时分""穿着盔甲"。
- 风格参考：指定艺术风格，如"赛博朋克风格""油画风格"。
- 其他细节：包括画面质量、光线、纹理、背景、视角等，如"高细节""HDR""8K 分辨率""白色背景""俯视"。

- 辅助说明：使用特定的模型（如 LoRA）或技术（如 Bokeh）等。

示例如下。

核心主题：未来城市

修饰词：日落时分，霓虹灯闪烁

风格参考：赛博朋克风格

其他细节：高细节，HDR，8K 分辨率，红色背景，俯视

图 5.26 所示为文心一格根据以上提示词生成的图片。

图 5.26 文心一格生成的图片

以下是 AIGC 绘画提示词中常见的一些核心主题。

- 人物：少女、宇航员、老人、街舞少年、学者、拿着画笔的画家、弹吉他的歌手、穿着汉服的女子、西装革履的商务人士、正在劳作的农民、满脸笑容的孩子、少数民族舞者。

- 风景：雪山、樱花林、宁静的海湾、沙漠绿洲、秋天的枫树林、雾气弥漫的山谷、草原日出、瀑布下的深潭、海上日落、雨后的小镇街道、古老的石桥下流淌的溪流、被积雪覆盖的村庄、城市中的公园。

- 动物：大熊猫、蝴蝶、海豚、鬃毛飞扬的骏马、正在捕食的猎豹、憨态可掬的棕熊、色彩斑斓的鹦鹉、灵动的小鹿、在泥塘里打滚的小猪、趴在屋顶晒太阳的橘猫、游弋在珊瑚丛中的热带鱼、展翅翱翔的老鹰。

- 科幻：星际战舰、未来城市交通枢纽、量子计算机内部结构、赛博朋克风格的义体人、时空穿越机器、外星生物栖息地、反重力飞行汽车、宇宙空间站、虚拟现实游戏场景、充满科技感的智能工厂、机械昆虫、悬浮在空中的城市岛屿。

- 奇幻：精灵森林、喷火的巨龙、骑着扫把的女巫、会说话的魔法书、漂浮的空中城堡、独角兽出没的梦幻草原、通往异世界的神秘之门、被诅咒的黑暗城堡、手持魔杖的魔法师、在月光下变身的狼人、美人鱼的海底王国、由糖果和蛋糕组成的童话小镇。

- 日常场景：热闹的早市、午后的咖啡馆、堆满书籍的书房、正在举办婚礼的教堂、充满欢声笑语的儿童游乐场、家庭聚餐的餐桌、图书馆的一角、深夜的便利店、装修精美的卧室。

任务实现

目前一些 AIGC 工具（如豆包）已经升级了生成提示词的功能。首先我们可向豆包提问"儿童绘本故事指令提示词"，让豆包反馈一些生成儿童绘本故事的提示词。

创作儿童绘本故事，关键要从儿童视角出发，融入有趣元素。下面是一些指令提示词供你参考。

1. 角色设定：可爱的小动物、勇敢的小英雄、充满好奇心的小孩、友善的小精灵。

2. 故事主题：友谊的力量、自我成长、探索未知、克服恐惧、学会分享。

   3. 场景描绘：神秘的森林、梦幻的城堡、奇妙的海底世界、热闹的小镇。

   4. 情节线索：寻找丢失的东西、参加一场冒险、解开神秘的谜团、帮助他人解决困难。

   5. 情感表达：开心、难过、害怕、勇敢、温暖。

如果你能告诉我更具体的创作方向，比如主题、角色等，我可以给出更满足你需求的内容。

接下来，根据豆包反馈的提示词，选定一个故事主题，生成故事内容，本任务选定"好好刷牙"为主题。

1. 使用 AIGC 工具生成故事内容

下面利用豆包创作一篇以"好好刷牙"为主题的儿童绘本故事，通过可爱的动物角色，生动有趣地展现不好好刷牙的后果，引导孩子们养成良好的刷牙习惯。

这次我将以"好好刷牙"为主题，通过可爱的动物角色，生动有趣地展现不好好刷牙的后果，引导孩子们养成良好的刷牙习惯。

《小兔子不爱刷牙》

在一片美丽的大森林里，住着一只可爱的小兔子，名叫跳跳。跳跳浑身雪白，就像一团毛茸茸的棉花，它的眼睛红红的，像两颗闪闪发光的红宝石，还有一对长长的耳朵，总是机灵地竖着。

跳跳什么都好，就是有个坏习惯——不爱刷牙。每天早上，妈妈叫它刷牙，它总是嘟囔着："哎呀，我不想刷，太麻烦啦！"晚上睡觉前，妈妈又提醒它："跳跳，该刷牙啦！"它却总是敷衍地说："知道啦，知道啦！"然后就偷偷溜进被窝。

有一天，跳跳和小伙伴们一起在森林里玩耍。突然，它感觉牙齿一阵剧痛，疼得它"哎哟哎哟"直叫，眼泪都快流出来了。小伙伴们都围过来关心它："跳跳，你怎么啦？"跳跳捂着嘴巴，含糊不清地说："我的牙齿好疼啊！"

没办法，跳跳只好回家找妈妈。妈妈带着它来到了啄木鸟医生的诊所。啄木鸟医生仔细地检查了跳跳的牙齿，皱着眉头说："跳跳，你的牙齿里有好多小虫子，都是因为你不爱刷牙，牙齿才会生病的。"

跳跳听了，后悔极了。它问医生："医生，我该怎么办呀？"医生说："从现在开始，你每天都要认真刷牙，把牙齿里的小虫子都赶跑，这样牙齿才会好起来。"

回到家后，跳跳按照医生的嘱咐，每天早晚都认真刷牙。它先把牙刷蘸湿，挤上牙膏，然后上上下下、左左右右地刷着牙齿，连最里面的牙齿也不放过。慢慢地，跳跳的牙齿不再疼了，而且变得又白又亮。

从那以后，跳跳再也不讨厌刷牙了，它还经常提醒小伙伴们："一定要好好刷牙哦，不然牙齿会生病的！"

你要是觉得故事里的情节还不够丰富，或者希望加入一些更有趣的互动元素，都能随时跟我说。

由上可以看出，故事生成得比较完整，接下来，让 AIGC 工具来生成视频的分镜。

2. 使用 AIGC 工具生成视频分镜

下面利用豆包生成分镜。

我将根据故事内容，把情节细化为多个分镜，用简洁的画面描述和文字说明，让故事以分镜脚本的形式呈现。

《小兔子不爱刷牙》分镜脚本

镜号	景别	画面	台词	时长
1	全景	阳光洒在美丽的大森林，树木郁郁葱葱，动物们快乐地生活着。	旁白：在一片美丽的大森林里，住着许多可爱的小动物。	5s
2	中景	一只浑身雪白、眼睛红红的小兔子在兔窝里玩耍。	旁白：这只可爱的小兔子，名叫跳跳。	4s
3	近景	早晨，兔妈妈拿着牙刷站在跳跳面前，跳跳皱着眉头，一脸不情愿。	兔妈妈：跳跳，该刷牙啦！跳跳：哎呀，我不想刷，太麻烦啦！	6s
4	近景	晚上，跳跳刚要钻进被窝，兔妈妈再次提醒。	兔妈妈：跳跳，该刷牙啦！跳跳：知道啦，知道啦！	5s
5	中景	跳跳和小伙伴们在森林里开心地追逐玩耍。	小伙伴们的欢笑声	5s
6	特写	跳跳突然捂住嘴巴，表情痛苦，眼泪在眼眶里打转。	跳跳：哎哟哎哟，我的牙齿好疼啊！	5s
7	中景	小伙伴们围过来，满脸担忧。	小伙伴 A：跳跳，你怎么啦？	4s
8	中景	兔妈妈带着跳跳来到啄木鸟医生的诊所，啄木鸟医生拿着工具准备检查。	无	4s
9	特写	啄木鸟医生看着口腔镜，皱着眉头。	啄木鸟医生：跳跳，你的牙齿里有好多小虫子，都是因为你	

不爱刷牙，牙齿才会生病的。|6s|

|10|近景|跳跳低着头，一脸懊悔。|跳跳：医生，我该怎么办呀？|4s|

|11|近景|啄木鸟医生微笑着，耐心地指导。|啄木鸟医生：从现在开始，你每天都要认真刷牙，把牙齿里的小虫子都赶跑，这样牙齿才会好起来。|7s|

|12|近景|跳跳站在镜子前，认真刷牙，展示刷牙的正确动作。|无|6s|

|13|特写|跳跳洁白的牙齿，笑容灿烂。|旁白：慢慢地，跳跳的牙齿不再疼了，而且变得又白又亮。|5s|

|14|中景|跳跳和小伙伴们在一起，向大家分享刷牙的重要性。|跳跳：一定要好好刷牙哦，不然牙齿会生病的！|6s|

如果你对分镜脚本的画面风格、台词表达等方面有特殊要求，比如想让画面更活泼可爱，或是修改台词的语言风格，都可以随时告诉我。

由上可以看到，AIGC 工具反馈的分镜中，划分了 14 个分镜，每个分镜中包括镜号、景别、画面、台词、时长等关键内容，如果对反馈的内容不满意，可以进行提示词修改，完成调整。

3. 使用 AIGC 工具生成分镜图片

使用即梦 AI，根据分镜中的画面描述，依次生成 14 张分镜的图片。

登录即梦 AI 官网，如图 5.27 所示，选择 "AI 作图" 中的 "图片生成" 功能。

图 5.27　即梦 AI 官网

在图片描述位置，填写 "一只浑身雪白、眼睛红红的小兔子，可爱。" 并单击 "立即生成" 按钮生成第一张分镜图片，如图 5.28 所示。

图 5.28　图片生成界面

可以看到在屏幕右侧，生成了 4 张图片，如图 5.29 所示。

图 5.29　生成的 4 张小兔子图片

选定图 5.29 中第四张图片的小兔子作为故事的主角"跳跳"，将其下载到本地。

在生成第二张分镜图片时，为了保持视频故事中角色表征的一致性，需要在"图片生成"中，单击"导入参考图"按钮，将选定的主角"跳跳"的图片上传，确保再次生成的图片能够保持角色的一致性，操作如图 5.30 所示，生成的图片如图 5.31 所示。

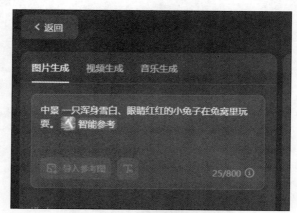

图 5.30　再次生成图片时选定已经生成的角色图片作为智能参考

图 5.31　生成的第二分镜图片

选择图 5.31 所示的第四张图片作为第二分镜图片。接下来，依次按照上述原则，在有主角出现的分镜中导入参考图片，并添加提示词"智能参考皮克斯风格"进行 14 张分镜图片的生成，部分图片效果如图 5.32～图 5.34 所示。

图 5.32　部分分镜图片效果（1）

图 5.33　部分分镜图片效果（2）

图 5.34　部分分镜图片效果（3）

在生成分镜图片的过程中，如果用户对生成的图片效果不满意，可以通过调整提示词和再次生成的方式，生成满意的图片效果。

4. 使用 AIGC 工具生成故事配音

下载并安装剪映，安装后在剪映主界面单击"图文成片"选项，如图 5.35 所示，单击后打开的界面如图 5.36 所示。

图 5.35 剪映主界面

图 5.36 "图文成片"界面

选择"自由编辑文案"选项，将豆包生成的故事文本粘贴进文本框，如图 5.37 所示。

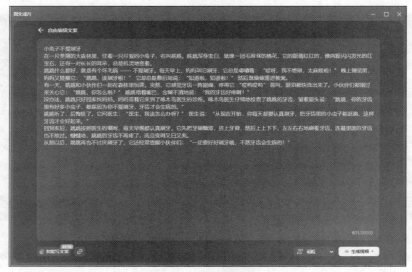

图 5.37 自由编辑文案

在图 5.37 所示的界面右下角选择"萌娃"配音用于故事的声音生成，单击"生成视频"按钮后选择"使用本地素材"，如图 5.38 所示。

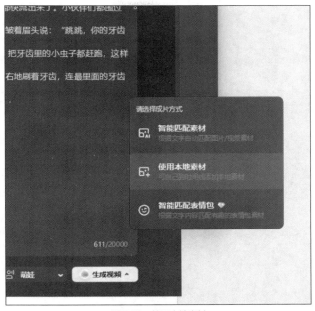

图 5.38　使用本地素材

5. 使用图文生成视频工具生成视频故事绘本

进入图文成片编辑界面，如图 5.39 所示。

图 5.39　图文成片编辑界面

在图文成片编辑界面单击"导入"按钮，导入刚才生成的 14 张分镜图片，如图 5.40 所示。

将 14 张分镜图片按照顺序拖入视频轨道，并根据故事的分镜时长调整图片显示时长，如图 5.41 所示。

当所有图片调整完成后，如图 5.42 所示，单击软件界面的"导出"按钮，如图 5.43 所示，等待片刻，即可以得到基于 AIGC 生成的视频故事绘本了。

216

图 5.40　导入 14 张分镜图片

图 5.41　将分镜图片依次拖入视频轨道并调整图片显示时长

图 5.42　完成 14 张分镜图片的调整

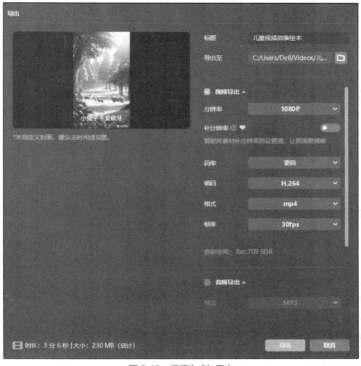

图 5.43　视频生成与导出

 **任务总结**

　　本任务通过 AIGC 工具和图文生成视频工具，成功实现了视频故事绘本的制作，包括故事内容生成、分镜生成、分镜图片生成、故事配音和视频生成。此外，读者在学习时还应着重注意以下几点。

　　● 使用 AIGC 工具生成故事内容：通过豆包等软件，结合豆包生成的提示词模板进行优化调整，可以生成故事内容更加丰富的故事文本。

　　● 使用 AIGC 工具生成视频分镜：根据故事内容，生成分镜脚本，每个分镜都有详细的画面描述和台词。

　　● 使用 AIGC 工具生成分镜图片：在使用即梦 AI 生成分镜图片时，需要特别注意配置生成参考图，保持角色的一致性。

　　● 使用 AIGC 工具生成配音：在剪映中，选择适合视频场景的配音音色，会使视频更加出彩。

巩固练习

一、单选题

1. 在使用 AIGC 制作视频故事绘本时，向哪个软件提问获取儿童绘本故事指令提示词？（　　　）

　　A. 即梦 AI　　　　　　B. 剪映　　　　　　C. 豆包　　　　　　D. 以上都不是

2. 使用即梦 AI 生成分镜图片时，为保持角色一致性需要（　　　）。

　　A. 调整提示词　　　　B. 导入参考图　　　C. 多次生成　　　　D. 更换软件

3. 在剪映中，选择什么配音用于《小兔子不爱刷牙》故事的声音生成？（　　　）

　　A. 成熟男性　　　　　B. 萌娃　　　　　　C. 温柔女性　　　　D. 卡通音效

4. 使用剪映生成视频故事绘本时，单击哪个按钮导入分镜图片？（　　　）

　　A. 导出　　　　　　　B. 生成视频　　　　C. 导入　　　　　　D. 图文成片

二、判断题

1. 传统故事绘本制作过程简单，不需要专业技能。（　　　）
2. 在使用即梦 AI 生成分镜图片时，每张图片都必须导入参考图。（　　　）
3. 使用 AIGC 工具生成视频分镜时，分镜脚本中只需包含画面描述。（　　　）
4. 利用剪映生成故事配音时，只能选择软件默认的一种配音音色。（　　　）
5. 制作视频故事绘本的最后一步是将分镜图片拖入视频轨道。（　　　）

三、填空题

1. 本任务使用的 3 款软件分别是豆包、即梦 AI 和_____。
2. 使用即梦 AI 生成分镜图时，在图片描述位置填写提示词后单击_____生成图片。
3. 在剪映中，单击"图文成片"按钮后选择_____，再粘贴故事文本。

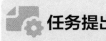 **任务拓展**

1. 选择一个新的主题，例如"友谊的力量"或"环保小卫士"，使用豆包生成一个新的儿童绘本故事。
2. 尝试使用不同的角色设定和情节线索，观察 AIGC 工具如何根据不同的提示词创作故事。
3. 除了豆包外，还出现了很多专门用于图片生成的 AIGC 工具，调研国内一款用于图片生成的 AIGC 工具，探索其使用方法。

任务 5-3　使用 DeepSeek 构建课程学习智能体

任务提出

在数字化信息爆炸的时代，知识库作为整合、管理和应用多源异构数据的核心工具，已成为教育、企业及科研领域智能化转型的重要基础设施。近年来，垂直领域大语言模型（如 DeepSeek-R1 系列）的快速发展为解决上述问题提供了新思路，此类模型通过千亿级参数精调和行业知识增强训练，在专业领域问答、长文本理解等任务中表现优异，同时支持本地化部署以保障数据主权。为此，本任务将基于 DeepSeek-R1 开源模型，通过集成文档向量化、语义检索增强生成构建支持隐私可控的本地知识库，并构建一个课程学习智能体。

任务分析

本任务主要通过 Ollama、Cherry Studio 两款软件进行本地知识库构建，并使用 DeepSeek 构建课程学习智能体，具体的任务分析如下。

1. 安装大模型管理软件 Ollama。
2. 使用 Ollama 安装 DeepSeek-R1 模型。
3. 安装多模型 AI 客户端 Cherry Studio。
4. 使用 Cherry Studio 构建本地知识库。
5. 使用 Cherry Studio 和 DeepSeek-R1 构建智能体。

 知识准备

5.8　DeepSeek-R1 的技术特点

DeepSeek-R1 选择了一条与通用生成模型不同的技术路径，专注于提升复杂任务推理能力。该模型采用混合专家（Mixture of Experts，MoE）与多头潜在注意力的协同架构，通过动态门控机制优化计算资源分配，显著增强了长距离语义依赖建模能力，在数学推理和代码生成等复杂任务中表现突出。通过模型蒸馏和混合精度训练技术，DeepSeek-R1 实现了推理成本的大幅优化，使大规模参数模型的单次推理成本降至极低水平。在中文处理方面，该模型经过专项优化，在对语境敏感度要求较高的场景中展现出更强的语义理解准确性和文本生成流畅度，在中文基准测试中表现优于同类通用模型。

5.9　DeepSeek-R1 的各种版本

DeepSeek-R1 的不同版本包括 1.5B、7B、8B、14B、32B 和 671B，这里的 B 指十亿（Billion），表示模型的参数规模。各个版本主要区别在于参数规模、模型容量、性能表现、准确性、训练成本、推理成本以及适用场景。以下是各个版本的特点和硬件配置要求。

DeepSeek-R1-1.5B：轻量级模型，参数量较少，适合轻量级任务，如短文本生成、基础问答等。其硬件配置要求较低，只需 4 核处理器和 8GB 内存，不需要显卡。

DeepSeek-R1-7B：平衡型模型，性能较好，硬件配置要求适中，适合中等复杂度任务，如文案撰写、表格处理、统计分析等。推荐的硬件配置为 8 核处理器、16GB 内存，以及 RTX 3060（12GB）或更高型号的显卡。

DeepSeek-R1-8B：性能略强于 7B 模型，适合更高精度需求的轻量级任务，如代码生成、逻辑推理等。其硬件配置要求与 7B 相似，推荐 8 核处理器、16GB 内存，以及 RTX 3060（12GB）或 4060 显卡。

DeepSeek-R1-14B：高性能模型，擅长处理复杂的任务，如数学推理、代码生成等。推荐的硬件配置为 i9-13900K 或更高级型号的 CPU、32GB 内存，以及 RTX 4090（24GB）或 A5000 显卡。

DeepSeek-R1-32B：专业级模型，性能强大，适合高精度任务。部署成本高，需要多节点 H100 集群，适合企业级应用。

DeepSeek-R1-671B：基础大模型，参数量最多，模型容量极大，能够学习和记忆海量的知识与信息，适合捕捉各种复杂语言模式和语义关系。需要多 GPU 服务器部署，通常需要专业信息技术团队维护，适合前沿探索场景。

5.10　基于大模型的智能体技术

智能体（AI Agent），又称"人工智能代理"，是一种模仿人类智能行为的智能化系统，它就像是拥有丰富经验和知识的"智慧大脑"，能够感知所处的环境，并依据感知结果，自主地进行规划、决策，进而采取行动以达成特定目标。简单来说，智能体能够根据外部输入做出决策，并通过与环境的互动，不断优化自身行为。智能体本身既不是单纯的软件也不是硬件，而是一个更为宽泛的概念，其可以是软件程序、机器人或其他形式的系统，具备一定的自主性和智能性。

微课 5-4

基于大模型的智能体技术

基于大模型的智能体是指利用大语言模型（如 GPT、BERT、DeepSeek 等）作为核心小部件，构建的能够执行特定任务、与环境交互并做出决策的人工智能系统。这类智能体具有自主性、交互性、适应性等特点，能够模拟人类的认知和决策过程，提供更加自然、高效和个性化的交互体验。它们能够处理海量数据，进行高效的学习与推理，并展现出跨领域的应用潜力。

智能体根据设定的目标，确定好需要扮演的特定角色，自主观测感知环境，根据获得的环境状态信息，检索历史记忆以及相关知识，通过推理规划分解任务并确定行动策略，并反作用于环境，以达成目标。在这个过程中智能体持续学习，以像人类一样不断进化。

具体而言，基于大模型的智能体应用整体结构如图 5.44 所示，智能体本身包括观测感知、记忆检索、推理规划、行动执行等模块。智能体呈现强大能力的关键在于智能体系统形成反馈闭环，使得智能体可以持续地迭代学习，不断地获得新知识和能力。智能体的反馈除了来自环境外，还可以来自人类和语言模型。智能体不断积累必要的经验来增强、改进自己，以显著提高智能体的规划能力并产生新的行为，这些行为能够越来越适应环境并符合常识，以更加圆满地完成任务。

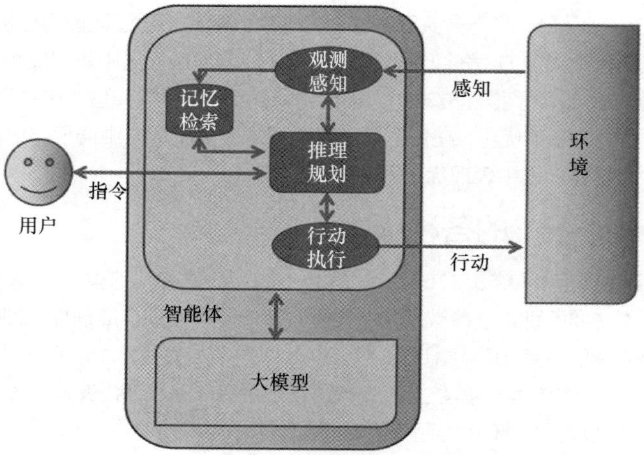

图 5.44　基于大模型的智能体应用整体结构

智能体的一个典型的工作过程如下。智能体获得用户指令，分析确定需要扮演的角色，同时对目标进行初步分解；智能体观测感知环境，获得环境状态信息，根据需要从记忆中检索相关信息；在动态环境中，智能体能够回顾过去的行为并通过推理规划完成对任务进行分析并规划未来的动作，确定执行策略；智能体通过行动执行模块将决策转化为具体对环境的输出，控制影响环境的未来状态，完成用户设置的目标。在这个过程中的不同阶段，基于大模型的智能体通过提示等方式与大模型交互获得必要的资源和相关结果。

2025 年 1 月 23 日，OpenAI 推出新型智能体 Operator，它能像人一样使用计算机。其基于 CUA 模型，结合 GPT-4o 视觉和强化学习推理，能操作图形界面。Operator 不需要特定 API，可使用虚拟鼠标或键盘完成各种任务，如购物、报销、订票等，提升生活工作效率，并能同时处理多项任务。

5.11　检索增强生成

微课 5-5

检索增强生成（Retrieval-Augmented Generation，RAG）中的检索指的是检索外部知识库，增强生成指的是将检索到的知识输入大语言模型以此来优化生成结果，使得大语言模型在生成更精确、更贴合上下文的答案的同时，也能有效减少产生误导性信息的可能。

检索增强生成

检索增强生成，从字面意思来理解，包含检索、增强和生成 3 个过程。

- 检索：根据用户的查询内容，从外部知识库获取相关信息。具体来说，就是将用户的查询通过嵌入模型转换成向量，以便与向量数据库中存储的知识相关的向量进行比对。通过相似性搜索，从向量数据库中找出最匹配的前 K 个数据。
- 增强：将用户的查询内容和从相关文档检索到的相关知识一起嵌入一个预设的提示词模板中。
- 生成：将经过检索、增强的提示词内容输入大语言模型中，以此生成所需的输出。

检索增强生成示意如图 5.45 所示。

之所以需要检索增强生成，是因为大语言模型本身存在一些局限性。一方面是时效性，模型的训练是基于截至某一时间点之前的数据集完成的。这意味着在该时间点之后发生的任何事件、新发现、新趋势或数据更新都不会反映在模型的知识库中。另一方面是覆盖性，尽管大语言模型的训练数据规模巨大，但它们可能仍然无法全面覆盖所有知识领域或特定领域的深入信息。例如，一些专业的医学、法律或技术问题可能在某些专业文献中有详细讨论，而这些文献可能并未包含在模型的训练数据中。同样，私有数据集也不在训练数据的范围内。当用户询问的问题的答案未包含在大语言模型的训练数据中时，模型可能会产生误导性的回答，从而降低答案的可信度。鉴于这些局限性，大语言模型有时可能会产生不准确的信息。为了解决这一问题，人们通常给大语言模型接入一个额外的知识库。这样，在回答问题时，大语言模型可以参考这个外部知识库中的信息，这正是检索增强生成的用武之地。

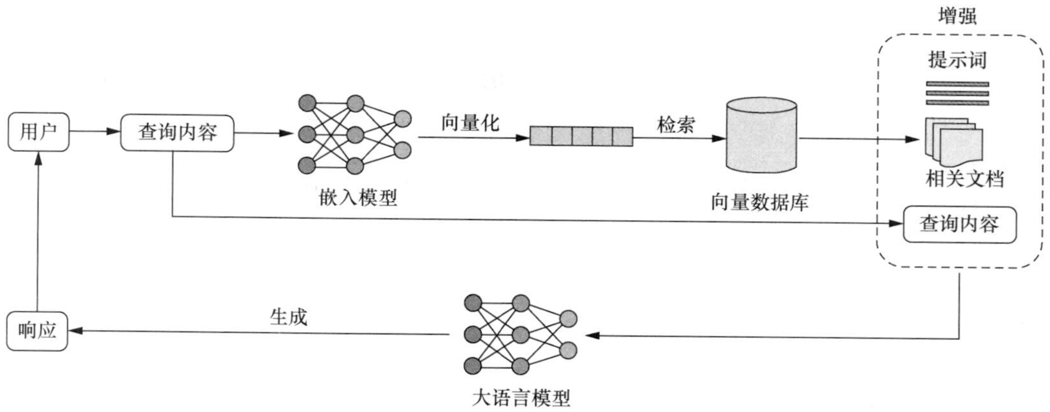

图 5.45　检索增强生成示意图

5.12　Ollama 介绍

　　Ollama 是一款开源且支持跨平台的大语言模型管理软件，它让用户能够在自己的本地设备（包括个人计算机和服务器）上便捷地部署、操作和管理多种大语言模型，其官网界面如图 5.46 所示。该软件的主要宗旨是简化大语言模型的使用过程，使得开发者、研究人员以及普通用户无须依赖云服务就能开展 AI 大模型的实验和应用程序开发。Ollama 确保所有模型和数据的处理都在本地进行，有效防止敏感数据上传到云端，适用于对于隐私保护有极高要求的场景，如企业内部数据和学术研究。

图 5.46　Ollama 官网界面

5.13　Cherry Studio 介绍

　　Cherry Studio 是一款功能丰富的多模型 AI 客户端软件，兼容 Windows、macOS 和 Linux 操作系统。该软件整合了多种流行的大语言模型，包括 OpenAI、Gemini、DeepSeek 等，并提供本地模型运行能力，使用户能够根据需要灵活切换云端和本地模型，并能同时与多个模型进行对话，以便比较不同模型的输出结果。

　　Cherry Studio 的主要特点如下。

　　• 支持超过 300 个预配置的 AI 助手，覆盖写作、编程、设计等多个领域，用户可以自定义助手的角色和功能。

　　• 兼容多种大语言模型，如 OpenAI、Gemini、DeepSeek 等。

　　• 支持文本、图像、PDF 等多种文件，提供 WebDAV 文件管理备份、流程图可视化、代码语法高亮等功能。

　　• 集成多种实用工具，包括全局搜索、主题管理系统、AI 翻译、拖放排序和小程序。

- 跨平台兼容，即插即用，不需要环境配置，提供亮/暗主题和透明窗口，支持完整的 Markdown 渲染，便于内容分享。
- 数据本地存储，保障隐私安全，支持建立个性化知识库，并提供多服务商集成的 AI 对话客户端。
- 适用于多种场景，包括代码生成与调试、创意文本生成、文章撰写与编辑等。

Cherry Studio 的安装和配置过程简便，其官网提供了详尽的教程和文档，可以帮助用户快速入门。Cherry Studio 是一款功能全面、操作简便的 AI 助手工具，其主要功能如图 5.47 所示。

图 5.47　Cherry Studio 主要功能

任务实现

1. 安装 Ollama

访问 Ollama 官网，如图 5.48 所示，单击"Download"按钮，根据所用操作系统（Windows、macOS 或 Linux）下载对应的安装包。例如，Windows 操作系统用户可以单击"Windows"图标，然后单击"Download for Windows"按钮下载安装包，如图 5.49 所示。需要注意的是，对于 Windows 操作系统，这里仅支持 Windows10 及其以上版本。

图 5.48　Ollama 官网

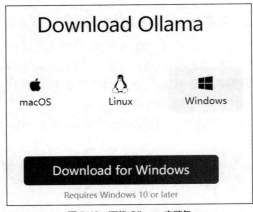

图 5.49　下载 Ollama 安装包

下载完成以后，双击安装包文件 OllamaSetup.exe 完成安装。

安装完成后，在 Windows 操作系统中，右击开始菜单按钮，在弹出的快捷菜单中选择"运行"，再在弹出的对话框中输入"cmd"并按回车键，打开 cmd 命令行窗口，输入"ollama -v"命令验证该软件是否安装成功，如果回显中包含 Ollama 版本号，说明安装成功，如图 5.50 所示。

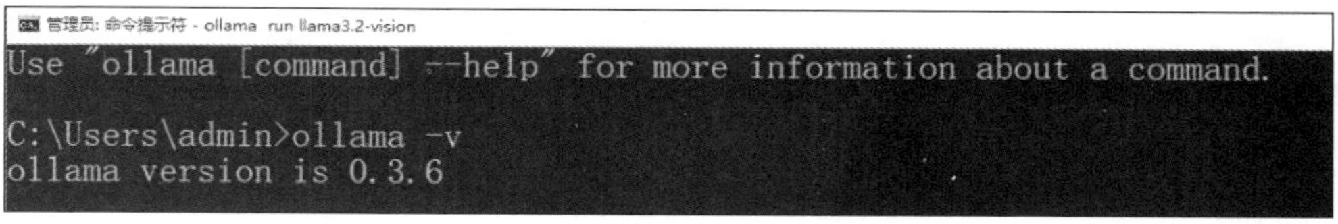

图 5.50　Ollama 安装成功

2. 使用 Ollama 安装 DeepSeek-R1 模型

Ollama 支持 DeepSeek-R1 模型的下载与安装，读者可根据本地的显存选择对应的模型，建议选择参数较少、体积最小的 1.5B 版本进行本任务（1.5B 表示大模型的参数量是 15 亿）。在命令行窗口中执行如下命令就可以自动下载 DeepSeek-R1 模型。

```
ollama run deepseek-r1:1.5b
```

下载时间取决于网络速度和模型大小。注意，如果在下载过程中，出现长时间停滞不动，可以按几次回车键。

下载和安装完成后，使用以下命令查看模型信息，如图 5.51 所示，其中显示的 deepseek-r1:1.5b 就是安装好的 DeepSeek-R1 模型，也可以使用相同的方法安装 8B 版本。

```
ollama list
```

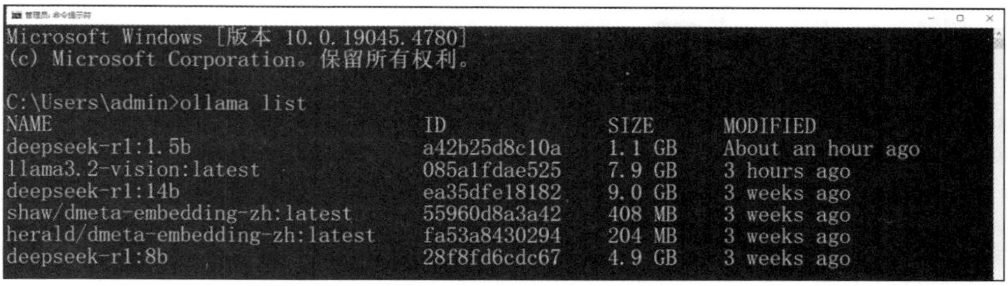

图 5.51　DeepSeek-R1 安装成功

安装成功后，在命令行窗口中执行如下命令启动 DeepSeek-R1。

```
ollama run deepseek-r1:1.5b
```

启动后，模型会进入交互模式，用户可以直接输入问题并获取回答。在交互模式下，可以测试 DeepSeek-R1 的以下功能。

- 智能客服：输入常见问题，如"如何学习高等数学"。
- 内容创作：输入"请为我撰写一篇介绍自己学校的宣传文案"。
- 编程辅助：输入"用 C 语言编写一个排序算法"。
- 教育辅助：输入"解释量子力学"。

cmd 命令行窗口关闭以后，DeepSeek-R1 模型就停止运行了。读者下次使用时，需要再次在 cmd 命令行窗口中执行相同命令以启动 DeepSeek-R1 模型。这种以命令行的方式与大模型进行对话的模式显然不太友好，因此，下面介绍如何通过 Cherry Studio 工具来与大模型进行对话，这里就需要安装 Cherry Studio。

3. 安装多模型 AI 客户端 Cherry Studio

打开 Cherry Studio 官方网站，单击"下载客户端"按钮，根据安装导引完成软件安装，如图 5.52～图 5.55 所示，安装完成后的软件界面如图 5.56 所示。

图 5.52　Cherry Studio 官方网站

图 5.53　Cherry Studio 软件安装导引（1）

图 5.54　Cherry Studio 软件安装导引（2）

图 5.55　Cherry Studio 软件安装导引（3）

图 5.56　Cherry Studio 软件界面

4. 使用 Cherry Studio 构建本地知识库

（1）添加嵌入模型。

在模型服务中查找模型。单击"嵌入"选项快速筛选，找到需要的模型，这里选用默认的 BAAI/bge-m3，如图 5.57 所示。

图 5.57　添加嵌入模型

（2）创建知识库。

- 在 Cherry Studio 左侧工具栏中，单击知识库图标，进入管理页面；
- 单击"添加"按钮创建知识库；
- 输入知识库的名称"人工智能课程测试知识库"，如图 5.58 所示，添加嵌入模型 BAAI/bge-m3 后单击"确定"按钮即可完成创建。

图 5.58　添加知识库

（3）添加文件并向量化。

选择刚创建的知识库，进入知识库配置界面，进行如下操作完成文件的向量化。

• 单击"添加文件"按钮，打开选择文件界面，如图 5.59 所示；

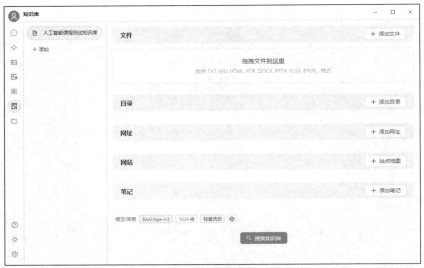

图 5.59　添加文件

• Cherry Studio 支持多种格式的文件，如 TXT、MD、HTML、PDF、DOCX、PPTX、XLSX、EPUB 等，这里演示添加"人工智能课程大纲.txt"文件，系统会自动对上传的文件进行向量化处理，当显示绿色 ✓时，代表向量化已完成，如图 5.60 所示。

图 5.60　添加本地文件到知识库并向量化

（4）搜索知识库。

文件向量化完成后，即可按照以下步骤进行查询。

• 单击页面下方的"搜索知识库"按钮；

• 输入查询内容，例如，输入"大模型"，单击"搜索"按钮 🔍 ，Cherry Studio 便会根据匹配的分值 情况对搜索结果进行排序，并显示结果的匹配分数，如图 5.61 所示。

图 5.61　搜索知识库

另外，Cherry Studio 支持添加多种来源的数据，具体如下。

- 文件夹目录：可以添加整个文件夹目录，该目录下支持格式的文件会被自动向量化。
- 网址链接：支持网址 URL，如 https://docs.***flow.cn/introduction。
- 站点地图：支持 XML 格式的站点地图，如 https://docs.***flow.cn/sitemap.xml。
- 纯文本笔记：支持输入纯文本的自定义内容。

（5）在对话中引用知识库生成回复。

创建一个新的对话，在对话工具栏中，单击知识库，在知识库列表中选择需要引用的知识库；输入并发送问题，模型返回通过搜索结果生成的答案；同时，引用的数据来源会附在答案下方，用户可快捷查看源文件。

5. 使用 Cherry Studio 和 DeepSeek-R1 构建智能体

（1）在 Cherry Studio 中使用 Ollama。

下面介绍在 Cherry Studio 中添加 Ollama 作为自定义 AI 服务商。

- 打开设置：在 Cherry Studio 界面左侧工具栏中，单击设置功能按钮（齿轮图标），如图 5.62 所示。

图 5.62　"设置"界面

- 进入模型服务：在"设置"界面中，选择"模型服务"选项卡，添加提供商，单击列表中的 Ollama，打开 Ollama 界面。

  ✓ 启用状态：确保 Ollama 界面最右侧的开关已打开，表示已启用。

  ✓ API 密钥：Ollama 默认不需要 API 密钥，可以将此字段留空，或者填写任意内容。

  ✓ API 地址：填写 Ollama 提供的本地 API 地址，通常情况下地址为 http://localhost:11434/。

  ✓ 保持活跃时间：会话的保持时间，单位是分。如果在设定时间内没有新的对话，Cherry Studio 会自动断开与 Ollama 的连接，释放相关资源。设置完成后单击"添加"按钮，如图 5.63 所示。

图 5.63　Ollama 设置

（2）进行模型管理。

单击图 5.63 中的"管理"按钮，进入 Ollama 模型管理界面，手动添加在 Ollama 中已经下载的模型，或对已添加的模型进行编辑或删除，如图 5.64 所示。

图 5.64　Ollama 模型管理界面

（3）构建智能体。

在左侧工具栏，单击"智能体"图标，进入智能体创建页面，如图 5.65 所示。

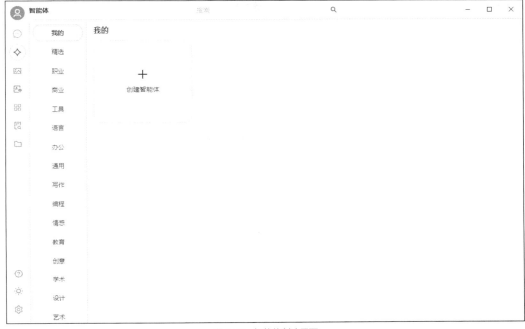

图 5.65　智能体创建界面

在智能体创建界面单击"创建智能体"，在弹出的界面中，依次设置"Emoji""名称"和"提示词"，前两项自行设置，"提示词"可以使用闪电图标根据"名称"自动生成。"知识库"选择前文配置的知识库"人工智能课程测试知识库"即可，如图 5.66 所示。

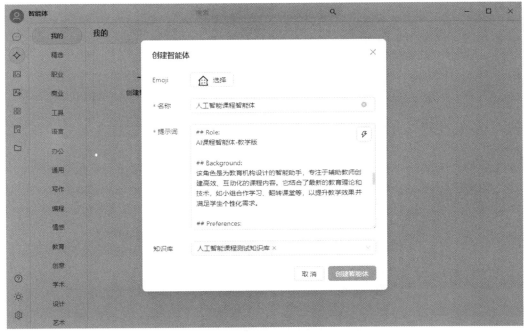

图 5.66　配置智能体

自定义创建的智能体如图 5.67 所示。单击"人工智能课程智能体"右上角区域，将该智能体添加到"助手"，如图 5.68 所示。返回"助手"界面，可见该智能体已经被添加，如图 5.69 所示。

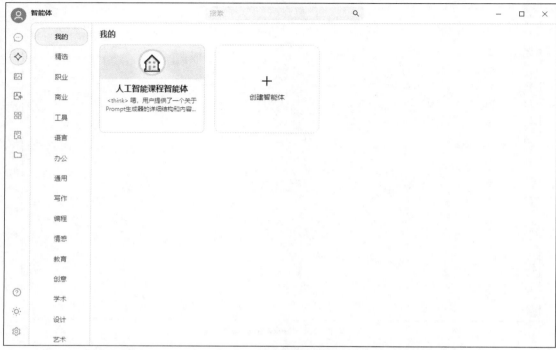

图 5.67　自定义创建的智能体

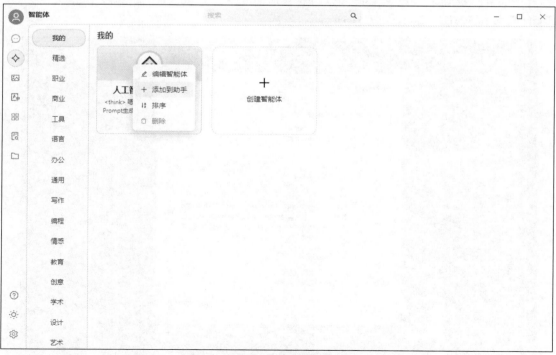

图 5.68　将自定义创建的智能体添加到助手

图 5.69　添加到助手的自定义创建的智能体

（4）测试智能体。

参照前文进行模型管理，依次选用 1.5B、8B 和硅基流动 DeepSeek-R1 API 进行问题为"参照知识库，课程目录有几部分？"的提问测试，测试结果分别如图 5.70、图 5.71、图 5.72 所示，可以看出随着模型参数的增多，回答的效果也在逐渐变得更好。

图 5.70　1.5B 模型测试结果

图 5.71　8B 模型测试结果

图 5.72　R1 硅基流动远程 API 测试结果

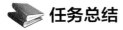

任务总结

本任务通过 DeepSeek、Ollama 和 Cherry Studio 工具，成功实现了课程学习智能体的构建，内容包括 Ollama 的安装、基于 Cherry Studio 的知识库与智能体的构建。此外，读者在学习时还应着重注意以下几点。

- 嵌入类模型、对话类模型、绘画类模型等有各自的功能，其请求方式、返回内容、结构都有所不同，勿强行将其他类别的模型作为嵌入类模型使用；Cherry Studio 会自动将嵌入类模型分类显示在嵌入模型列表中，如果无法确认哪些模型是嵌入类模型，可到对应模型官方网站查询模型信息。

- 导入知识库文档中的插图暂不支持转换为向量，需要手动转换为文本。使用网址作为知识库来源时不一定会成功，有些网站有比较严格的反爬机制（或需要登录、授权等），因此，该方式不一定能获取到准确内容。知识库创建完成后建议先搜索测试一下。

- 在选择模型版本时，需要考虑模型的参数规模、性能需求以及适用的场景。例如，对于轻量级任务，可以选择 1.5B 或 7B 版本，而对于更复杂的任务，则可能需要 14B 或 32B 版本。同时，硬件配置也是选择模型版本的重要因素，不同的模型版本对 CPU、GPU、内存和存储的需求各不相同。

巩固练习

一、单选题

1. Ollama 是（　　）。
   A. 多模型 AI 客户端　　B. 大模型管理工具
   C. 知识库构建工具　　D. 智能体开发平台

2. Cherry Studio 目前不支持以下哪种文件格式？（　　）
   A. PDF　　B. Excel
   C. JPEG　　D. Markdown

3. RAG 的核心步骤不包括？（　　）
   A. 检索　　B. 增强
   C. 生成　　D. 训练

4. Ollama 的安装包支持哪些操作系统？（　　）
   A. Windows、macOS、Linux　　B. 仅 Windows
   C. Windows、macOS　　D. 仅 Linux

5. DeepSeek-R1"满血"版本指的是？（　　）
   A. 1.5B　　B. 8B　　C. 14B　　D. 671B

二、判断题

1. Ollama 模型部署需要云端支持。（　　）
2. DeepSeek-R1-8B 版本的硬件配置要求与 DeepSeek-R1-7B 版本相同。（　　）
3. RAG 技术通过外部知识库优化大模型生成结果。（　　）
4. DeepSeek-R1-671B 版本需要专业 IT 团队维护。（　　）
5. Ollama 安装完成后，须通过命令行的方式验证版本。（　　）

三、填空题

1. DeepSeek-R1-1.5B 版本的硬件配置要求为 4 核处理器、8GB 内存，不需要_____。
2. Ollama 的本地 API 地址默认为_____。
3. 测试智能体时，随着 DeepSeek-R1 模型参数规模增大（如 1.5B→8B→14B），回答效果通常会_____。
4. 在 Cherry Studio 中创建知识库时，须先添加_____模型（如 BAAI/bge-m3）。

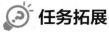 **任务拓展**

选择一个新的主题，例如"校园学生小助手"或"法律小助手"，使用 Cherry Studio 生成一个新智能体。

拓展阅读

AIGC 监管体系构建——从技术规范到伦理治理

近年来，生成式人工智能、深度合成等新技术快速发展，为生成文本、图片、音频、视频等信息提供了便利工具，在促进经济发展、丰富网上内容、便利公众生活的同时，也造成虚假信息传播、数据安全风险以及伦理等问题。

为解决上述问题，我国相继出台《生成式人工智能服务管理暂行办法》（以下简称《管理暂行办法》）与《人工智能生成合成内容标识办法》（以下简称《标识办法》），初步形成"伦理可审查—技术可追溯—服务可问责"的3层监管框架。

一、AIGC伦理挑战

AIGC技术的快速迭代，在重塑社会生产生活方式的同时，也引发了深刻的伦理争议。从深度伪造导致的信任危机到算法偏见的社会放大效应，从数据隐私的失控风险到人类主体性的消解隐忧，AIGC的伦理治理已成为全球性课题。AIGC伦理挑战的典型场景如下。

一是深度伪造的滥用造成的信任危机，例如AI换脸功能被用于伪造公众人物发言视频，损害公众人物名誉，并可能会误导公众对某一事件或话题的看法，扰乱社会秩序。二是算法偏见，这会导致系统性歧视的强化，例如，招聘平台AI筛选系统因历史数据中的性别比例失衡，可能导致女性求职者简历通过率降低。三是主体性危机，例如，学生群体滥用AI生成作业和论文，导致学术诚信体系遭受冲击。四是价值对齐难题，例如，在自动驾驶场景，面对不可避免的交通事故，AI如何在"保护乘客"与"最小化伤亡"间做出道德抉择。

二、技术可追溯：《标识办法》的透明化设计

2025年3月，国家互联网信息办公室、工业和信息化部、公安部、国家广播电视总局联合发布《标识办法》，自2025年9月1日起施行。《标识办法》旨在促进人工智能健康发展，规范人工智能生成合成内容标识，保护公民、法人和其他组织合法权益，维护社会公共利益。

《标识办法》以内容标识为抓手，细化前期相关部门规章的标识相关要求，进一步发挥内容标识提醒提示和监督溯源的技术作用，着力构建开放、公正、有效的治理机制，营造公平有序发展环境，推动人工智能产业健康有序发展。

《标识办法》明确，人工智能生成合成内容标识主要包括显式标识和隐式标识两种形式。显式标识是指在生成合成内容或者交互场景界面中添加的，以文字、声音、图形等方式呈现并可以被用户明显感知到的标识；隐式标识是指采取技术措施在生成合成内容文件数据中添加的，不易被用户明显感知到的标识。

《标识办法》提出，按照《互联网信息服务算法推荐管理规定》《互联网信息服务深度合成管理规定》《管理暂行办法》相关要求开展人工智能生成合成内容标识活动的，应当符合《标识办法》相关要求。

《标识办法》要求，网络信息服务提供者提供的生成合成服务属于《互联网信息服务深度合成管理规定》第十七条第一款情形的，应当按照要求对生成合成内容添加显式标识；网络信息服务提供者应当按照《互联网信息服务深度合成管理规定》第十六条的规定，在生成合

成内容的文件元数据中添加隐式标识；提供网络信息内容传播服务的网络信息服务提供者应当采取技术措施，规范生成合成内容传播活动。

《标识办法》强调，任何组织和个人不得恶意删除、篡改、伪造、隐匿《标识办法》规定的生成合成内容标识，不得为他人实施上述恶意行为提供工具或者服务，不得通过不正当标识手段损害他人合法权益。配套《标识办法》，强制性国家标准《网络安全技术人工智能生成合成内容标识方法》，已由国家市场监督管理总局、国家标准化管理委员会正式批准发布（2025年第3号），自2025年9月1日起与《标识办法》同步实施。

三、服务可问责：《管理暂行办法》的全链条监管

2023年7月，国家互联网信息办公室联合国家发展和改革委员会、教育部、科学技术部、工业和信息化部、公安部、国家广播电视总局公布《管理暂行办法》，并已于2023年8月15日起施行。该办法旨在促进生成式人工智能健康发展和规范应用，维护国家安全和社会公共利益，保护公民、法人和其他组织的合法权益。

一是采取有效措施鼓励生成式人工智能创新发展。《管理暂行办法》在"总则"中明确了国家坚持发展和安全并重、促进创新和依法治理相结合的原则，采取有效措施鼓励生成式人工智能创新发展。另外，在"技术发展与治理"中专门提出了一系列鼓励措施。

第五条规定：鼓励生成式人工智能技术在各行业、各领域的创新应用，生成积极健康、向上向善的优质内容，探索优化应用场景，构建应用生态体系。支持行业组织、企业、教育和科研机构、公共文化机构、有关专业机构等在生成式人工智能技术创新、数据资源建设、转化应用、风险防范等方面开展协作。第六条规定：鼓励生成式人工智能算法、框架、芯片及配套软件平台等基础技术的自主创新，平等互利开展国际交流与合作，参与生成式人工智能相关国际规则制定。推动生成式人工智能基础设施和公共训练数据资源平台建设，促进算力资源协同共享，提升算力资源利用效能。

二是划定底线，推动生成式人工智能向上向善。生成式人工智能技术的快速发展，为经济社会发展带来新机遇的同时，也产生了传播虚假信息、侵害个人信息权益、数据安全和偏见歧视等问题。《管理暂行办法》对生成式人工智能服务提供者和使用者提出了要求：应当遵守法律、行政法规，尊重社会公德和伦理道德。《管理暂行办法》在"总则"中就将该内容置于重要地位，明确规定，坚持社会主义核心价值观，不得生成煽动颠覆国家政权、推翻社会主义制度，危害国家安全和利益、损害国家形象，煽动分裂国家、破坏国家统一和社会稳定，宣扬恐怖主义、极端主义，宣扬民族仇恨、民族歧视，暴力、淫秽色情，以及虚假有害信息等法律、行政法规禁止的内容。

尊重知识产权和他人合法权益。生成式人工智能在个人信息的处理过程中，可能存在违法收集、使用个人信息等风险；生成式人工智能的训练数据中如包括他人已发表并享有著作权的作品，也可能侵犯他人知识产权。为防止侵权的发生，《管理暂行办法》第四条规定，尊重知识产权、商业道德，保守商业秘密，不得利用算法、数据、平台等优势，实施垄断和不正当竞争行为；尊重他人合法权益，不得危害他人身心健康，不得侵害他人肖像权、名誉权、荣誉权、隐私权和个人信息权益。第七条规定"涉及知识产权的，不得侵害他人依法享有的知识产权"等内容。

提高生成内容准确性和可靠性。如何保障生成内容的真实性，既是产业界为进一步扩大生成式人工智能商用范围需要克服的技术难题，也是监管部门需要重点考虑的问题。对此，《管理暂行办法》规定："基于服务类型特点，采取有效措施，提升生成式人工智能服务的透明度，提高生成内容的准确性和可靠性。"

完善处置措施。除了规定相关实体义务，还需要完善处置措施，这样才能让"纸上"的

规定落到实处。对此，《管理暂行办法》明确："提供者发现违法内容的，应当及时采取停止生成、停止传输、消除等处置措施，采取模型优化训练等措施进行整改，并向有关主管部门报告。""提供者应当建立健全投诉、举报机制，设置便捷的投诉、举报入口，公布处理流程和反馈时限，及时受理、处理公众投诉举报并反馈处理结果。"

采取更精细化的监管举措。生成式人工智能具有此前技术不具有的诸多特征。针对其技术特点，《管理暂行办法》完善了与创新发展相适应的科学监管方式，促使监管部门采取更精细化的管理措施，实现技术创新与监管创新的同步演化、协同共振。